隧道掘进新型聚能水压光面爆破技术

New Shaped Charge Water Pressure Smooth Blasting Technology for Tunnel Driving

李兴全　王建国　支　有　李祥龙　许万敏　著

北　京
冶　金　工　业　出　版　社
2024

内 容 提 要

本书紧跟“十四五”发展规划及民爆行业发展动态，总结了聚能水压爆破的发展历程、应用现状和工艺的不足，提出一种隧道掘进新型聚能水压光面爆破技术。分别开展了切缝药包作用机理、岩石动静荷载力学特性、水压光面爆破参数优化、聚能水压光面爆破现场试验等内容研究，验证了隧道掘进新型聚能水压光面爆破技术的应用优势。

本书可供岩土工程、隧道工程、道路工程、水利与水电工程、铁道工程、城市地下空间工程等工程技术人员、科技工作者，以及高等院校相关专业的研究生阅读，还可作为采矿工程、土木工程等岩土施工类专业的本科生爆破课程参考书。

图书在版编目(CIP)数据

隧道掘进新型聚能水压光面爆破技术/李兴全等著．北京：冶金工业出版社，2024. 8. --ISBN 978-7-5024-9949-5

Ⅰ. U455. 6

中国国家版本馆 CIP 数据核字第 2024RR6153 号

隧道掘进新型聚能水压光面爆破技术

出版发行	冶金工业出版社	**电　　话**	(010)64027926
地　　址	北京市东城区嵩祝院北巷 39 号	**邮　　编**	100009
网　　址	www. mip1953. com	**电子信箱**	service@ mip1953. com

责任编辑　王悦青　美术编辑　吕欣童　版式设计　郑小利
责任校对　范天娇　责任印制　窦　唯
北京建宏印刷有限公司印刷
2024 年 8 月第 1 版，2024 年 8 月第 1 次印刷
710mm×1000mm　1/16；13. 75 印张；255 千字；208 页
定价 89. 00 元

投稿电话　(010)64027932　投稿信箱　tougao@cnmip. com. cn
营销中心电话　(010)64044283
冶金工业出版社天猫旗舰店　yjgycbs. tmall. com
(本书如有印装质量问题，本社营销中心负责退换)

前　　言

近些年来隧道工程技术发展较快，突破性地建成多项宏伟的隧道工程，工程技术的主流趋势正朝着更加安全、经济、绿色和低碳等方向发展，在理论研究、工程设计、节能减排、新材料应用等诸多领域有较大进步。目前，我国是世界上修建隧道数量及里程最多的国家。隧道工程绝大多数采用钻爆法施工。隧道钻爆法施工是利用钻孔机具进行围岩钻孔，然后在孔中装填炸药及起爆器材，堵塞后起爆，依靠炸药爆轰气体压力及冲击波破碎围岩，达到隧道掘进的目的。与盾构法施工相比，钻爆法具有对复杂地质条件适应性强、施工成本较低、前期投入少等特点，是目前和未来一段时期隧道掘进的主要手段。光面爆破作为一项重要的隧道掘进施工技术已应用了几十年，虽取得了很好的效果，但仍存在许多问题，经调查总结，作者认为主要有以下三大问题困扰施工单位：一是进行常规光面爆破施工时，周边孔布置过于密集，不仅增大钻孔成本，同时影响施工效率；二是爆后扬尘严重，影响隧道施工环境；三是间隔装药工序复杂，控制精度不高，经常出现超欠挖现象，尤其是超挖较为严重，二次衬砌混凝土用量大，施工成本大幅增加。

传统的建设技术与运营方式已无法满足“品质工程、资源节约、环境友好、绿色建设、低碳环保”的可持续发展的要求。国内诸多的公路建设单位已经为绿色公路建设提出了建设全过程的绿色工作方案及措施，而对隧道施工的要求主要有：(1) 隧道施工时对隧道弃渣等资源进行综合利用，积极应用节水、节材施工工艺，实现资源利用最大化；(2) 隧道施工时采用移动式水炮、水幕降尘技术、节能水压爆破技术，改善施工环境、减少扬尘。

针对常规光面爆破的不足，有学者提出水压爆破技术，水压爆破技术具有节约成本、降低围岩扰动及改善施工作业环境等优点，但仍然采用常规光面爆破的孔网参数，并未解决钻孔密集的问题。为此，何广沂等爆破工程技术人员研发并应用了隧道掘进聚能水压光面爆破技术，该技术采用聚能管装置借助注药枪将成品乳化炸药注入聚能管中，装入导爆索，扣好塑料盖，再在炮孔中最底部和上部装入水袋，孔口用炮泥堵塞实现聚能水压爆破。目前，隧道掘进水压爆破、隧道掘进聚能水压爆破技术已在国内部分铁路、公路隧道施工中应用，经实践证明，与以往炮孔无回填堵塞爆破相比，该技术提高了炸药能量利用率、提高了施工效率、提高了经济效益并保护了环境，属于节能环保爆破，符合我国可持续发展战略方针，有广阔的应用前景。但在不同的地质环境掘进施工时，该技术仍存在不足，例如云南的高原地质环境、裂隙发育、岩溶等，以及边境的炸药种类管控限制等，需要对原有的“聚能水压爆破技术”进行优化调整，以适应不同的工况。

为此，作者通过对传统岩石爆破破碎理论进行分析，结合新建云南省瑞孟高速公路沧源县境内的勐省隧道工程，运用理论分析、数值模拟、室内试验的成套研究技术，系统地研究了聚能水压光面爆破技术理论，并从聚能水压爆破数值模拟及试验方面对不同装药结构的爆破效果进行对比分析，验证了聚能水压光面爆破的合理性，引入隧道爆破开挖新材料、新技术，为类似工程提供理论指导与借鉴，对提高隧道开挖的安全性及经济性而言，意义深远。

本专著共分8章：第1章简要介绍了隧道掘进聚能水压光面爆破技术的发展历程；第2章介绍了勐省隧道地质工程概况；第3、第4章通过SHPB动静载荷试验研究了灰岩的动态强度特征和能量传递规律；第5章借助LS-DYNA数值仿真优化了水压光面爆破参数；第6章借助动态焦散线装置开展爆炸试验，探究了切缝药包爆破作用机理；第7章通过大量现场试验确定了最优的聚能水压光面爆破技术体系；第8章分析了循环爆破开挖扰动下围岩和支护的动态响应规律。

隧道掘进新型聚能水压光面爆破技术的研发成功是团队集体智慧的结晶。本书的出版得到云南交投公路建设第六工程有限公司蒋新闻、甘会莲、王燕雄、陈志伟、郭跃进、彭杰、王飞强、李璇、罗顺勇、张赢凡、乔永昕、窦旭东、陈淑华、柏克超；昆明理工大学马军、关思、胡涛、方程、赵品喆、武永博、周青莲、雷露刚、陶家龙、陶子豪、左庭、赵泽虎、张伟、周泽卿、王勉、张小华、李进华等同志的帮助与支持，在此向他们表示诚挚的感谢！

由于作者水平有限，书中若有不足之处，我们诚恳地欢迎读者批评指正。

作　者

2024年2月

目　　录

1 绪　　论

1.1 概　　述

随着我国社会经济的发展，公路、铁路、地铁等基建工程已经成为国民生活中不可或缺的一部分。在隧道建设技术不断提升的推动下，我国的隧道和地下工程发展迅速，取得显著成就。目前我国已是隧道数量最多、建设规模最大、发展速度最快的隧道大国。数据显示，截至 2023 年年底，全国公路桥梁 107.93 万座、9528.82 万延米，比上年末分别增加 4.61 万座、952.33 万延米，其中特大桥 10239 座、1873.01 万延米，大桥 17.77 万座、4994.37 万延米。全国公路隧道 27297 处、3023.18 万延米，增加 2447 处、344.75 万延米，其中特长隧道 2050 处、924.07 万延米，长隧道 7552 处、1321.38 万延米。2023 年年底全国公路里程构成[1]如图 1.1 所示。隧道掘进时通常采用的方法是钻爆法，钻爆法具有适用于多种复杂地质条件、施工方便灵活和成本低等特点，因此在面对地质条件复杂的山岭公路隧道时，钻爆法仍然是目前隧道施工选择的主要方法[2]。

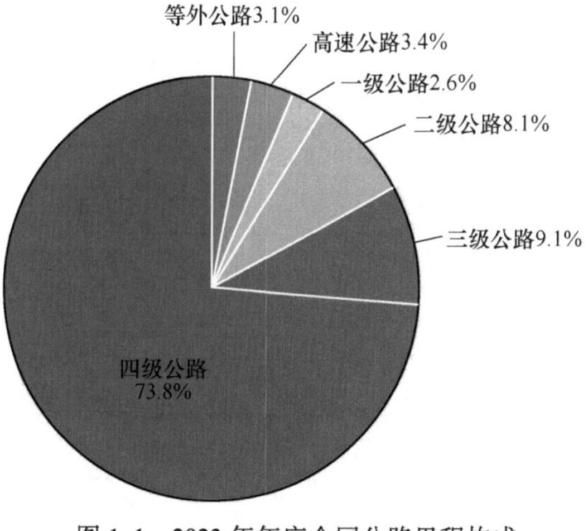

图 1.1　2023 年年底全国公路里程构成

山岭隧道爆破施工技术主要包括爆破器材、钻孔装药机具的应用及爆破技术等方面。自 20 世纪 90 年代以来，历经 30 年时间，我国才发展到目前的隧道爆破技术水平，即凿岩台车钻孔或多功能台架配合人工手持风钻钻孔，导爆管雷管非电起爆系统起爆，楔形掏槽技术、光面爆破技术应用等。

1.1.1 光面爆破技术

光面爆破是隧道掘进施工中的关键技术之一，对隧道工程质量有着重要的影响，尤其是在控制施工成本及减少隧道超欠挖等方面效果明显。光面爆破技术是通过采用导爆索、竹片等间隔装药方式（见图1.2），并控制周边孔间距、抵抗线及装药量，达到减少炸药过度损伤围岩、提高爆破成形效果、减少超欠挖的目的。至20世纪90年代，山岭隧道光面爆破技术已趋于成熟，并成为项目施工管理中的强制性实施内容。光面爆破技术使得隧道开挖断面成形好，超挖量也有所减少（见图1.3）。

当周边孔中的炸药爆炸时，应力波在围岩中传播，产生径向压应力和切向压应力。相邻光爆炮孔之间互为“空孔”，最大拉应力产生于相邻光爆炮孔两侧连

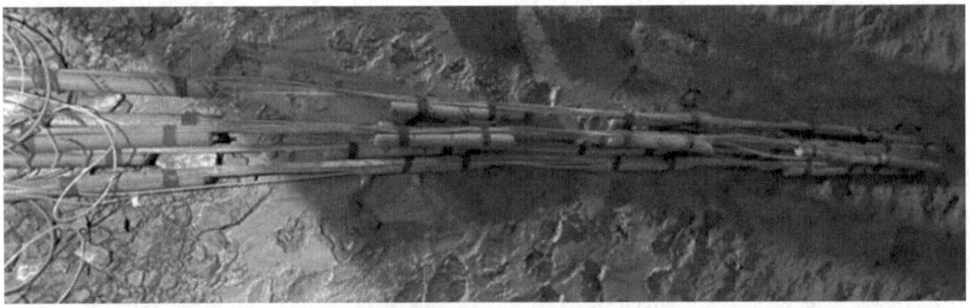

图1.2 采用导爆索、竹片等间隔装药方式

图1.3 光面爆破技术效果

线的中心位置。当其拉应力超过岩石的动态抗拉强度时，岩石将被拉裂。因此相邻炮孔间岩体会形成优于其他方向的初始裂缝，随后爆炸气体的膨胀做功使初始裂缝进一步发育，最终形成连续的光爆面，这就是常规光面爆破技术原理。但是这种爆破技术也有其不足之处：炮孔数量多，孔间距为 40~50 cm，容易出现布孔过密的情况，且钻孔工序耗费时间长；对炮孔装药量要求很高，极易造成装药部分的围岩出现洞穴或裂缝，进而影响围岩稳定性，严重时甚至会引起塌方；且常规光面爆破的施工成本高，超挖出现频率高，需额外进行混凝土衬砌[3]。

1.1.2 聚能水压光面爆破技术

针对常规光面爆破的不足之处，有学者提出水压爆破技术，如图 1.4 所示。相关试验表明，相对于常规光面爆破，水压爆破技术具有节约成本、提高施工效率及降低围岩扰动等优点[4]。水压爆破技术可以增大炮孔间距，提高炮孔利用率。虽然水压爆破技术取得了极好的爆破效果，但是在实际隧道施工过程中仍然采用常规光面爆破的孔网参数，这对于现场实际情况来说是不合理的。

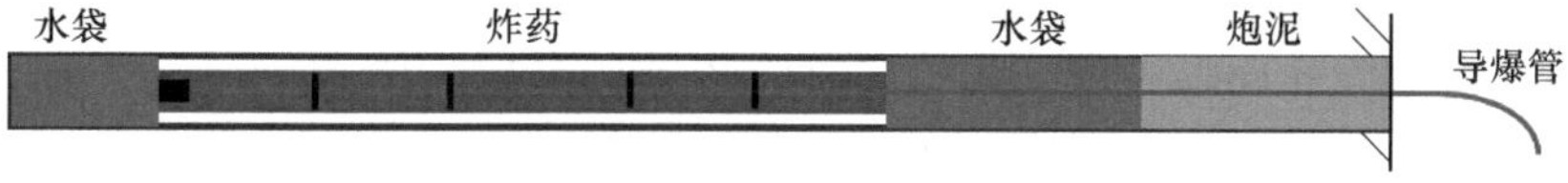

图 1.4　水压爆破装药结构图

为解决常规光面爆破的不足（间距小、炮孔多），国内爆破技术人员研发并应用了隧道掘进聚能水压光面爆破技术。该技术是在周边孔中采用聚能管装置（见图 1.5）替代常规药卷和导爆索，并使用注药枪（见图 1.6）将成品乳化炸药或散装炸药注入聚能管中，装入导爆索，扣好塑料盖，再在炮孔中最底部和上部装入水袋，孔口用炮泥堵塞。爆破时通过聚能管聚能槽产生的高温高压射流、“水楔”作用，以及增加了爆轰气体爆轰压力和做功时间，尤其是高温高压射流形成的切割效应，使得岩石破碎面沿预定方向破裂，爆破岩面平顺整齐，同时水

图 1.5　周边孔中采用聚能管装置

图 1.6　注药枪装药

袋产生的水雾也起到了降尘效果，改善了作业环境。

尽管应用聚能水压光面爆破技术拉大了光爆孔的间距，节约了炸药用量，但实际推广应用中仍然存在以下问题：

（1）拆药卷，用注药枪装药操作不符合作业规范，存在安全隐患且耗时长；

（2）人工注药的装药直径不可控，拒爆概率大；

（3）水压利用不充分，仅在孔底和装药前端放置水袋，与爆轰波耦合作用不充分，形成的“水楔”效应不明显；

（4）爆炸荷载下聚能管的聚能效果不明，未见实测证据；

（5）全孔装药过程繁琐，至少需要5个步骤：装水袋、聚能管铺药、送聚能药包、装水袋、填塞。

1.2 定向断裂控制爆破技术国内外研究现状

岩石定向断裂控制爆破技术是常规光面爆破技术的进一步发展，被广泛应用于隧道周边开挖、珍贵石材开采、井巷周边成形爆破及一些高质量硐室开挖工程中[5]。在大多数光面爆破施工中，爆破工程师们采取的常规手段是调整周边孔的装药结构，比如采用轴向空气间隔装药拉长药柱或采用径向空气不耦合装药，前者通过调整炮孔中线装药密度，使得炸药能量在炮孔中分布得更加均匀，后者主要是通过增大径向不耦合系数值，减少爆破能量直接作用在炮孔壁上，降低爆炸应力波作用于炮孔壁的峰值，增加爆生气体的作用，在减少爆破压碎区范围的同时使得需要被扩展的裂纹得到充分扩展。在周边孔炮孔同时起爆后，随着爆炸冲击波的传播，在炮孔间的中心连线上会形成爆炸应力场的叠加，致使裂纹在炮孔间相互贯穿，当周边孔爆破的能量足以在炮孔连线上形成裂纹且不会对被保留岩体造成破坏和损伤，即得到较好的光爆效果，在开挖轮廓线上形成平整光滑的开挖壁面。但是由于爆炸能量的不可控性，难以避免在炮孔壁上产生随机的径向裂纹，造成对被保留岩体的损伤，同时在面对围岩性质差、岩体节理裂隙发育、围岩较软弱的情况时，就难以达到理想的光面爆破效果，或者说光爆效果差。因此提出了岩石定向断裂控制爆破技术，通常是通过以下几种方式达到对岩体定向断裂控制爆破：（1）改变装药结构改变；（2）改变炮孔的形状；（3）在炮孔内增加爆破辅材等方法。大量实验研究结果表明，在钻爆法开挖岩体破碎、节理和裂隙发育的岩石时，定向断裂控制爆破技术相较于常规装药结构光面爆破具有较大的优势，光面爆破效果会得到显著提高，能带来较好的经济效益和社会效益。现如今岩石的定向断裂爆破基本可以分为如下3类（见图1.7）：（1）聚能药包定向断裂控制爆破。其原理是炸药爆炸时在聚能穴方向形成“聚能射流”效应，加强炸药能量在聚能穴方向对岩体的作用力，从而达到对岩体进行聚能切割爆破的目的，形成定向扩展裂纹实现对岩体的定向断裂控制爆破。（2）切槽孔定向断裂控制爆破（改变炮孔形状）。利用机械改变炮孔形状，形成V形切槽孔，降低在连线方向上岩体的抗破坏能力，从而改变爆破时炮孔壁上的应力场，同时使得应力集中在切槽开口方向，致使裂纹在这一方向优先起裂、扩展和贯通，达到对岩石的定向断裂控制爆破；（3）切缝药包定向控制爆破。利用加工的切缝管对炸药能量实现导向作用，使得能量更多地作用在切缝方向，在切缝方向形成定向裂纹（孔内药卷被包裹）。

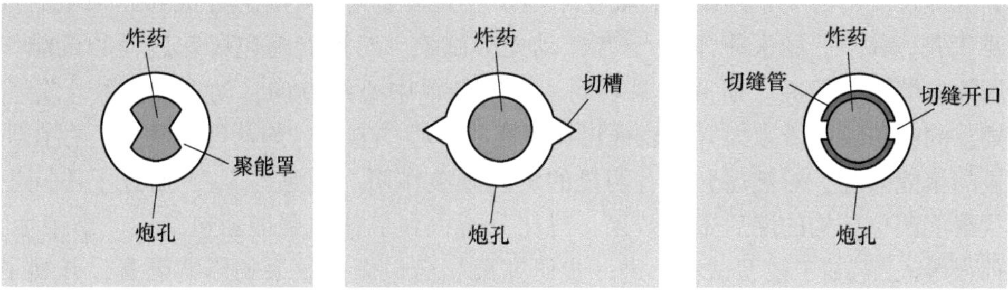

(a) (b) (c)

图 1.7 定向断裂控制爆破方式
(a) 聚能药包爆破；(b) 切槽孔爆破；(c) 切缝药包爆破

1.2.1 聚能药包定向断裂控制爆破

聚能药包是通过改变药包的形状，实现在某一方向上空心装药，以此控制炸药爆破能量沿着空心区域的轴线方向集中，从而达到炸药爆炸的聚能效应或空穴效应。

在第二次世界大战期间，研究人员关注到了聚能药包的聚能效应并开始了全面的研究。采矿工程师 L. M. Barker 在 1792 年的室内试验中首次提到聚能效应，并通过试验在 1799 年观察到了聚能药包爆炸后对被爆介质的刻蚀现象[6]。在国外，Seely、Clark 等人利用闪光 X 射线照相，记录了聚能药包爆炸的全过程[7-8]。来自德国的 Schardin 和 Thomer[9] 基于照相技术的发展，通过室内试验清晰完整地记录下了带半球形药型罩的聚能药包爆炸过程，观察到在聚能方向能量对介质的压垮情况。1940—1981 年，Birkhoff[10]、Kinelovskii[11] 等人相继提出针对药型罩聚能装药结构爆破能量分布的研究模型。20 世纪 80 年代后，随着社会的发展，计算机技术和室内试验手段也得到蓬勃发展，聚能装药结构也得到进一步研究。研究人员提出了线性聚能装药，是在聚能装药基础上发展出来的一种结构，又称之为切割装药。在线性聚能装药结构起爆后，它的外部金属聚能罩在爆炸产物的强大作用下被压垮，在聚能轴线方向上形成高速的“刀片”状金属射流。来自瑞典的学者 G. Bjarnholt[12] 首次把线性聚能装药结构应用到对岩石的爆破开挖过程中，基于实验提出了线性聚能装药爆破开挖方法。G. Hayes[13] 通过室内试验的开展，进一步研究了线性聚能罩爆炸后对聚能金属罩的压垮机理。来自美国的学者 J. Curtis[14] 研究了轴对称聚能金属罩爆炸后的不稳定模型。Markelov[15] 通过室内试验证明，在初始加热条件下，即在爆炸装药起爆前对内衬材料进行加热，可以提高聚能侵彻能力。

在 20 世纪 80 年代中期，国内的研究学者开始了对线性聚能装药结构爆破切缝机理及应用的一系列研究，其中中国矿业大学率先展开研究并成为此领域的重要代表。其中，杨永琦等人[16] 基于动光弹试验，对聚能药包爆炸过程的聚能作用效应展开了研究。研究结果表明，在聚能罩中心线方向，动光弹条纹十分密集，同时条纹的级数大等，表征出在聚能罩中心线方向，炸药能量集中，存在明显的聚能效应，对被爆介质有明显的定向爆破作用。谢源等人[17] 研究了不同形状聚能药包结构的爆后聚能效果，对比分析得到最佳的聚能药包结构。季荣生、孙强等人[18] 基于模型试验，进一步研究聚能药包爆破效果的影响因素，开展了不同炸药性质、单孔装药密度等条件下的爆破效果对比试验，并基于高速摄影技术，拍摄到聚能装药结构爆炸后，在聚能穴两端形成的能量射流过程及岩体受切割后的爆破效果。李明、张新华等人[19] 基于模型试验，运用聚能药包爆破切割混凝土及岩石，观察并记录到聚能药包的作用过程，分析和探讨了影响聚能药包爆破效果的众多因素。Luo Yong 等人[20] 基于理论和试验分析了聚能药包爆破后初始裂纹形成、扩展、止裂的条件，同时设计了适用的线性聚能切割装药结构，并将其运用在矿山对矿体的开采中，效果较佳，表明了聚能药包对岩体聚能切缝爆破的可行性和实用性。周为军等人[21] 将聚能切割爆破技术应用在 60 m 孔深的开挖矿体中形成预裂缝，帮助工作面安全高效地跨过岩体断层带，提高工作面采煤机的掘进速度，达到安全高效开采的目的。Zhao 等人[22] 在成兰铁路金瓶岩隧道施工工程中，应用聚能水压光面爆破技术，得到较好的光面爆破效果，有效地控制了开挖轮廓线，在实现高效掘进施工的同时，降低了施工成本，提高了经济效益。

综上，聚能药包定向断裂控制爆破技术的理论研究、数值模拟及模型实验等方面的研究内容是充分的，其原理的可行性是被人们所认可和接受的，但由于在现场操作的复杂性及需要重新定制特殊药包形状，难以在现场中推广应用。

1.2.2 切槽孔定向断裂控制爆破

切槽孔定向断裂控制爆破主要是通过改变炮孔的形状，即利用专用的切槽设备，在炮孔壁上切割出一定深度宽度的 V 形槽。根据裂纹扩展理论分析，在炮孔内壁提前开出一条槽，主要目的是在爆炸时，炸药能量被导向在开口方向形成应力集中，同时切槽的存在降低岩体在这一方向的抗破坏强度，促使初始裂纹的形成，使得岩体中的裂纹扩展沿着切槽孔切槽开口方向扩展，从而达到对开挖岩石的定向断裂控制爆破，得到较好的开挖爆破效果。这种爆破技术也存在优缺点，其优点体现在能较好得到定向断裂控制爆破效果，由于爆破能量在切槽方向被充分集中利用，在切槽方向形成应力集中效应，裂纹起裂—扩展更迅速，反之作用在非切槽方向的能量减少，抑制了非切槽方向裂纹扩展，相较于常规爆破，在切槽方向对岩体造成致裂所需的能量更小，相对应产生的爆破振动也就更小。缺点主要在切槽孔形成较难，目前很难在现场实际施工作业中去推广，主要还是切槽孔设备缺乏，难以在实际施工中运用。目前国内外对于切槽孔定向断裂控制爆破的理论、试验研究很多。Forney[23]、Hirsch[24]等人基于弹性理论模型，对切槽孔爆破的基础理论展开分析。Turcotle 等人[25]将岩石爆破损伤分析模型引入到切槽孔定向断裂控制爆破对岩体的损伤破坏分析。在上述基础上，杨阳等人[26]尝试将岩石损伤破坏和分形维数、混沌方法等联系起来，并将其运用到对岩石爆破破碎的研究中。Bark 等人[27]基于爆破理论分析，提出了自组织临界性概念，这些基础理论的发展，无不推动着切槽孔的进一步发展。肖正学等人[28]从力学效应上详细分析讨论了 V 形切槽炮孔爆后，炮孔内炸药能量的分布情况。基于切槽孔爆破和常规炮孔爆破的对比分析计算，得出切槽孔爆破能对被爆岩体形成良好定向断裂控制爆破的原因。宗琦等人[29]通过开展不耦合装药切槽孔爆破的模型试验及岩体脆性断裂的数值模拟分析，初步探讨了切槽孔装药结构在爆破过程中裂纹扩展的动态断裂效应。Chen[30]、Yan[31]等人基于切槽孔定向断裂爆破的数值模拟分析，得到适用于现场的切槽宽度和深度参数，并将其引入到岩体松动爆破领域，得到较好的爆破效果。王成端等人[32]基于爆破理论及数值分析的计算，得到切槽 V 形孔爆破后裂纹扩展的复变应力函数，并由此推导了其裂纹尖端应力场和位移场，基于室内试验，得到了裂纹扩展尖端的应力强度因子。李成芳等人[33]通过数值模拟手段，对比分析了切槽孔和常规爆破孔对岩体的定向断裂控制爆破效果，得出前者能有效地增加爆炸能量利用率，提高爆破破岩面积，获得更好的爆破效果。张志呈等人[34]通过爆炸基础理论分析，借助室内试验证明了切槽孔爆破的可行性和优越性，并将其运用在大理石切割爆破，整体的切割爆破效果较好。阳友奎等人[35]基于炸药爆破破岩理论和岩石断裂力学理论，初步探讨了切槽孔爆破的定向断裂控制爆破机理，阐述了切槽孔对初始裂纹扩展的导向作用机理，并且对裂纹形成、扩展、止裂条件进行了研究。

切槽孔定向断裂控制爆破技术，基于改变炮孔形状，在两孔连线方向开出"V"形口，使得炸药爆炸后在炮孔中心连线方向形成应力集中效应，达到定向断裂控制爆破的效果。国内外研究学者开展了众多数值模拟试验、模型试验及现场爆破试验，验证了其原理的可行性，但是由于现在缺乏在炮孔壁形成"V"形槽的切槽设备，导致此理论构想难以在现场实现。

1.2.3 切缝药包定向断裂控制爆破

切缝药包爆破的实质是在具有一定密度和强度的切缝管上开出不同角度、不同宽度和数量的切缝口，利用切缝开口去控制爆炸应力场分布和爆生气体对介质的准静态作用，从而达到在切缝开口方向对介质的尖劈作用，控制所爆介质在切缝方向起裂的目的[36]。

20 世纪 70 年代，W. L. Fourney 等人率先在常规药包外包裹切缝管，形成轴向切缝的管状装药结构，并将其应用在现场爆破中，试验效果表明，切缝药包起到对岩体定向致裂的作用，其主要原因是切缝药包改变了爆后炮孔内爆轰产物的分布形态，导致在切缝开口方向对炮孔壁形成了应力集中和剪切应力差。在 20 世纪 80 年代，我国逐步开始展开对切缝药包定向断裂控制爆破技术的研究。经过深入研究，研究人员将切缝药包爆破过程分为三个主要阶段；第一阶段，起爆阶段，在爆轰产物作用于炮孔壁之前；第二阶段，爆炸冲击波作用于炮孔壁，初始裂纹形成阶段；第三阶段，爆破气体推动裂纹扩展，在径向不耦合系数较大的情况下，切缝管外壁存在一个推动至与炮孔壁贴合的过程。申涛等人[36]基于高速纹影实验和数值模拟仿真手段，开展了径向不耦合装药下的切缝药包爆破试验，研究了切缝药包爆炸过程中，爆轰波的相互作用及爆破产生的应力场时空分布和切缝管在此期间形态的变化。杨仁树等人[37]将切缝药包光面爆破技术应用到硬岩的掘进开挖中，进一步优化了周边孔的光面爆破参数，提高了炮孔利用率，拉大周边孔孔距，减少了周边孔孔数，降低了周边孔单孔装药量，提高了炸药能量的利用效率。罗勇等人[38]通过模型试验，研究了切缝药包相较于常规爆破的优异性，并将此项技术应用在隧道掘进光面爆破中，得到优于常规装药的光面爆破效果，验证了切缝药包定向断裂控制爆破技术应用的可行性和优异性。杨永琦等人[39]基于对切缝药包爆破破岩机理的理论研究分析，详细阐述了切缝药包定向控制爆破过程中岩石起裂—扩展—止裂的过程，以及这一技术相较于常规装药结构爆破的先进性。戴俊等人[40]基于数值计算软件，研究了切缝药包开口宽度对定向断裂控制爆破效果的影响，提出了切缝开口宽度选取的理论计算方法，并得到计算切缝方向裂纹扩展长度的理论计算公式。梁为民等人[41]开展了切缝药包单孔爆破和三孔爆破的数值模拟仿真爆破试验研究，对比分析了径向空气、水介质不耦合条件下切缝药包定向断裂控制爆破效果，得出在水介质条件下，径向不耦合系数为 1.2~2.0 时切缝药包的定向断裂控制爆破效果最佳的结论。刘江超等人[42]以温泉隧道为背景，采用数值模拟计算手段，开展了切缝药包轴向水间隔、上部水间隔、两端水间隔三种装药结构的数值计算，从应力、振动速度变化及爆后粉尘浓度来分析，结果表明两端水间隔装药结构是最优的。宗琦等人[43]基于炸药在水中的爆炸理论和爆炸应力波传播理论，分析径向水不耦合切缝药包装药结构爆破时孔壁初始爆轰波压力和炮孔内岩壁动态应力的分布。蔡永乐等人[44]采用超动态应变测试系统，开展了切缝水压爆破过程中爆炸应力波的破岩机理研究，通过采集应变和损伤破坏区域裂纹扩展形态，研究了水压爆破破岩机理。杨仁树等人[45]针对爆破振动对周围环境造成的大问题，进行预裂爆破试验，通过在掏槽孔的上方布置 5~7 个预裂孔，开展不同装药结构的预裂爆破，在掏槽孔上方形成预裂缝或裂隙区，阻碍或减少掏槽爆破振动波向上传播，降低爆破振动对周围环境的影响，试验结果表明切缝药包爆破形成的预裂缝减振效果较佳。申涛等人[46]基于数值模拟技术，以张集矿-745 m 水平进风大巷光面爆破为背景，建立了巷道周边孔光面爆破数值计算模型，通过数值计算模型对比分析了常规装药爆破和切缝药包聚能爆破技术在光面爆破中巷道成形效果和围岩爆破损伤情况，进一步验证切缝聚能药包爆破技术的可行性和优越性。谢华刚等人[47]通过对爆破破岩理论的研究，深入探讨了切缝药包爆破破岩机理，通过理论得出在切缝方向应力集中效应明显，应力峰值最大。杨仁树等人[48]利用 Matlab 软件，编写了二值化图像的爆生裂纹盒维数算法，并由此计算爆破对介质的损伤程度，通过该方法对比研究常规装药爆破和切缝药包爆破后爆生裂纹的分形特征，进一步确定在炮孔周围不同区域内爆破对介质的损伤程度。魏晨慧等人[49]采用数值模拟手段，基于岩石损伤力学理论建立了岩石爆破的数值计算模型，并开展了不同地应力条件下切缝药包爆破试验，研究爆生裂纹演化规律，得出在不同地应力条件下切缝药包定向断裂控制爆破效果显著。杨仁树等人[50]采用电镜扫描技术，从微观的角度观察切缝药包在爆破大理岩后，爆生裂纹的断面形貌，探究了切缝药包对岩石定向断裂控制爆破机理，研究发现，爆破大理石的微观破坏主要为拉伸破坏和剪切破坏。

目前，国内外学者对切缝药包定向断裂控制爆破技术的理论分析、数值模拟及试验应用研究很多，其理论上的可行性是被研究人员充分认可的。国内以杨仁树老师团队的研究方法和考虑参数最为丰富，在切缝药包聚能定向断裂控制技术的研究领域具有标杆性，其中他们团队开展了各种参数条件下的切缝药包聚能定向断裂控制爆破的动态焦散实验研究，得到很多理论研究成果，并将其应用在部分岩巷掘进的光面爆破中，取得较好的光爆效果。切缝药包光面爆破技术具有制作简单、现场操作性强的优势。

1.2.4 水压爆破技术研究现状

由于爆破作业时引发的环保问题日益严重，水压爆破逐渐受到了学者们的青睐，并逐渐取代常规空气间隔装药爆破。水压爆破的本质是用水代替空气来起到隔离药柱的作用，可以有效地降低粉尘浓度、控制爆破块度、提高爆破效率，并且在实际工程中取得了较好的爆破效果。德国从1960年开始推广聚氯乙烯水袋，其超过90%的煤矿进行爆破作业时已经使用水压技术[51]。南非在1980年杜威哈露天煤矿的深孔爆破中应用了水压爆破技术，取得了良好的爆破和降尘效果。后来针对水压爆破在现场实践中的大量应用，N. V. Mel'nikov 等人[52]详细研究了爆破过程中水的力学效应。

我国关于水压爆破的研究和应用更为广泛。早在20世纪初期，中铁集团开展了一系列研究，将水压爆破成功应用于光面爆破。王立川等人[53]基于现场试验结合数值模拟方法，分析了在不同介质（水、空气）中，爆破振动在轴向不耦合装药条件下的衰减规律，发现爆破振动在水介质中的振动速度远小于空气介质。钟明寿等人[54]计算了3种介质（水、空气、泥土）在耦合装药条件下的孔壁应力和透射比能，分别得到爆炸时孔壁应力、透射比能随时间的变化规律。冯涵等人[55]基于七峰山隧道现场试验及 Heelan 短柱状药包理论，研究了不同装药结构对爆破振动速度的影响，发现水介质段的长度与装药段长度的比值对爆破振动的影响较大。刘江超等人[42]基于数值模拟，研究了不同装药结构（上部水间隔、两端水间隔和下部水间隔）对围岩的损伤效应，研究发现底部水间隔装药爆破时对围岩的损伤程度最小，形成的损伤范围最小。王轶君等人[56]对水压爆破的降尘效果进行了定量分析，发现水压爆破相比于常规爆破的降尘比例可达36.84%。毕王乐等人[57]针对复杂环境下的基坑爆破，发现采用水压爆破可大幅度减少粉尘量；且相对于传统炮泥堵塞，水封爆破的封堵效果在控制粉尘的浓度及振动速度等方面具有更大的优势。宗琦等人[58]通过理论分析，研究了水不耦合装药爆破时爆炸冲击波的形成与传播规律，同时基于水中冲击波波动方程推导了水-岩界面的正压力。李书萱等人[59]基于室内试验，研究了不耦合系数（1.4、2.0、2.67）对于PMMA试件损伤范围的影响，发现适当地增大不耦合系数可以增大裂隙区半径，且降低粉碎区半径。赵华兵等人[60]以爆炸力学为基础，分析了炮孔水耦合装药爆破时孔壁的初始透射压力及透射能量，研究了爆炸荷载与岩石之间的关系。宋克健等人[61]基于应力波基础理论，分析了不耦合装药条件下爆炸初始压力及爆炸能量的利用率。过江等人[62]研究两种介质（水、空气）耦合装药时的破岩机理，建立了二维光面爆破数值模型，发现在炮孔连心线上的等效应力的衰减呈幂函数，且在耦合介质为空气时等效应力衰减高于水介质。明锋等人[63]基于爆破动力学原理，利用弹性理论和波动理论推导了正入射情况下孔壁岩面上的冲击压力、应力波衰减规律。

水压爆破技术（即水间隔装药爆破）由于其工程应用价值进入了学者的视野，已然成为节能环保爆破技术发展的趋势之一，因此对水压爆破进行深入研究有重要的理论和工程意义。

1.3 隧道降尘技术研究现状

目前国内外针对隧道爆破粉尘的研究主要集中在对粉尘产生的控制和粉尘传播运移过程规律的研究。隧道爆破开挖过程中粉尘浓度的控制主要采取以下几种手段：采用湿式凿岩设备，对隧道进行循环喷雾洒水，采用湿喷混凝土技术，优化通风降尘系统，采用各类除尘器及从爆破技术上采用水压爆破除尘。

1.3.1 水压爆破降尘技术

针对隧道的水压爆破，在何广沂的隧道水压爆破新技术中是这样定义的：除了炮孔中有药卷和起爆雷管以外，还需向炮孔中注入一定的水量，最后利用炮泥或水袋进行填塞，称为隧道水压爆破。也可以简单扼要地定义为：相对于传统的常规爆破（炮孔无填塞）而言，在炮孔轴向增添水袋，同时利用炮泥做填塞的方法叫做隧道掘进水压爆破。其原理是水在炸药爆破能量的作用下被击碎成细小的水滴颗粒，与岩石爆破后的粉尘相互接触作用吸附粉尘，达到降尘的目的。

目前许多学者对水压爆破降尘展开了大量研究，吴志刚[64]基于现场水压爆破试验研究，得出在采用水压爆破后，现场粉尘浓度较常规爆破时显著降低，现场施工环境得到明显改善的结论。冯金舟[65]在襄渝电气化铁路的隧道掘进爆破施工中，设计和实施了水压爆破方法，试验结果表明在采用水压爆破时粉尘浓度显著降低，现场施工作业人员有明显感觉。黄槐轩[66]在当阳坪隧道施工中采用水袋填塞的方法，有效地降低了爆破后隧道内粉尘浓度。刘俊杰[67]在老格山隧道钻爆开挖的过程中采用轴向间隔加入水袋，利用特制炮泥进行填塞的方法，有效降低了爆破后隧道内的粉尘浓度。

何广沂率先提出聚能水压爆破技术，在 1998 年着手研究隧道掘进水压爆破技术，通过理论分析并在隧道掘进开挖中去应用研究，总结研究结果，并于 2018 年撰写出版了《隧道掘进聚能水压爆破新技术》，书中对聚能水压爆破技术作出了“三提高一保护”的评价[68]，即提高炸药能量利用率、提高施工效率、提高经济效益和保护环境。至今，越来越多研究结果表明，水压爆破相较于常规爆破技术手段有较大的优势，尤其是在节能（聚能、减少能量耗散）、降尘（水颗粒吸附粉尘）等方面，同时水压爆破技术也符合当前国家政策即绿色环保高效施工要求，逐渐在钻爆开挖工程施工中得到应用。其中关于水压爆破中水介质的作用在第 5 章有详细介绍。

1.3.2 其他隧道降尘技术

（1）湿式凿岩。其原理是在钻孔设备中配备注水设备，实现在钻孔的同时向炮孔内注水，使得钻孔过程产生的粉尘与水作用，被水吸附后的粉尘形成水浆随水一起流出孔外，降低粉尘在空气中的扩散。该方法在隧道施工中已经被广泛应用。湿式钻孔相较于干式钻孔的优势主要在于，在钻孔的过程中水吸附在粉尘上，粉尘伴随水流从炮孔直接流出，极大地减少在钻孔过程中产生的粉尘浓度。但是该技术在一些缺水地区难以得到实现和推广。连萌[69]根据隧道钻爆施工工程中的实际情况，设计和制作了一种为风动凿岩机连续供水的装置，很好地满足了在钻孔的时候，不间断地向孔内注水。

（2）喷雾洒水。其原理是向隧道粉尘浓度大的地方喷射水雾，使水吸附空气中的尘粒，增加粉尘重量，从而达到降尘的目的。喷雾降尘又名水幕降尘，更多的是通过高压将水击碎为小水滴颗粒，爆破前后在隧道内将爆破作业面产生的粉尘阻隔在有限的空间里，粉尘随着空气流动，与水幕接触，而后被水吸附，达到降尘的目的。

（3）通风排尘。其原理是利用通风机不断地往隧道内注入新鲜空气，降低隧道内的粉尘浓度。隧道的通风系统一般主要采用压入式、混合式和抽出式，与矿井采用的通风系统大同小异，但前者相对简单点。谭信荣等人[70]在贵广铁路油竹山隧道设计适合现场的联合通风系统，采用主洞与平导相互连接的通风方式，通过现场监测设备可知，该联合通风系统有效地降低了爆破作业面的粉尘浓度，有效地改善了施工环境空气质量。

（4）湿喷混凝土。其原理是将一定比例的水、水泥和需要加入的骨料进行搅拌，用加压设备，将添加了速凝剂的混凝土原料喷射到围岩上，达到降低喷浆过程产生的粉尘量的效果。目前，湿喷混凝土技术已成为国内采用主要混凝土喷浆技术手段。何华[71]通过分析任胡岭隧道的现场喷浆技术，研究了风压、水压等参数条件对喷浆效果的影响，最后基于现场湿喷效果对粉尘浓度的影响，提出适用于任胡岭隧道的喷浆技术，并针对现场的施工条件，给出了详细的降尘措施建议书。

（5）粉尘器降尘。其原理是粉尘器作业在进风口形成负压将含有粉尘的气流吸入除尘器中，在除尘器中粉尘发生惯性碰撞、截留等作用沉降在粉尘器中，达到对含尘气流的降尘。在爆破后和机械凿岩的过程中，使用简易的湿式除尘器除尘并配合通风系统应用，能很好地达到局部降尘的效果。王新民[72]基于一般隧道通风技术，结合现场施工环境，设计开发了适用的活塞式降尘设备。

总结水压爆破技术和岩石定向断裂控制爆破技术两者目前在隧道掘进施工中的应用现状如下。在岩石的定向断裂控制爆破技术方面，聚能药包定向断裂控制爆破技术和切槽孔定向断裂控制爆破技术相较于切缝药包定向断裂控制爆破技术，存在以下的缺点：（1）切槽孔定向断裂控制爆破技术存在切槽孔成形难，现场施工难度大的问题；（2）聚能药包定向断裂控制爆破存在现场施工难度大，聚能管爆破辅材需要重新定制等问题。而切缝药包的制作更简便，现场应用难度小，在实现节省炸药的同时，能获得较好的定向断裂控制爆破效果，周边开挖壁面更加平整；水压爆破降尘能很好地实现在爆破瞬间降尘的减排效果，其“水楔”效应能达到增能和促进裂纹扩展的目的。综合切缝药包和水压爆破两者的优势，可以发明一种一体化的切缝聚能水压光面爆破装药结构，这种周边孔装药结构目前还未在光面爆破现场广泛研究和应用，为验证其爆破效果是否能达到安全、绿色、环保、节能及高效施工的目的，需开展深入研究。

1.4 岩石爆破损伤辨识研究现状

1.4.1 岩石爆破损伤研究现状

岩石爆破损伤是指岩石受到爆炸荷载作用后在宏观、微观结构上发生的劣化现象，即岩石内部产生的裂隙与破碎。爆破荷载作用下围岩损伤主要表现在两个方面，一方面是岩体的物理力学性质的变化，即岩石强度与刚度的降低；另一方面是岩石在爆破荷载作用下产生裂缝，使其完整性发生改变。损伤力学是固体力学里一门重要的学科，相对弹性力学、断裂力学来说，主要是研究缺陷材料的力学效应。因此该理论建立的模型认为主要是材料的内部缺陷决定了其力学性能。

Dragon[73]研究了混凝土材料的损伤特性，后来 Krajcinovic[74]、Costin[75]等学者分别从不同角度将损伤力学应用于岩石材料，以此研究了岩石的损伤机理。Grady 和 Kipp[76]在岩石爆破模型中引入了动力损伤机制，以此为基础研究出爆破损伤模型——GK 模型，GK 模型认为岩石在空间上含有大量大小不等且随机分布的初始裂纹，且在拉伸状态下认为损伤具有累积效应，在压缩状态下认为岩石是理想的弹性塑性体。但是由于其中的部分岩石参数难以得到，因此该模型应用并不广泛。Taylor[77]研究了岩石破碎尺寸、体积模型与裂纹密度之间的关系，发现了裂纹与损伤度具有较大的相关性，提出了 TCK 模型，该模型可以很好地反映材料状态下的特性。Kuszmaul[78]在 TCK 模型和 GK 模型的基础之上，提出了 KUS 模型，该模型认为微裂纹附近能够释放应力的材料可以相互重叠，且在裂纹的激活过程中考虑了由于损伤而引起裂纹数量的减少。Thorne 等人[79]引入规则化损伤参数定义新的损伤变量，提出了 Thorne 模型，该模型考虑了激活裂纹数时引起岩石总体积的改变。Liu 等人[80]将断裂概率引入到损伤变量的定义之中，定义了损伤度，认为材料的积应变超过某一阈值后才能激活裂纹。

考虑上述 GK 模型、TCK 模型和 KUS 模型不足之处在于没有考虑裂纹在拉伸条件下的萌生和扩展过程。胡英国等人[81]将 5 种常见的爆破损伤模型通过 FORTRAN 导入 LS-DYNA，对比分析了不同损伤模型在工程实际中的准确性，同时基于上述模型提出了拉压损伤模型。刘之喜等人[82]将畸变能理论引入到岩石的本构模型中，建立了岩石加卸载损伤本构模型，通过实测数据对本构模型进行了验证。谢辉等人[83]考虑到静水压力对裂隙岩石强度的弱化效应，基于有效应力原理提出了临界静水压力概念，建立了考虑渗透水压的岩石损伤本构模型。李宁等人[84]分析了爆炸应力波在裂隙处的透射与反射，建立了半连续介质动力损伤模型。姚金阶等人[85]在损伤变量中引入了岩体地质弱面参量及爆破块度分布特征，构建了考虑分形维数的损伤演化模型。单仁亮等人[86]将统计损伤理论引入到过应力模型中，构建了考虑应变率效应的岩石时效损伤模型。

目前大约有十多种岩石损伤模型，这些模型基本是通过裂纹密度来反映岩石的损伤程度，主要区别在对损伤度的定义不一致。岩石本构方程、损伤演化规律和裂纹密度这三部分组成了岩石爆破损伤模型。

1.4.2 爆破累积损伤效应研究现状

在实际工程中，围岩的失稳不是单次爆破引起的，而是在多次爆破作用下产生的累积效应引发围岩的宏观破坏。因此，不能将一次爆破引起的损伤作为围岩是否发生失稳的判据。

众多学者针对多次爆破作用下岩体的损伤做了大量研究。Oriard 等人[87]以岩体声波波速和振动速度作为依据，研究了岩体在多次爆破荷载作用下的累积损伤效应。Doucet[88]和 Ramulu[89]等人先后通过声波测试仪观测了隧道在推进过程中围岩的变形和裂纹扩展情况，研究了多次爆破作用对近、远区岩体损伤范围的影响。Zhong 等人[90]基于模型实验研究了围岩在循环开挖过程中累积损伤与循环次数之间的关系，发现围岩累积损伤存在各向异性。闫长斌等人[91]基于声波测试的结果，研究了岩体累积损伤的演化规律，构建了岩体累积损伤演化模型。杨国梁等人[92]通过声波测试系统和爆破振动测试系统监测了煤矿巷道岩体的损伤及振动速度，分析了爆破振动速度和岩体累积损伤之间的相关性。宋肖龙等人[93]采用地质雷达观测了隧道爆破施工过程中的围岩累积损伤，结果发现爆破近区围岩的损伤受循环爆破作用的影响较大。孟凡兵等人[94]建立了循环爆破作用下的累积损伤模型，并通过现场试验进行了验证。

以声波仪为测试手段测量岩体的损伤存在诸多不便，且难以直观地表达岩体损伤的累积过程。由于计算机行业的飞速发展，近年来，众多学者开始利用数值模拟来研究循环爆破荷载下岩体的累积损伤特性。凌天龙等人[95]在爆破轮廓平面上施加三角荷载，模拟了延期时间对于围岩损伤的累积效应。潘城等人[96]通过在数值模拟中引入了损伤因子，基于 LS-DYNA 重启动技术建立了爆破开挖时围岩的累积损伤模型，并分析累积损伤分布特征。徐钟等人[97]建立了围岩的三维数值模型，利用强度折减法标定的巷道围岩的力学参数，并以峰值振动速度作为围岩损伤的判别标准，研究循环爆破开挖后掌子面前方的损伤。罗忆等人[98]对多次爆破下围岩的累积进行了数值模拟研究，并分析了多次爆破掘进对于掌子面稳定性的影响。钟冬望等人[99]利用 LS-DYNA 自带的重启动技术，模拟了隧道开挖过程中单次爆破和多次爆破对于围岩损伤的影响。曹峰等人[100]基于 LS-DYNA 模拟了单次爆破与多次爆破作用下隧道围岩的损伤过程，分析了围岩的损伤范围。

1.5 聚能水压爆破技术现状评述

鉴于以上对聚能水压爆破技术研究进展和应用现状的分析评述，对该项技术研究提出以下几点建议：

（1）目前对聚能水压爆破破岩机理的研究很粗略，多数采用数值计算方法模拟爆炸的高温、高压、高速状态，但往往忽略 PVC 管材在爆轰冲击作用瞬间的状态问题。因此，聚能管材料特性是它作为爆破辅材的关键参数，值得深入探究。

（2）PVC 聚能管与 PVC 切缝管是聚能水压爆破的两类主要辅助装置，目前市场上销售的款式多样却无理论依据。对于聚能管或切缝管的开口宽度、角度和管材厚度等参数需进行相似模型循环爆炸试验确定，进而设计一体化聚能装药结构以加快现场装药工序。

（3）为探明炮孔狭小空间内水介质对炸药爆轰聚能的影响，建议从聚能爆破和水压爆破致裂引起的岩体质点运动叠加探究聚能水压爆破的联合作用机理，尤其是在不同等级围岩体中的破岩机理，是聚能水压爆破技术高效利用的关键。

2 勐省隧道地质工程概况

《公路隧道施工技术规范》（JTGT 3660—2020）要求“钻爆设计应根据工程地质、地形环境、开挖断面、开挖方法、循环进尺、钻孔机具、爆破材料和出渣能力等因素综合考虑”。因此在开展相关爆破参数及工艺研究之前，应先掌握隧道的地质工程概况。

2.1 工 程 概 况

第 1 章主要对隧道掘进聚能水压爆破技术的发展历程作了简要概括，也阐述了开展定向断裂控制爆破、隧道降尘及岩石爆破损伤等研究的重要意义，在展开这些研究之前本章对勐省隧道地质工程概况进行阐述。

勐省隧道位于云南省临沧市沧源县勐省镇境内，其进口端位于勐省镇金江水泥厂 1 km 处，出口端位于勐省镇芒阳村，如图 2.1 所示。隧道按单幅计全长 7183 m，其中隧道左幅进口里程桩号为 ZK392+340，结束里程桩号为 ZK395+905，左幅隧道全长 3565 m；右幅隧道进口里程桩号为 YK392+337，结束里程桩号为 YK395+955，右幅隧道全长 3618 m。隧道左线进口位于 $R=3600$ m 圆曲线，

图 2.1 隧道现场图

接直线段，接 $R=3000$ m 圆曲线，接直线段，$A=575$ m 缓和曲线出口接 $R=1600$ m 圆曲线；隧道右线进口位于 $R=3500$ m 圆曲线，接直线段，接 $R=3000$ m 圆曲线，接直线段，$A=575$ m 缓和曲线，出口接 $R=1600$ m 圆曲线。隧道最大埋深约 155 m，洞轴线进口走向方位角约为 155°，出口走向方位角约为 198°；隧道进、出口交通条件便利。

2.2 工程地质条件

2.2.1 地形地貌

隧址区属构造溶蚀剥蚀中山地貌区，自然地面标高在 1209~1536 m 之间，相对高差约为 327 m，地形起伏较大，陡缓相间。隧道进口山体坡度较陡，呈折线形坡，自然坡度一般为 35°~45°，位于道路边坡附近；隧道出口位于山体斜坡地带，自然坡度一般为 30°~40°；隧道洞身山顶部位地形相对平缓，一般为10°~30°，局部段较陡。植被发育，主要为乔木及灌木，水土保持较好，自然山坡现均处于稳定状态。

2.2.2 地层岩性

根据野外地质调绘及钻探、物探资料，隧址区覆盖层主要由第四系残坡积层（Q_4dl+el）组成，主要为粉质黏土、红黏土，下伏基岩为二叠系下统大名山组（P_1dm）的白云质灰岩石，以及石炭系上统（C_3）的白云质灰岩。

2.2.3 地质构造

项目区属横断山脉南段纵谷区，位于云贵高原西南边缘、横断山脉南部扫帚形扩大部位，属典型的高原山地构造地形。区域内褶皱、断裂比较发育，褶皱大多被断层所破坏。区域内断裂为北东向和北西向两组相互交织，造就了形态纷繁多样、规模差异明显的断块群落。根据隧址区野外工程地质调绘、钻探及物探，结合区域地质资料可知，隧址区地处中山地貌区的山岭地带，隧址区范围内无断裂通过，地层较为单一，主要为泥盆系中上统砂岩，隧址区出露基岩产状：260°∠60°；隧道区浅部岩体风化裂隙发育，岩体较破碎，深部节理裂隙为稍发育~较发育；地表出露岩石风化强烈，节理裂隙很发育，杂乱型，主要二组节理产状：113°∠54°、234°∠59°。

2.3　水文地质条件

2.3.1　地表水

隧址区地表水不发育，穿越段无地表河流或其他长期性地表积水。地表水主要为雨季暂时性坡面片流、漫流，汇于坡面凹沟或冲沟向低洼沟谷地带排泄，其自然排泄通道顺畅，对隧道建设影响较小，但应注意暴雨期间地表面流对洞口的冲刷破坏作用，宜采取截流、疏排措施。

2.3.2　地下水

地下水类型及特征：隧址区地下水类型按埋藏条件、岩石类型及水动力特征主要划分为第四系松散层孔隙水和基岩裂隙水。松散层孔隙水主要赋存于第四系松散层孔隙中，多属上层滞水，含水层总体厚度不大，分布不稳定，多分布于隧道穿越山体缓坡地带，贮水条件较差，水量贫乏，易渗透流失，仅季节性有水，旱季多呈干涸状，主要由大气降水补给，该层分布于隧址区浅表层，对隧道施工影响甚微。隧址区下伏基岩受构造、风化作用影响，浅部裂隙发育，构造及风化裂隙中含有一定量的基岩裂隙水；溶隙水主要赋存于下伏可溶性碳酸盐岩裂隙、溶隙中。区内地下水以大气降水及区内地表流水补给，沿斜坡流向低洼处，汇入河道最终流出区外，部分沿基岩裂隙、溶隙下渗，转变为地下径流。地下水量受地形条件、裂隙、岩溶发育程度及补给水源的控制，两侧山坡基岩裂隙、溶隙水贫乏；对隧道施工影响较小。

补、迳、排条件及动态特征：隧道区内地下水的补、迳、排条件受沿线的地形、地貌及地层岩性控制。大气降水是地下水的主要补给来源，地下水水位受气候影响较明显。基岩裂隙水、溶隙水通过导水的裂隙系统补给深部含水层，主要沿基岩裂隙、溶隙下渗，其天然排泄主要呈线状、散点状排泄于地形切割较深的冲沟、地貌突变处或向坡脚沟谷排泄及岩溶裂隙、岩溶管道往下排泄。

2.4　隧道围岩分级

根据《公路工程地质勘察规范》（JTG C20—2011）、《公路隧道设计规范 第一册 土建工程》（JTG 3370. 1—2018）的规定，综合物探、钻探资料及地调成果，对有 R_c 及 K_v 参数的围岩段落采用围岩基本质量指标 BQ 值及围岩基本质量指标修正值［BQ］确定围岩分级。

围岩基本质量指标 BQ 值按式 $BQ = 90 + 3R_c + 250K_v$ 计算；使用公式时的限

制条件为：(1) 当 $R_c > 90K_v + 30$ 时，应以 $R_c = 90K_v + 30$ 和 K_v 代入计算 BQ 值；②当 $K_v > 0.04R_c + 0.4$ 时，应以 $K_v = 0.04R_c + 0.4$ 和 R_c 代入计算 BQ 值。

围岩基本质量指标修正值［BQ］按式（2.1）计算：

$$[BQ] = BQ - 100(K_1 + K_2 + K_3) \tag{2.1}$$

式中，K_1 为地下水影响修正系数；K_2 为主要软弱结构面影响修正系数；K_3 为初始应力状态影响修正系数。计算中的限制条件、计算结果的分级评价标准详见《公路隧道设计规范》。

［BQ］修正系数 K_1、K_2、K_3 取值方法说明：(1) 根据隧址区域构造情况、洞身段埋藏深度、围岩岩体的完整程度、节理裂隙发育程度，地下水出水状态，进行 K_1 值修正；(2) 根据隧址区岩性和岩体风化程度等，除埋藏深度较深，风化作用较弱的洞身围岩，一般可不进行 K_2 修正，其他地段均应进行相应的修正；(3) 由于该区为低应力区，且隧道大部分地段埋藏深度一般，初始应力对岩体基本质量影响轻微，因此可不进行 K_3 修正，对隧道埋深大于 150 m 地段 K_3 按 0.1 进行了修正。综合分析考虑，本隧道围岩可划分为Ⅳ、Ⅴ两级。

2.5 施工工艺技术

影响爆破施工效果的因素主要有岩体条件、施工工艺及炸药类型的选择，其中岩体条件难以确定，而炸药的选择也常因经济成本因素难以抉择，因此，施工工艺的选择对现场施工至关重要，本节主要在前文所述的工程地质条件、水文地质条件和隧道围岩分级的基础上，介绍勐省隧道具体施工方法、施工测量方案、洞口施工及洞身开挖施工方案的确定。

2.5.1 主要施工方法

隧道施工按照新奥法原理组织。软岩地段施工始终坚持“弱爆法、短进尺、强支护、早封闭、勤测量、紧衬砌”原则。在施工中积极推广应用国内外隧道施工新技术、新工艺，投入大型施工机械设备，组成钻、爆、挖、装、运、锚、衬等机械化作业线，混凝土衬砌全部采用液压钢模衬砌台车和泵送混凝土作业，施工过程中进行超前地质预报与监控量测，采用先进的量测、探测技术取得围岩状态参数，通过对数据的分析和处理，及时反馈信息指导施工。

先洞口工程，再洞身工程，洞口偏压段采用 CRD 法或台阶法，Ⅴ级围岩采用台阶分部法，Ⅳ级围岩采用台阶法施工，Ⅱ级、Ⅲ级围岩段采用全断面开挖。钻爆采用 YT28 气腿式凿岩机、塑料导爆管毫秒雷管微差爆破开挖，周边轮廓采用光面爆破与预裂爆破相结合技术；无轨运输采用装载机装碴，16 吨载自卸车出碴；喷混凝土采用机械臂湿喷机作业；全断面液压钢模衬砌台车、泵送混凝土灌注二次衬砌混凝土，混凝土全部采用自动计量拌合站生产，输送罐车运输；通风采用 75 kW 功率风机、大管径软管压入式通风。

贯通实施计划。勐省隧道为分离式两车道，中间相隔 23 m，为了安全及进度考虑，左右洞开挖支护保证前后错开 50 m，左右洞洞口工程一起进行，完成洞口支护及管棚施工后，左洞暂停掘进，右洞先施工，待右幅进洞 50 m 后，左幅再进行掘进，且左右幅掌子面掘进长度随时保持不小于 50 m。由于采用的是双边掘进，则左幅贯通点选择在 ZK394+122，右幅贯通点选择在 K394+146，在距离贯通点 50 m 时，采用单端掘进、掌子面喷浆封闭、仰拱闭合成环及二次衬砌浇筑至掌子面，以保证隧道贯通安全。

2.5.2 施工测量方案

施工测量方案整体设计如下：

（1）平面控制应先从整体考虑，遵循先整体、后局部，高精度控制低精度的原则。

（2）布设平面控制网首先根据设计总平面图，现场施工平面布置图。

（3）选点应选在通视条件良好、安全、易保护的地方。

（4）桩位必须用混凝土保护，需要时用钢管进行围护，并用红油漆做好测量标记。

（5）控制桩应按照规程规定的标准进行埋设，一般应埋设在视野开阔的坚固地方，顶周围应砌筑 20 cm 高的保护台或设置其他保护措施。控制桩的埋设及保护，如图 2.2 所示。

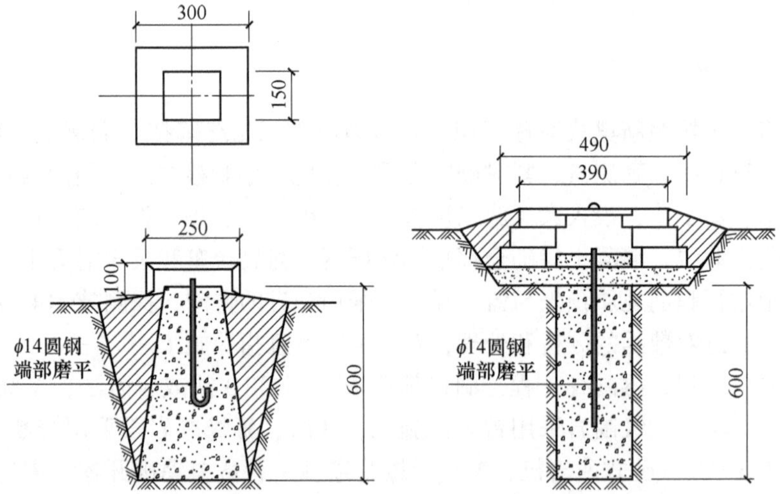

图 2.2 控制桩的埋设及保护图（单位：mm）

（6）施工控制网的测量。根据设计院提供的平面控制网和高程控制网，项目部进场后立即组织工程技术人员对相连的永得硬大桥、勐省隧道进出口端、永农基1号大桥控制网点进行联测，复测采用全站仪进行，联测结果形成书面资料报监理部，经测量监理工程师复核无误并签字盖章后，方可用于施工测量，同时需定期进行控制网点的复测，并记录备案。

平面控制测量可采用全站仪测量、三角测量、三边测量和导线测量。洞外平面控制测量宜利用已有的定测控制网。

勐省隧道采用双向进洞施工，使用的控制点由设计院提供，采用GPS静态测量，对隧道的控制点进行坐标与高程平差，达到设计要求方可进洞。

（7）施工测量。施工测量是开挖成形、路面平顺和隧道净空控制至关重要的环节，施工中设专职的测量组，有经验的测量工程师任组长。在接到施工设计图纸后，对线路的平纵设计参数、设计坐标认真复核，确认无误后方可施工。在复核过程中如果发现问题通知监理、业主及设计单位。

勐省隧道施工测量采用全站仪，仪器设置测站均采用已知和自由建站两种方法。

1）洞口测设。施工时通过洞外精测点，引进洞内采用双导线布置形成闭合导线，采用全站仪、水准仪等测量仪器，精确控制隧道中线。洞口导线点位埋设使用ϕ22 mm钢筋（钢筋顶上刻十字线）埋于洞口附近坚固稳定的地面上，并用混凝土固定桩位，点与点之间通视良好。点位布置完毕后，利用导线网点GPS点（已知）作基准点，使用全站仪引测附合导线上各点的坐标值（并经平差）。

2）洞内导线测量。洞内引入双导线校核，隧道两侧埋设测点，100 m设置一个，在衬砌好的边墙埋设水准点。控制点采用手电钻钻ϕ22 mm的孔，孔深为50 cm，灌入锚固剂，然后打入ϕ22 mm的螺纹钢筋，低于仰拱面3 cm，四周用混凝土浇筑一个长20 cm、宽20 cm、高5 cm的混凝土墙。当不使用时，采用模板盖住，以防破坏。

洞内高程测量使用水准仪实测，精度达到规范要求。水准线路由洞口高程控制点向洞内引设，正洞每隔100 m左右设一个水准点，引测水准点采用往返观测，并且定期复核，测设精度满足测规要求。

由洞外向洞内的测角、测距工作，在夜晚或阴天进行，洞内的测角、测距在测回间采用仪器和坐标多次置中的方法，并采用双照准法（两次照准、两次读数）观测。照准的目标应有足够的明亮度，并保证仪器和反射镜面无水雾。

洞内导线平差，采用条件平差或间接平差，也可采用近似平差。洞内导线的坐标和方位角必须依据洞外控制点的坐标和方位角进行传算。

3）贯通误差的测定及调整。隧道贯通前100 m段应加强贯通测量，调整误差，采取双边掘进。隧道贯通后，洞内导线、施工中线及高程的实际贯通误差，应在贯通面两侧未衬砌段调整，贯通误差调整的长度应根据中线形式、贯通误差值、支护和衬砌（包括仰拱）施工情况综合确定，不宜小于 200 m（贯通面两侧对称）。控制施工测量对隧道两相向施工贯通中的误差影响值应符合表 2.1 的规定。

表 2.1　误差允许范围

测量部位	两开挖洞口间长度/m			高程误差/mm
	$L<3000$	$3000\leqslant L<6000$	$L\geqslant 6000$	
	横向贯通中误差允许值（不大于）/mm			
洞外	±45	±60	±90	±25
洞内	±60	±80	±120	±25
整个贯通区间	±75	±100	±150	±35

4）放样洞内开挖断面、钢拱架定位。隧道开挖采用全站仪进行中线放样及水准仪进行高程测量。开挖面至预计贯通面 100 m 时，开挖断面可适当加宽（加宽值不超过隧道横向贯通误差限差的一半）。初期支护完成后，采用断面检测仪对开挖断面进行检查，发现欠挖后及时报予施工班组处理。仰拱断面由设计高程线每隔 0.5 m（自中线向左右）向下量出开挖深度。

5）放样衬砌断面。隧道立模衬砌前，必须对衬砌段进行中线放样和高程测定，并标注特殊部位的高程位置。隧道衬砌施工完成后，必须对衬砌段进行中线放样和高程复合，并测出衬砌后的净空断面。

（8）竣工测量。施工成形地段进行水平、标高和净空检查测量，及时形成记录和正式资料，为竣工验收提交满足要求的合格工程。

2.5.3　洞口施工

施工测量是开挖成形、路面平顺和隧道净空控制至关重要的环节，其中洞口测量是洞内测量的第一步，这也说明了洞口施工在整个施工过程的重要性。洞口施工工艺及注意事项如下。

（1）为保证安全进洞采取边仰坡及洞脸加固措施，并与 ϕ22 mm 砂浆锚杆、ϕ108 mm×6 mm 超前大管棚支护相结合。在洞口边仰坡开挖及进洞施工中首先应进行加固，避免造成边仰坡开挖失稳，难以进洞。首先施工洞顶截水天沟，然后开挖洞口边仰坡，并进行临时喷锚支护。

边仰坡开挖以人工配合机械，必要时采用弱爆松动，尽量减小对围岩的扰动，保持边仰坡自稳能力。洞口段的边仰坡一次开挖到位，并及时完善截水天沟等排水系统，以减少雨水对坡面的冲刷。当边仰坡开挖到位后，立即对边仰坡及洞脸进行喷射混凝土封闭，初喷结束后，进行边仰坡锚杆施工，编挂钢筋网，再次喷射混凝土支护。

勐省隧道进、出口洞门均为端墙式洞门，使用C30混凝土浇筑。勐省隧道进、出口边坡开挖坡比为1∶0.5，仰坡坡比为1∶0.75。隧道边仰坡地层较好，回填线以下防护采用锚杆挂钢筋网喷混凝土的方式，每层开挖完成后及时进行喷锚作业，进出口边仰坡均要进行喷锚防护，封闭坡面，保证坡面美观安全。

1）进出口端左右幅边仰坡防护均采用ϕ22 mm砂浆锚杆，L为3.5 m，间距1.2 m×1.2 m，梅花形布置，挂设ϕ6.5 mm钢筋网片（20×20），喷射混凝土采用厚10 cm的C25喷射混凝土。

2）施工前先根据边仰坡测量放样确定防护范围，然后用脚手架、竹排等架设施工平台，施工平台要保证稳定、可靠，平台的高度根据边仰坡的高度及施工操作方便而定，另外在原地面合适地段左右线各平整20 m^2左右的场地，并进行适当硬化，以放置喷射机及堆料。

3）砂浆锚杆的施工。锚杆采用风枪钻孔，钻孔时应使钻杆大致垂直岩层结构层面，施工中应保证孔的顺直，钻孔完成后进行吹孔，清除钻孔内的钻渣，然后用水泥砂浆填满孔眼，再安装锚杆，最后封住孔口。

4）钢筋网。钢筋网锚杆安装完毕后布设，施工时应严格按照设计间距先在加工场地制作好钢筋网片，并对钢筋网片进行除锈处理，然后用安全绳将网片吊至工作面安设钢筋网，钢筋网应点焊在锚杆头上，使钢筋网在喷射混凝土时不易晃动。

5）喷射混凝土。在喷射混凝土施工前，应根据《岩土锚杆与喷射混凝土支护工程技术规范》（GB 50086—2015，以下简称《规范》）的规定及施工前所做的标准配合比进行施工，力求达到强度的前提下回弹量最小，施工中应严格按照施工规范及施工经验控制好混凝土的施工质量。喷射混凝土施工应注意以下事项：

①喷射混凝土前，对边仰坡坡面上的松动岩石及松土进行清理，并用高压风清理坡面上的其他杂物，另应使坡面有一定的湿度。

②喷嘴与受喷面保持垂直，同时与受喷面保持0.6~1 m的间距。

③为了保证混凝土的喷射厚度和减少混凝土的回弹率，施工时，应分层喷射混凝土，并在坡面上打入控制厚度的标记钢筋。喷射混凝土的回弹物一律作废品处理，所有回弹混凝土清出施工现场，严禁重复使用回弹混凝土。

④对喷射完毕的混凝土进行定期养生，养生时间不少于14 d。

当边、仰坡防护达到强度后施作超前大管棚，施工过程中严格遵守“小循环，弱爆破，强支护，早封闭”的施工原则。每次控制开挖进尺，并严格按照设计及《规范》进行初期支护，力争做好洞门。

（2）洞口套拱及超前管棚施工：

1）设计情况：

导向套拱的套拱采用 C20 混凝土，其截面厚度为 60 cm，纵长 200 cm，内设 4 榀 I18 工字钢架，钢架外缘设置 ϕ140 mm×8 mm 导向钢管。

2）管棚设计参数：

①钢管规格：设置范围拱部为 120°，长管棚单根总长度为 34 m（含搭接长度），型号为 ϕ108 mm×6 mm 热轧无缝钢管，每节长度为 4～6 m，采用型号 ϕ114 mm×8 mm 热轧无缝钢管内车丝扣连接。

②钢花管上钻注架孔，孔径为 10 mm，孔间距为 20 cm，呈梅花形布置，尾部留有不钻孔的止浆段 400 cm。

③管距：环向间距中至中为 40 cm。

④倾角：钢管轴线与衬砌外缘线夹角为 1°～3°。

⑤加劲钢筋笼：管棚内部设置 4 条 ϕ18 mm 加劲钢筋，十字形分布，每隔 10 m 设置一道短管固定环，直径为 42 mm，壁厚为 4 mm，长度为 40 mm。

3）管棚注浆：

①水泥浆液水灰比为 1∶1（质量比）。

②注浆压力：初始压力为 0.5～1.0 MPa，终止压力为 2.0 MPa。

（3）施工方案：

1）进洞方法：首先进行洞口边仰坡防护及截水沟施工，采取 ϕ22 mm 砂浆锚杆、ϕ6.5 mm 钢筋网进行超前加固，另外喷射 C25 喷射混凝土进行封闭坡面，确保隧道洞口山体稳定和施工安全。

2）勐省隧道左、右洞管棚施工方法；边仰坡防护完成后即开始管棚套拱混凝土施工，管棚套拱混凝土施工拟采用立模板的方案施作；套拱混凝土强度达到设计强度的 75% 后开始用潜孔钻钻孔，从两侧同时开始施钻，成孔后顶入 ϕ108 mm钢管，注浆采用水泥浆液，注浆结束后及时清除管内浆液，并用 M20 水泥砂浆填充紧密。

3）仰坡防护时套拱混凝土环向位置不喷锚，以便于套拱混凝土伸入仰坡面时能紧密衔接。为便于套拱混凝土浇筑，仰坡开挖至明暗交界面时注意预留核心土，核心土纵向长 3.0 m，边开挖边测量，仰坡挖至套拱混凝土内拱顶标高时改用人工开挖，根据标准断面绘制五寸台图放样核心土，开挖成圆拱形，并用 M7.5 砂浆抹面，使圆弧圆顺美观。

4）钢拱架安装及孔口管焊接。土模施工完成后及时进行钢拱架安装工作。为保证长管棚施工精度，导向套拱内设 4 榀 I18 工字钢架，钢架外缘设置 ϕ140 mm×8 mm 的导向钢管。钢拱架用冷弯机弯制，钢拱架为 I18 工字钢，拱部分成五节，端头焊接钢板后用螺栓连接。钢拱架纵向间距为 0.5 m，先安装第二榀，再安装第一榀，环向用 ϕ20 mm 圆钢连接，环向间距为 1.0 m 纵向连接。经测量钢架位置无误后再焊接 ϕ140 mm×8 mm 导向钢管与钢拱架连接，导向钢管环向间距为 40 cm，纵向长度为 2.0 m，并与仰坡面顶紧。导向钢管仰角为 1°~3°，管角度直接影响管棚最终施工效果的好坏，是管棚施工的一个重要工序，施工中采用测斜仪及水平尺测量导向管角度，边焊接边测量，确保角度符合设计要求。

5）套拱。导向管焊接完成后开始施工导向套拱；导向套拱采用 C20 混凝土，截面厚 0.6 m、纵长 2 m，环向厚 0.6 m。套拱混凝土内模采用土模，混凝土浇筑方便、稳定、可靠；外模采用 4 cm 厚木板拼装，木板纵向长度不小于2.0 m，沿主筋环向固定，模板外缘采用 ϕ20 mm 螺纹钢加固，保证满足设计要求；外模底部混凝土侧压力最大，用钢管支撑牢固；拱部外模距起拱线 1.5 m 处两侧各预留一个 50 cm 宽混凝土浇筑口；套拱端头模板采用 4 cm 木板加工成弧形，环向宽度为 0.8 m，先在平地试拼成形，用红油漆编号，安装时从下向上按编号固定，与孔口管端头紧贴，以防混凝土进入孔口管，用线垂测量端头模板垂直度。

模板装好后，采用泵送混凝土浇筑 C20 混凝土，浇筑时左右两边应对称浇筑（背模边浇筑混凝土边架设），并及时振捣，以保证混凝土的密实性，混凝土的浇筑严格遵守混凝土规程办理。护拱浇筑完毕后应对护拱定期养生。套拱施工工艺图如图 2.3 所示。

6）钻孔前的准备工作。在预留核心土上，用方木搭设水平钻机脚手架工作平台，水平钻机定位、调试，确保钻杆轴向和导向管的轴向一致。

7）钻孔。采用潜孔钻钻孔，钻孔顺序为先拱脚后拱顶，两台钻机同时施钻；为防止管棚注浆时出现串孔，钻孔施工时按 3 孔间距进行，即 1 号孔钻孔施工完后进行 5 号孔钻孔施工，遇硬岩慢速钻进；根据设计要求，长管棚钢管已深入微风化岩层时适当缩短长管棚长度。

8）顶管施工：

①每孔端头 4 m 范围为止浆段，其余管段用台钻钻 10 mm 渗浆孔，孔距为 20 cm，呈梅花形布置。每根管棚第一节做成尖锥状，长 10 cm，以便于管棚顶管。钢管接头采用丝扣连接，丝扣长 15 cm。

②钢管顶进紧跟钻孔作业，成孔后用高压风清孔再顶进钢管，钢管加工好后用红油漆编号，编号为奇数的第一节管采用 3 m 钢管，编号为偶数的第一节钢管采用 6 m 钢管，以后每节均采用 6 m 长钢管。

③使用挖机配合人工顶管，施工时必须有一个专门负责指挥调度，禁止用力过猛、顶进速度过快。发现顶进阻力较大时，须旋转顶入。

④顶进前将管节与联结丝扣焊接牢固。

⑤每孔 ϕ108 mm×6 mm 钢管一次性顶至设计长度。

9）管棚注浆：

管棚注浆采用水泥浆液，注浆参数如下：

①水泥浆液水灰比为1:1（质量比）。

②注浆压力：初始压力为0.5~1.0 MPa，终止压力为2.0 MPa，注浆前应进行现场注浆试验，根据实际情况调整注浆参数，当注浆压力达到设计终压，浆液注入量达到设计值时，注浆结束。

10）施工要点：

①必须完成导向套拱施工后，方可开始管棚的施工。管棚为超前预支护，应在隧道暗洞开挖之前完成。

②管棚施工时，应对钢管主要材料进行材质检验。

③管棚需按设计位置施工，严格控制管棚搭设方向，并做好每个钻孔地质记录。在钢架上沿隧道开挖轮廓线纵向钻设管棚孔，其外插角以不侵入隧道开挖轮廓线越小越好。孔深不宜小于10 m，孔径比管棚钢管直径大20~30 mm。

④洞内超前支护应与洞口管棚有不小于2 m的纵向搭接长度，安装钢管时，应先施作有孔钢管，注浆后再施作无孔钢管，每钻完一孔便顶进一根钢管。

⑤钻孔施工采用管棚钻机，利用套管跟进的方法钻进，长管安装一次完成。钻孔顺序由高孔位向低孔位进行施工前，为保证长管棚施工质量，应在拱脚部位选2个试验孔，找出地层特点，并进行注浆和砂浆充填试验。

⑥用单液浆注浆泵按先下后上，先稀后浓的原则注浆，注浆量由压力控制，初压为0.5~1.0 MPa，终压为2.0 MPa，施工中，注浆量达到设计注浆量或注浆压力达到设计终压时，可结束注浆。

⑦管棚注浆前，应用麻丝或锚固剂封堵管棚与孔壁间空隙；注浆后，清理管内胶凝浆液，用水泥砂浆紧密充填，增强管棚的刚度和强度；对于非压浆孔，直接充填即可，施工中应做好每根管棚的注浆记录，为注浆参数的调整提供科学依据。

管棚施工地段，应加强对洞口坡面的监测，保证施工安全。

11）套拱施工工艺。套拱施工流程如图2.3所示。

（4）洞门、明洞衬砌混凝土及回填施工：

勐省隧道进出口左右洞明洞均为5 m，左洞K392+340~K392+345、K395+900~K395+905，右洞K392+337~K392+342、K395+950~K395+955，台车长度为12 m，一次就可以将明洞浇筑完毕。

1）洞门、明洞衬砌及回填施工步骤：仰拱开挖测量→仰拱开挖→C25喷射混凝土封底→仰拱施工测量→仰拱、边墙钢筋制作及安装→仰拱模板安装→仰拱混凝土浇筑→仰拱混凝土养生→仰拱回填施工测量→仰拱回填模板安装→仰拱混凝土浇筑→仰拱混凝土养生→边墙施工测量→边墙模板安装→边墙混凝土浇筑→边墙混凝土养生→拱圈钢筋加工及安装→拱圈内外模板安装→拱圈模板校核测量→

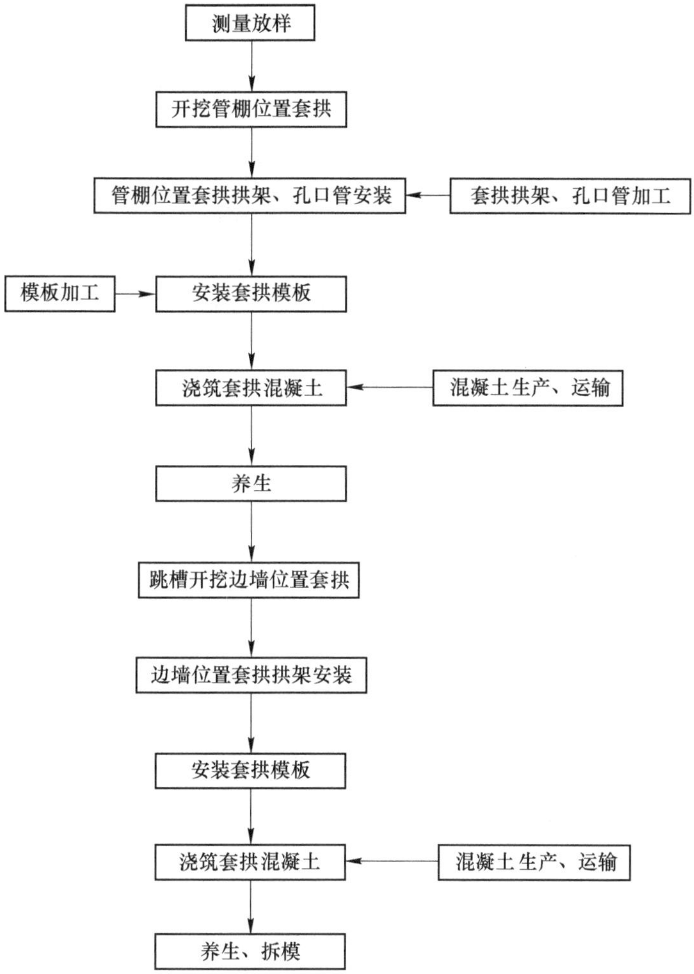

图 2.3 套拱施工流程图

拱圈混凝土浇筑→拱圈混凝土养生→拱圈外模拆除→防水层及墙背 M7.5 浆砌片石回填施工→衬砌回填施工→拆除拱圈内模→下一循环。

2）施工技术方法及工艺。当套拱及管棚施工完成后，对圆心处进行开挖，待边仰坡施工完成并稳定后即可进行明洞衬砌施工，为了保证施工安全，明洞衬砌从前进方向向套拱处进行施工，该明洞衬砌暂按先墙后拱施工，开挖后根据地质情况再作调整。仰拱施工如下：

①仰拱开挖。隧道底部采用机械开挖，挖掘机、装载机、自卸车出渣，拱脚处欠挖部分采用风镐凿除，以免松动边仰坡防护，为了控制超欠挖，应加强隧底开挖的测量工作。仰拱开挖一模后，立即全幅施作仰拱及仰拱回填。

②仰拱钢筋混凝土。出渣后应及时清除隧底上的浮渣，并进行 C30 仰拱钢筋

混凝土施工，施工前应精确测量放样，确定出仰拱平面位置及高程，然后进行仰拱钢筋及边墙钢筋制作，钢筋应按照仰拱弧形在洞外事先制作好，钢筋接头采用单面焊接，焊接长度不少于10d（d为钢筋直径），焊缝饱满，并凿除焊缝上的焊渣，边墙钢筋预留长度分别为0.5 cm、1.5 cm，长短交错布置，确保与拱圈衬砌钢筋相连接，钢筋施工按照衬砌钢筋施工方法进行。模板安装保证支撑牢固，拼缝严密，不会产生胀模及漏浆现象；模注混凝土应严格按照经监理工程师批准的项目部试验室配合比施工，并控制好混凝土的坍落度、和易性等参数，各种原材料必须从项目部指定的厂家或料场采购，应采用强制式混凝土搅拌机拌合，并配有电子计量仪，混凝土的输送采用专用混凝土罐车，以防混凝土在运输过程中发生离析，采用振动式振捣器先振捣仰拱最底部，而后逐渐往洞身拱脚处振捣，保证混凝土的密实性，仰拱混凝土浇注完毕应定期养生。有关混凝土的详细施工工艺应遵循钢筋混凝土施工规程，并做好取样工作。

③仰拱回填混凝土施工。当仰拱混凝土达到设计强度后方能进行仰拱回填施工，混凝土的输送采用专用混凝土罐车，施工前应精确测量放样，确定出仰拱回填混凝土及排水管道的平面位置及高程，施工时应根据放线资料进行施工，排水管道施工完成后方能进行仰拱回填混凝土的浇注，回填混凝土浇注时应预留好电缆沟、边沟位置。仰拱回填混凝土放料时边墙预留钢筋及排水管道位置应对称放料，浇注完成后应对边墙预留钢筋位置进行校核，以防止预留钢筋及排水管道偏位。仰拱回填混凝土应挂线施工，防止仰拱回填混凝土顶面侵入路面，仰拱回填混凝土参照衬砌混凝土施工方法进行施工。混凝土浇注完毕后应进行为期14 d的养生工作。

④洞门、明洞衬砌混凝土施工。明洞采用就地模筑全断面整体式钢筋混凝土衬砌，为了减少施工缝，明洞衬砌不分矮边墙施工，矮边墙及拱圈一次浇筑成形，拱圈采用钢模台车作内模，脚手架固定钢模板作外模，混凝土采用输送泵泵送。在隧底填充混凝土达到2.5 MPa后，即可进行矮边墙及拱圈混凝土的施工，施工前准确测量放样，调好模板台车的平面位置及高程，而后进行外模板的架设，架设完成经检查合格后进行混凝土灌注。拱圈按照程序“安装钢筋、根据测量台车就位、调整台车的各部件到工作状态、外模及封端头模、混凝土的浇注”施工，钢筋加工安装及混凝土的浇注严格遵守规范施工。

钢筋加工：

①钢筋应集中加工、统一配送。

②横向钢筋与纵向钢筋的每个节点均必须进行绑扎或焊接。

③受力主筋的搭接采用焊接：采用双面焊接，焊接长度不少于5d；采用单面焊接，焊接长度不少于10d。

④相邻主筋搭接位置应错开，错开距离不应小于1000 mm。同一受力钢筋的

两根搭接距离不应小于 1500 mm。

⑤箍筋连接点应在纵横向筋的交叉连接处，必须进行绑扎或焊接。

⑥在任一截面（1 m 范围内）内，搭接接头钢筋的截面积，对受拉钢筋不宜超过钢筋总面积的 25%，对受压钢筋相应的数值为 50%。

钢筋安装、定位操作程序如下：

①在找平层及拱顶防水层上标定出前后两根环向主筋的中心点位，安装并作为环向定位钢筋。

②用自制三脚架定出隧道圆心位置。

③圆心用尺量的方法校验定位钢筋轮廓尺寸，并用自制台车上可调节的钢管支撑杆固定。

④在支撑杆上标出环向主筋布设的位置，在定位钢筋上标出纵向分布筋安装的位置，绑扎钢筋。

⑤使用高强砂浆垫块控制钢筋保护层厚度，不使用塑料垫块。

台车就位、外模安装及挡头板安装：

台车进洞由两根 63 型钢轨导入，台车运到衬砌施工地段后，调平导入钢轨标高，用方木将钢轨横向支撑牢固，并通过台车的液压杆件将台车轮廓调整到衬砌轮廓线位置，同时用锤球吊线使台车的中心线与隧道中心线重合，在确保定位无误后，固定台车，实现就位；外模采用脚手架固定钢模板作外模，外模应固定牢固，并保证衬砌混凝土的断面尺寸满足设计；挡头采用松木板封牢。台车就位工艺要求如下：

①严格控制轨道中心距，允许误差±1 cm。

②轨面标高比隧道路面中心高 15 cm，允许误差±1 cm。

③台车就位时，先调顶模中心标高，然后由顶模支撑梁上横向丝杆调整台车中线以符合要求，最后由侧向丝杠电动调节边模张开度，调整到位后放下翻转模和底脚斜撑丝杠加固。

④隧道衬砌前，对衬砌台车结构、构件进行全面检查，确保其中线、标高、断面尺寸和净空大小均符合设计要求。模板安装要稳定、坚固，接缝要严密、平整、不漏浆。

⑤台车模板表面光洁平顺，接缝严密，结构轮廓线清晰、平顺、美观。

混凝土浇筑：混凝土输送泵管道通过台车上部的天窗接入模内，同时混凝土输送车将混凝土倒入输送泵内，由输送泵将混凝土通过管道压入模内。

①混凝土的拌制：采用自动计量混凝土拌合站，集中生产混凝土。混凝土坍落度控制在 13~18 cm，并掺加 FDN-440 缓凝减水剂，以确保混凝土质量。要注意运输过程中的坍落度损失。

②混凝土的运输：采用混凝土输送车运输，输送泵泵送混凝土。混凝土在运

输过程中不应发生离析、漏浆，严重泌水及坍落度损失过多等现象。当运至浇筑地点发生离析现象时，应在浇筑前进行二次搅拌，但不得再次加水。混凝土运输的允许延续时间不超过规范标准规定（温度范围为 20~30 ℃，混凝土从拌合到混凝土送到最终位置捣实的最长允许时间为 60 min）。

③混凝土的浇筑：混凝土施工开始后，先拌 0.5~1 m^3 砂浆润管，并防止接茬不良。混凝土采用水平分层、对称浇筑，其分层厚度不得超过 40 cm。输送软管管口至浇筑面垂直距离控制在 1.5 m 以内，以防混凝土离析。浇注过程要连续，避免停歇造成"冷缝"，间歇时间一般不得超过 2 h，否则按施工缝处理。

④当混凝土浇至作业窗下 50 cm 时，应刮净窗口附近凝浆，涂刷脱模剂，窗口与面板接缝处粘贴海绵止浆条，以避免漏浆。

⑤混凝土振捣：采用插入式振捣器振捣，每个振点的振捣延续时间宜为 20~30 s，标准为混凝土表面不再下沉、无气泡及表面开始泛浆为止。既防漏振，致使混凝土不密实，又防过振，混凝土表面出现砂纹；特别是内模反弧部分要确保捣固充分，避免出现气孔现象，施工中确保钢筋保护层厚度。

⑥拆模：混凝土试件试压达到设计要求后，方可拆模。拆模时要谨慎，以免缺棱掉角现象发生。

⑦养生：衬砌浇筑 10~20 h 后即开始养生，采用洒水养生法，养生时间不少于 14 d。

洞门、明洞衬砌混凝土施工应注意下列事项：

①灌注混凝土前应复测中线和高程，衬砌不得侵入设计轮廓线；

②拱圈应按断面要求制作定型挡头板、外模和骨架，并应防止走模；

③浇注拱圈混凝土达到设计强度的 50%时，方能拆除外模，施工防水层与纵向、竖向排水管并随即回填；达到设计强度的 70%时，方可拆除内拱架。

3）明洞衬砌防水层：

①当拱圈混凝土达到设计强度的 50%时，拆除外模，立即进行防水层施工。明洞衬砌外沿铺设防水板加土工布，采用两布一板的方法铺设，即底层为土工布，中间为防水板，面层为土工布。明洞防水层采用 PVC 防水板和 400 g/m^2 无纺布。

②拱圈背部用砂浆抄平，抄平后施工 400 g/m^2 的土工布、防水板。防水板相互错缝焊接牢固密实，搭接长度不少于 10 cm，并向隧道内拱背延伸不少于 50 cm，伸入防水层 20 cm。

4）明洞衬砌回填施工：

明洞衬砌强度达到设计强度的 70%后方可拆架，明洞结构全部施工结束并达到设计强度后方可进行拱顶回填。明洞拱顶中心处填土高度不得大于 5 m，回填土对称、分层夯填密实，压实度不小于 93%。黏土隔水层为 50 cm，横坡控制在

2%~10%，回填坡面采用植草进行防护美化。

①在拱圈外模拆除后立即施工防水层和墙背 M7.5 浆砌片石回填；

②墙背回填应两侧同时进行，墙背 M7.5 浆砌片石回填应密实；

③明洞拱圈背后回填应对称分层夯实，每层厚度不大于 0.3 m，其两侧回填的地面高差不大于 0.5 m。回填至拱顶齐平时，立即分层满铺填筑至设计高度；

④使用机械回填时，待拱圈混凝土达到设计强度且由人工夯实至拱顶以上 1 m 时方可进行；

⑤拱背黏土防水层回填时，隔水层应与边仰坡搭接良好；

⑥明洞防水层施工应符合设计及规范的相关要求。

2.5.4 洞身施工

洞身一般要修建衬砌，用以防护岩面并减小洞壁粗糙，防止渗漏，承受围岩压力、内水压力及其他荷载，因此洞身开挖是隧道开挖的核心所在。洞身开挖施工方法、工艺流程及注意事项等如下。

2.5.4.1 施工方法及工艺

（1）环形开挖预留核心土法（台阶分部法）。Ⅴ级围岩洞口浅埋偏压段选用环形开挖预留核心土法，环形开挖预留核心土法又称为台阶分部法，适用于一般土质或易崩塌的软弱围岩地段。上部预留核心土支挡开挖工作面，利于及时施作拱部初期支护以增强开挖工作面的稳定，核心土及下部开挖在拱部初期支护保护下开挖，施工安全性好。一般环形开挖进尺 SF5a，SF5b 衬砌段为 0.8~1 m，台阶长度为 8~10 m。

台阶分布法施工顺序为：1）上弧形导坑开挖；2）拱部初期支护；3）核心土开挖；4）中部开挖；5）边墙初期支护；6）下部开挖；7）仰拱初期支护。

（2）台阶法。台阶法适用于洞身Ⅳ级围岩地段，分上下台阶开挖支护，一般开挖进尺 SF4a 衬砌段为 0.8~1 m，SF4b 衬砌段为 1~1.2 m，台阶长度为 10~15 m。

台阶法施工主要步骤为：1）开挖导坑上半断面；2）上导坑拱部初期支护；3）开挖导坑下半断面；4）下导坑边墙初期支护；5）下导坑仰拱初期支护。

（3）全断面法。全断面开挖法又称全断面掘进法。适用于洞身Ⅱ级、Ⅲ级围岩段，该方法先将硐室一次开挖成形，然后再初期喷锚支护。

2.5.4.2 开始施工的条件及施工准备工作

开始施工的条件及施工准备工作如下：

（1）超前地质预报完成。

（2）监控量测数据稳定。

（3）需要开挖台架的作业面，开挖台架焊接完成，且验收合格。

（4）进场人员经安全教育培训合格，爆破员、安全员取得相应证书。

2.5.4.3　施工工艺

隧道施工开挖总体上要求拱部采用光面爆破，边墙部采用预裂爆破，最大限度地保护周边岩体的完整性，同时减少超挖量，提高初期支护的承载能力。

（1）施工程序：施工准备→施工放样→钻孔台车就位→钻孔→清孔、钻孔质量验收→装药、连接起爆网路→爆破→通风→排险→出碴→初喷→支护或临时支护→监控量测→下一循环。

（2）施工方法：

1）钻孔：

①采用凿岩机钻孔，钻孔直径为 ϕ42 mm，钻孔深度根据围岩等级确定，施工前由技术人员向工班长交底钻孔深度。

②掏槽孔孔口间距和孔底间距的允许误差为±5 cm；辅助孔孔口间距允许误差为±10 cm；周边孔孔口位置允许误差为±5 cm，孔底不得超出开挖断面轮廓线15 cm。

③当开挖面凹凸较大时，应按实际情况调整炮孔深度及装药量，使周边孔和辅助孔孔底在同一垂直面上。

④钻孔完毕，检查炮孔布置并做好记录，对不合格的炮孔进行重钻。

⑤钻孔作业应定人定岗，尤其是左右侧周边孔钻工不宜变动。

2）装药：

①炸药采用乳化炸药，装药前安全员、工班长、领工员对装药开挖工作面附近及炮孔等进行全面检查，对检查出的问题及时处理。

②清孔：装药前，采用高压风清除炮孔内的粉尘、积水，防止堵塞，使用高压风时应避免炮孔内飞出的岩粉、岩块等杂物伤人。

③验孔：炮孔清理完成后，采用炮棍检查炮孔深度、角度、方向和炮孔内部情况。发现炮孔不符合要求的，及时处理。

④装药方法：装药时要一手抓住雷管的脚线，另一手用木质或竹质炮棍将放在孔口处的药卷轻轻地推入炮孔底，使炮孔内各药卷间彼此密接，推入时，用力要均匀。正向装药的起爆药卷最后装入，起爆药卷和所有的药卷的聚能穴朝向孔底；反向装药起爆药卷首先装入，起爆药卷和所有的药卷的聚能穴朝向孔外。

3）钻孔作业和装药作业不能在同一开挖工作面进行。

4）封堵：所有装药的药孔采用炮泥堵塞。

①最初填塞的炮泥（配合比为 1∶3 的黏土和沙子，加含有 2%～3%食盐的水制成，干湿适度）应慢慢用力，轻捣压实以后，隔断炮泥应依次用力一一捣实。

②浅孔需将余孔全部堵塞。

③炮孔深度小于 1 m 时，封泥长度不小于炮孔深度的 1/2。

④炮孔深度超过 1 m 时，封泥长度不小于 0.5 m。

⑤炮孔深度超过 2.5 m 时，封泥长度不小于 1 m。

⑥光面爆破周边孔封泥长度不小于 0.3 m。

5）连线、起爆：

①连线采用数码电子雷管起爆系统，毫秒延时起爆。

②每次起爆前，爆破员必须仔细检查起爆网路。

③在同一开挖面上，起爆顺序应由内向外逐层起爆。

④延期时间采用孔内控制。

⑤爆破员必须最后离开爆破地点，并必须在有掩护的安全地点进行起爆。

⑥爆破前，工班长必须清点人数，确认无误后方准下达起爆命令。爆破员在接到起爆命令后，必须先发出爆破警示信号，至少等 5 min，方可起爆。

6）盲炮处理：

①处理盲炮前应由爆破员定出警戒范围，并在该区域边界设置警戒，处理盲炮时无关人员不准进入警戒区。

②应派有经验的爆破员处理盲炮，洞内爆破的盲炮处理应由爆破工程技术人员提出方案并经技术负责人批准。

③炮孔较深时，可用竹木工具小心将炮孔上部堵塞物掏出，用水浸泡并冲洗出整个药包，并将拒爆的雷管销毁，也可将上部炸药掏出部分后，再重新装入起爆药包起爆。

④距炮孔近旁 600 mm 处，重新钻一与之平行的炮孔然后装药起爆以销毁原有盲炮。

⑤深孔盲炮可采用再次爆破，但应考虑相邻已爆破药包后最小抵抗线的改变，以防飞石伤人。

⑥处理盲炮过程中，严禁将带有雷管的药包从炮孔内拉出来，也不准拉住电雷管上的导线，把电雷管从炸药内拔出来。

⑦盲炮应由原装炮人员当班处理，如不能当班处理，应设置标志，并将包装情况、位置、方向、药量等详细介绍给处理人员，以达到妥善安全处理的目的。

⑧盲炮处理后应由处理者填写登记卡片或提交报告，说明产生盲炮的原因、处理的方法和结果、预防措施。

7）隧道洞内开挖工程爆破后，经通风吹散炮烟、仪器检测确认洞内空气合格达标后、等待时间超过 15 min，方准许作业人员进入爆破作业地点。

8）清碴：爆破完成后，利用自卸车配合装载机清除石碴。

(3) 施工要点:

①施工中坚持“弱爆破、短进尺、强支护、早封闭、勤测量”的基本原则。

②开挖方式应以人工配合机械开挖，必要时辅以弱爆破，爆破时严格控制炮孔深度及装药量。

③导坑开挖孔径及台阶高度可根据施工机具、人员等安排进行适当调整。

④导坑一般开挖进尺为0.8~1 m，台阶长度为8~10 m。

⑤开挖后及时喷锚支护，安装钢架支撑，每榀钢架之间应采用钢筋连接，并按设计安装锁脚锚杆。

⑥预留核心土面积的大小应满足开挖面稳定要求。上部核心土的长度宜为2.0~3.0 m，面积不小于上半断面的50%，核心土刷坡坡率应为1∶0.5~1∶0.75。

⑦上部弧形，左右侧墙部，中心核心土开挖各错开3.0~5.0 m；根据围岩特点，合理选定周边孔的间距和最小抵抗线，尽最大努力提高钻孔质量。严格控制周边孔的装药量，尽可能将药量沿孔长均匀分布。

⑧周边孔宜使用小直径药卷和低猛度、低爆速的炸药。为满足结构要求，可借助导爆索（传爆线）来实现空气间隔装药。采用毫秒微差有序起爆、要安排好开挖程序，使光面爆破具有良好的临空面。

2.5.4.4 施工注意事项

(1) 道施工应坚持“弱爆破、短进尺、强支护、早封闭、勤量测”的原则。

(2) 开挖方式均采用弱爆破或人工开挖，爆破时严格控制炮孔深度及装药量。

(3) 工序变化处的钢架（或临时钢架）应设锁脚锚杆，且必须对锁脚锚杆进行灌浆，以确保钢架基础稳定。

(4) 当现场短台阶开挖孔径及台阶高度需进行适当调整时，应保证临时支护与主体洞身钢架连接牢固，横向钢支撑可根据监控量测结果适当调整其位置，并考虑侧壁自身的稳定及施工的便捷性。

(5) 钢架之间纵向连接钢筋应按要求设置，及时施作并连接牢固。

(6) 临时钢架的拆除应等洞身主体结构初期支护施工完毕并稳定后，方可进行。

(7) 施工中，应按有关规范及标准图的要求进行监控量测，及时反馈结果，分析洞身结构的稳定，为支护参数的调整、灌注二次衬砌的时机提供依据。

2.5.5 围岩钻爆作业

初期支护和围岩为暗挖隧道的主要受力结构，施工中一定要“爱护围岩”。通过机械开挖技术和控制爆破技术予以解决，或通过各种手段和方法，如采用支护技术、加固或预加固技术及各种辅助施工技术等增强围岩的自支护能力，来达到不损伤或少损伤遗留围岩的固有支护能力。钻爆作业是隧道施工控制工期、保证开挖轮廓的关键。为了充分发挥围岩的自承能力，减轻对围岩的振动破坏，该隧道采用微振动控制光面爆破技术或预裂爆破，并根据围岩情况及时修正爆破参数，达到最佳爆破效果，形成整齐圆顺的开挖断面，减少超挖，杜绝欠挖。

（1）设计原则：

1）炮孔布置要适合机械钻孔；

2）提高炸药能量利用率，以减少炸药用量；

3）减少对围岩的破坏，周边采用光面爆破，控制好开挖轮廓；

4）控制好起爆顺序，提高爆破效果；

5）在保证安全的前提下，尽可能提高掘进速度，缩短工期；

6）按爆破设计施工，控制炸药量，减少对初期支护及临时支护影响。

（2）爆破器材选用：

采用数码电子雷管起爆系统。炸药采用乳化炸药，选用 ϕ25 mm、ϕ32 mm 两种规格，其中 ϕ25 mm 为周边孔使用的光爆药卷，ϕ32 mm 为掏槽孔、掘进孔及底板孔用药卷。

（3）炮孔布置及爆破参数选择：该隧道台阶法采用钻爆掘进，开挖后支护紧跟。上导坑每开挖两个循环，下断面开挖 1 个循环，待上导坑开挖长度达到要求时开挖下断面，下断面采用多功能台架钻孔。上半断面采用凿岩机钻孔，为减小爆破对围岩的扰动，采用直孔掏槽法，上导坑的顶板孔和下半断面的帮孔按光面爆破设计。目的是减少对围岩的爆破扰动，保持岩体的稳定。

（4）钻爆作业：钻孔作业在勐省隧道中采用简易移动式工字钢钻孔台架，人工手持式 YT28 凿岩机（风钻）钻孔作业，人工装药起爆。钻爆作业按照爆破设计进行钻孔、装药、接线和引爆。如围岩出现变化需要变更爆破设计时，由爆破主管工程师确定。炮孔的装药、堵塞和引爆线路的连接，均由考核合格的爆破作业人员负责。

1）测量。测量是控制开挖轮廓精确度的关键。采用徕卡测距仪进行断面测量、定位。每循环都由测量技术人员在掌子面标出开挖轮廓和炮孔位置。

2）钻孔。严格按照炮孔布置图（见图 2.4 和图 2.5）正确对孔，以确保工程爆破质量，具体钻爆参数见表 2.2～表 2.5。周边孔外插角采用 1°～5°，炮孔相互平行，周边孔在断面轮廓线上开孔（在Ⅳ级、Ⅴ级围岩地段，周边孔在断面轮廓线内 5～10 cm 处开孔），周边孔对孔误差环向不大于 5 cm。掏槽孔对孔误差不大于 3 cm，其他炮孔开孔误差不大于 10 cm。

3）装药。钻完孔后，用高压风吹孔，经检查合格后装药。装药分片分组负责，严格按爆破设计规定的装药量、雷管段号“对号入座”。爆破网路连接、检查及起爆，按照爆破设计要求及有关规定操作。

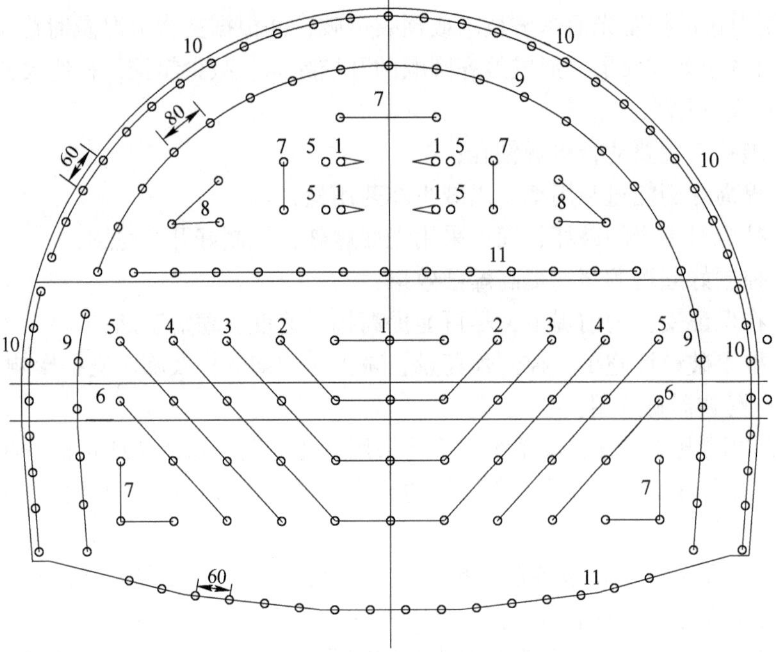

图 2.4 Ⅳ级围岩爆破设计图

表2.2 Ⅳ级围岩正台阶法开挖上半断面钻爆参数

孔别	段别	孔深/m	孔数/个	雷管数/个	装药集中度/kg·m^{-1}	单孔装药量/kg	单段总装药量/kg
掏槽孔	1	2.2	4	4	0.7	1.54	6.16
扩槽孔	5	2	4	4	0.7	1.4	5.6
辅助孔	7	2	6	6	0.6	1.2	7.2
辅助孔	8	2	6	6	0.6	1.2	7.2
内圈孔	9	2	17	17	0.5	1.0	17
周边孔	10	2	25	25	0.3	0.6	15
底板孔	11	2	13	13	0.675	1.35	17.55
连接雷管	1			7			
引爆雷管				1			
合计			75	83			75.71

表2.3 Ⅳ级围岩正台阶法开挖下半断面钻爆参数

孔别	段别	孔深/m	孔数/个	雷管数/个	装药集中度/kg·m^{-1}	单孔装药量/kg	单段总装药量/kg
第一排孔	1	2	3	3	0.6	1.2	3.6
第二排孔	2	2	5	5	0.55	1.1	5.5
第三排孔	3	2	7	7	0.55	1.1	7.7
第四排孔	4	2	9	9	0.55	1.1	9.9
第五排孔	5	2	8	8	0.55	1.1	8.8
第六排孔	6	2	6	6	0.5	1.0	6.0
第七排孔	7	2	6	6	0.5	1.0	6.0
内圈孔	9	2	12	12	0.5	1.0	12
周边孔	10	2	8	8	0.3	0.6	4.8
底板孔	11	2	16	16	0.675	1.35	21.6
连接雷管	1			13			
引爆雷管				1			
合计				94			85.9

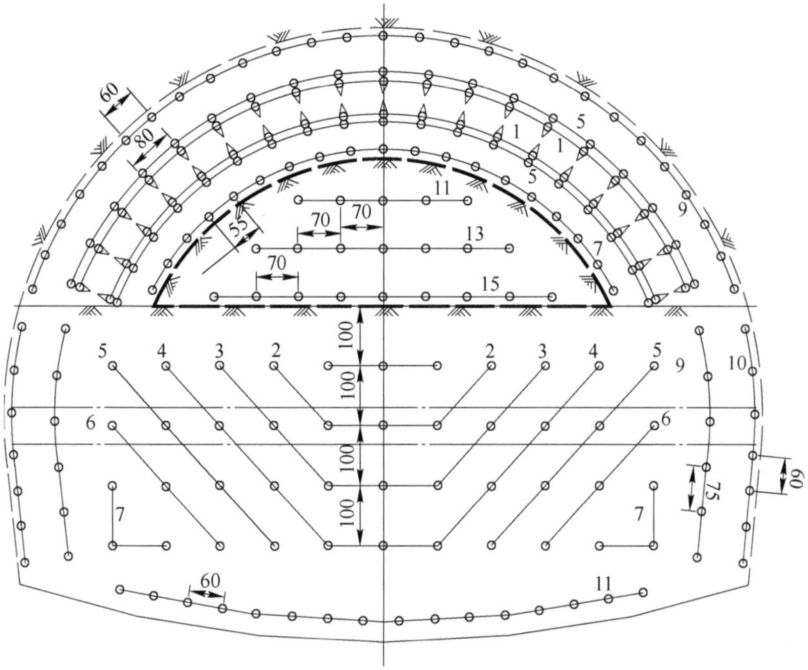

图 2.5 V级围岩爆破设计图

表2.4 V级围岩台阶分部开挖上半断面钻爆参数

孔别	段别	孔深/m	孔数/个	雷管数/个	装药集中度/kg.m^{-1}	单孔装药量/kg	单段总装药量/kg
掏槽孔	1	1.2	38	38	0.4	0.48	18.24
扩槽孔	5	1.1	38	38	0.4	0.44	16.72
辅助孔	7	1.1	19	19	0.4	0.44	8.36
周边孔	9	1.1	25	25	0.3	0.33	8.25
辅助孔	11	1.1	5	5	0.4	0.44	2.2
辅助孔	13	1.1	8	8	0.4	0.44	3.52
底板孔	15	1.1	9	9	0.4	0.44	3.96
连接雷管	1			12			
引爆雷管				1			
合计			142	155			61.25

表2.5 V级围岩超台阶分部开挖下半断面钻爆参数

孔别	段别	孔深/m	孔数/个	雷管数/个	装药集中度/kg.m^{-1}	单孔装药量/kg	单段总装药量/kg
第一排孔	1	1.1	3	3	0.6	0.66	1.98
第二排孔	2	1.1	5	5	0.55	0.605	3.025
第三排孔	3	1.1	7	7	0.55	0.605	4.235
第四排孔	4	1.1	9	9	0.55	0.605	5.445
第五排孔	5	1.1	8	8	0.55	0.605	4.84
第六排孔	6	1.1	6	6	0.5	0.55	3.3
第七排孔	7	1.1	6	6	0.5	0.55	3.3
内圈孔	9	1.1	12	12	0.5	0.55	6.6
周边孔	10	1.1	14	14	0.3	0.33	4.62
底板孔	11	1.1	16	16	0.675	0.74	11.84
连接雷管	1			8			
引爆雷管				1			
合计			86	95			49.185

4）堵塞。所有装药的炮孔均堵塞炮泥，堵塞长度不小于 30 cm。

（5）超欠挖控制：钻爆法开挖是否经济、高效，关键是控制好超欠挖。钻爆施工中采取如下措施：

1）根据不同地质情况，选择合理的钻爆参数，选配多种爆破器材，完善爆破工艺，提高爆破效果。

2）提高轮廓线、钻孔精度，尤其是周边孔的精度，是直接影响超、欠挖的关键。

3）提高装药质量，杜绝随意性，防止雷管混装。

4）断面轮廓检查及信息反馈：了解开挖断面各点的超欠挖情况，分析超欠挖原因，及时更改爆破设计，减少误差，配专职测量工检查开挖断面。

5）建立严格的施工管理：在解决好超欠挖技术问题的同时，必须有一套严格的施工管理制度来保证技术的实施，为此，从进洞前，制定严格的奖罚制度，用经济杠杆来调动施工人员的积极性。

①掏槽孔：隧道爆破采用中空直孔掏槽形式，为保证掏槽钻孔精度，掏槽位置选择在隧道中线分部开挖断面中部位置。

②周边孔：根据光面爆破选定的周边孔间距，严格控制外插角以减少超挖。

③扩大孔：掘进炮孔，其炮孔间距，视岩石坚硬程度、装运手段、岩石破碎程度的要求等因素而定，一般取 0.7～1.2 m，岩石坚固取小值，反之取大值。

④底板孔：底板孔沿开挖轮廓线布置，并适当增加药量起翻碴作用，使爆落的岩碴翻松，便于装载设备装碴。

⑤起爆顺序：掏槽炮→扩大炮→内圈炮→周边炮→底板炮。间隔时间采用 25～100 ms，周边孔宜一次起爆。

6）爆破器材的选用：根据隧道的地质情况，选用 2 号岩石乳化炸药，药卷规格为直径×长度×重量＝ϕ32 mm×300 mm×300 g，数码电子雷管起爆。

（6）单位炸药消耗量的确定。根据有关的定额及类似工程施工经验，确定取 $q=0.94\ \text{kg/m}^3$。

炮孔数目的估计，由以下公式计算：

$$N = \eta q s m/(ap) \tag{2.2}$$

式中　N——炮孔个数；

q——单位炸药消耗量，kg/m^3；

s——开挖断面面积，m^2；

η——炮孔利用率；

m——每个药卷长度，m；

a——炮孔装药系数，装药长度与炮孔长度之比；

p——每个药卷的重量，kg。

（7）炮孔深度的确定：为达到理想的爆破效果及满足进度计划的需要，炮孔利用率为0.87，则单槽炮循环进尺深度除以0.872为炮孔钻孔深度。

（8）双向掘进贯通开挖方法：上断面相向开挖接近贯通时，两端施工应加强联系并采用浅孔低药量，控制爆破。当两端开挖面间距剩下15 m时，改为方向单向施工，直到贯通为止。

该隧道周边孔采用ϕ25 mm小直径药卷不耦合装药方式，其余炮孔采用连续装药，掏槽孔采用中空直孔掏槽。爆破材料采用高精度数码电子雷管起爆，周边孔采用低爆速、低密度、高爆力、传爆性好的小直径2号乳化炸药（ϕ25 mm直径），炮泥堵塞，各部一次起爆。施工顺序为：测量放样→标出孔位→钻正顶孔→钻孔→清孔→装药连线→起爆。

钻爆作业整个钻孔过程，可分为准备、定位、开口、拔杆、移位五步。

1）准备：开工前准备工作做到“四查”，即查风枪的运转；查风水管路连接部位是否牢固；查钻头钻杆等配件是否备全；查易耗材料、器材是否有充分的备用量。

2）定位：在掌子面画出各炮孔位置及中线和高程十字线，确定钻孔范围，并明确钻孔先后次序。

3）开口：风枪开口时缓慢推进，并特别注意钻杆方向与隧道中线的夹角是否符合设计外插角。

4）拔杆：在整体性好的石质可中速较慢拔出；如遇破碎岩石卡钎时，应慢慢来回推进，使之拔出；如拔杆困难，再靠近该钻位重新钻孔，使之拔出。

5）移位钻孔：钻好一个炮孔进行下一炮孔钻进时，要做到“准、顺、平、齐”。

准：按周边孔参数要求，孔位要选准。

顺：侧墙孔孔口要顺开挖轮廓线布置，使孔底均位于开挖允许的超欠范围内。

平：各炮孔相互平行（孔口和孔底距相等）。

齐：孔底要落在同一平面上，爆出的断面要整齐，便于下一循环作业。

按各断面炮孔爆破设计装药量装药连线，塑料导爆管起爆网路连接采用复式连接网路。炮孔孔口采用炮泥堵塞。

（9）光面爆破技术措施：

1）提高测量放样精度，确保周边孔的定位误差在3 cm以内。

2）周边孔钻孔精度的控制，周边孔钻孔误差在2 cm以内；钻孔外插角控制在2°以内，控制每循环爆破进尺，确保孔底和孔口之间最大偏距不超过10 cm。

3）根据工程地质资料进行论证和爆破试验，选择与工程地质特性、围岩岩性相匹配的炸药品种，提高爆破效果。

4）通过爆破试验，选择合理的爆破参数。

5）根据围岩岩性，选择确定光面爆破周边孔间距、抵抗线、不耦合装药结构、起爆顺序、堵塞长度等爆破参数，确定各主爆孔特别是掏槽孔的爆破参数，确保光面爆破达到炮孔残留率硬岩达到80%以上，中硬岩达到60%以上。

(10) 爆破施工控制要求。要根据围岩级别，采用光面爆破，严格控制周边孔装药量，最大限度地减小爆破对周边围岩的扰动和破坏。

采用弱振控制爆破技术时，严格控制段装药量和段间延期时差，达到控制爆破振速的目的，最大限度地减小对周边围岩的扰动和破坏。

每个开挖循环都要进行施工测量，控制开挖断面，在掌子面上用红油漆画出隧道开挖轮廓线及标定周边炮孔位置，误差不超过1 cm。钻孔必须按设计方案进行。钻孔时掘进孔保持与隧道轴线平行，除底孔外，其他炮孔口比孔底低5 cm，以便钻孔时的岩粉自然流出，周边孔外插角控制在3°以内，保持最大超挖量小于7 cm。掏槽孔严禁互相打穿相交，底孔比其他炮孔深20 cm。

装药前炮孔用高压风吹干净，检查炮孔数量。装药时，由爆破工程技术人员设置雷管延时，爆破员分发雷管，按爆破设计顺序装药，装药作业分组分片进行，定人定位，确保装药作业有序进行。每孔装药后用炮泥堵塞20 cm。

起爆采用数码电子雷管，严格按照数码电子雷管的操作规范，检查电子雷管的在线状态、组网情况，检查无误后发出起爆信号。

本章的主要内容如下：

(1) 介绍了勐省隧道的工程概况、工程地质条件、水文地质条件及开挖断面等，为钻爆设计提供工程背景资料。

(2) 简要介绍了勐省隧道采用的开挖方式、钻孔机具、爆破器材及出渣能力情况，为爆破参数设计提供基础依据。

(3) 总体介绍了初步设计的爆破参数和控制爆破要求，包括起爆方式、单位炸药消耗量、单耗、填塞长度等。

3 一维动静荷载下灰岩强度与变形特征

作为研究爆破动态作用过程最接近的室内试验设备——分离式霍普金森压杆（SHPB）系统已用于各类岩石动力学试验中，可以实现中高应变率动态加载。经过反复探索和不断改良，系统初始的圆柱形子弹结构不满足不同加载波形的试验需求，衍生了不同形式的锥形结构以产生不同加载波。这些改进为研究爆破荷载下不同应力状态岩石的动力学特性奠定了基础。针对不同应力状态下的山岭隧道围岩在爆破掘进过程中受到反复动载扰动情况，应用改进的 SHPB 试验系统进行一维和三维动静组合加载下灰岩动力学响应特征研究，结合高速摄影、电镜扫描、能谱分析、声波测试等手段，探究中等风化程度灰岩在动静组合加载作用下动态强度变化规律、能量耗散特征、破坏机制与损伤演化规律等。

3.1 一维动静组合冲击试验研究现状

在 20 世纪，国外的学者最先开始研究了冲击状态下混凝土的动态力学响应特征研究，进入 21 世纪之后，左宇军[101]、宫凤强[102]、李夕兵[103]、Sagar Chithajalu Kiran[104]等人将研究的重点放在了冲击荷载下岩石的累积损伤与破坏失稳上，并取得了很多成果。

王春[105]和黎昕[106]在常规动态加载下和一维动静组合加载下白云质灰岩的力学特性，为评价岩体工程安全和稳定提供了新理论和新方法。Friedman 和 Perkins[107]对西部花岗岩和索尔恩霍芬灰岩的最大应力处脆性变形特征进行了观察和预测分析，基于 SHPB 试验系统对灰岩的动态损伤破坏过程开展了研究，在 Weibull 分布损伤的基础上给出了新的计算方法。张站群[108]基于核磁共振测试和扫描电镜，分析得出了化学腐蚀后灰岩动态拉伸强度和能量耗散的变化规律。王浩[109]对变质灰岩爆破掘进过程中周边围岩受到冲击荷载作用时的变形与破碎进行了试验研究，分析不同加载应变率条件下岩石的动态力学特性及能量耗散规律。胡桂林[110]从灰岩渐进破坏过程研究中得出了试样的裂纹起裂应力和破坏应力的变化规律，给出了用于较高边坡稳定性早期识别的计算方法和关键性判据。莫云川[111]通过溶蚀力学及渗流试验，得出了不同层理倾角的中厚层灰岩溶蚀损伤与力学特征的关系。孙虹键[112]研究了冻融循环条件下饱水灰岩的动力学特性，得出了吸收能与透射能均随入射能的增加而增加的结论，反射能的增加速率则表现出相反的趋势，当冲击气压较小时能量大部分都反射出去，进而导致反射能大于吸收能。苏海鹏[113]对高温处理后的灰岩动力学特性进行探索，总结了温度对灰岩静态和动态力学性能的影响。方兆惠[114]对一维动静组合作用下灰岩动力学响应开展研究，发现应力应变曲线形态随着轴压的变化而形态各异。范利丹[115]为了探究一维静载与循环冲击的共同作用下轴压和冲击气压梯度对砂岩力学特性的影响，认为矿柱失稳归因于静载与动载的联动作用，频繁扰动是问题的关键所在。宫凤强[116]对动静组合加载下岩石的动态强度准则开展了试验研究，认为岩石轴压比受外界动载的响应很大，释能阶段类似于室内试验的“岩爆”现象，吸能阶段可用于岩石破碎，唐礼忠[117]研究发现岩石在一维静载与循环冲击作用下会发生疲劳损伤，轴向静载会使岩石发生拉伸破坏或剪切破坏。

3.2　试验准备

3.2.1　试件选取

试件选样来自云南瑞丽至孟连高速公路 SJ-7 标段勐省特长隧道内，选取完整性和均质性较好的岩石。受多次爆破扰动影响，山岭隧道中围岩应力分布不均，因此其岩石的动态力学参数各异，针对上述原因，选择瑞丽至孟连高速公路上勐省隧道左洞和右洞爆堆里的Ⅲ级围岩，从瑞丽至孟连高速公路上勐省隧道右洞桩号 K393+730、埋深为 250 m 和左洞 ZK394+145 均为Ⅲ级围岩的爆堆里进行取样，选定范围见表 3.1。

表 3.1　选定的岩石及测试范围

桩号起点	桩号终点	长度/m	围岩等级	围岩类别
ZK394+388	ZK394+520	132	Ⅲ	SF3
YK393+625	YK394+325	700	Ⅲ	SF3

3.2.2　静态力学基本参数

为了探究一维、三维动静循环荷载冲击下灰岩的力学特性和破碎规律，首先需要获取试件的静力学参数。静力学试验采用直径为 50 mm、高为 100 mm 的圆柱形试样，长径比均为 2，试验过程如图 3.1 所示，依据《工程岩体试验方法标准》（GB/T 50266—2013），在 DYE-2000S 电脑全自动恒应力试验机、YAW4206T 微机控制电液伺服压力试验机及微机控制电液伺服岩石直剪试验机上进行静力学试验，灰岩的静态力学参数见表 3.2 和表 3.3。

(a)

(b)

(c)

(d)

图 3.1 基本力学参数测量过程

(a) 单轴压缩实验；(b) 巴西劈裂实验；(c) 压缩破坏试件；(d) 拉伸破坏试件

表 3.2 ZK394+145 基本的物理力学参数统计

类型	容重 /g · cm^{-3}	抗压强度 /MPa	抗拉强度 /MPa	弹性模量 /GPa	黏聚力 /MPa	内摩擦角 /(°)	泊松比
灰岩	2.85	58.7	3.45	4.70	5.47	58.5	0.11

表 3.3 YK393+730 基本的物理力学参数统计

类型	容重 /g · cm^{-3}	抗压强度 /MPa	抗拉强度 /MPa	弹性模量 /GPa	黏聚力 /MPa	内摩擦角 /(°)	泊松比
灰岩	2.85	64.1	4.63	6.83	7.19	47.4	0.29

灰岩先后取自不同洞口和桩号，工程地质报告定级相同，均为Ⅲ级围岩，通过岩石静态力学压缩实验所得出的抗压强度相近，不影响循环冲击室内试验结果。

3.2.3　试件制备

在昆明理工大学国土资源工程学院岩土工程实验室完成灰岩试件的加工，加工机械设备主要包括岩石取芯机、标准试件切割机及双端面磨平机。试件直径按照昆明理工大学 SHPB 试验装置的杆径确定为 50 mm。该试验需要加载轴向静压，为了满足应力波传播的弥散效应，试验试件长径比确定为 1.0（d=50 mm、h=50 mm）。试件端面平整度控制在±0.02 mm 范围内。现场、取样、打磨、切割过程如图 3.2（a）~（d）所示，对试件完成后的灰岩试件进行标号，加工好的试件如图 3.2（e）和（f）所示。

根据宫凤强的研究结果得到最大长度 L_{smax} 和岩石波速 P_v 间的关系如式（3.1）所示：

$$L_{smax} = 4.8564P_v^2 - 14.2925P_v + 24.3671 \tag{3.1}$$

(a)　(b)

(c)　(d)

(e)

(f)

图 3.2 试件制备过程及部分试件展示
(a) 爆堆；(b) 现场取样；(c) 试件打磨；(d) 岩样切割；
(e) 已完成灰岩试件；(f) 两批次部分灰岩试件示意图

3.2.4 基本物理参数测量

利用 RSM-SY6（C）型声波测试仪对加工完成的灰岩试件进行声波测试，如图 3.3（a）和（b）所示。利用游标卡尺分别测量每个灰岩试件的直径和高度各

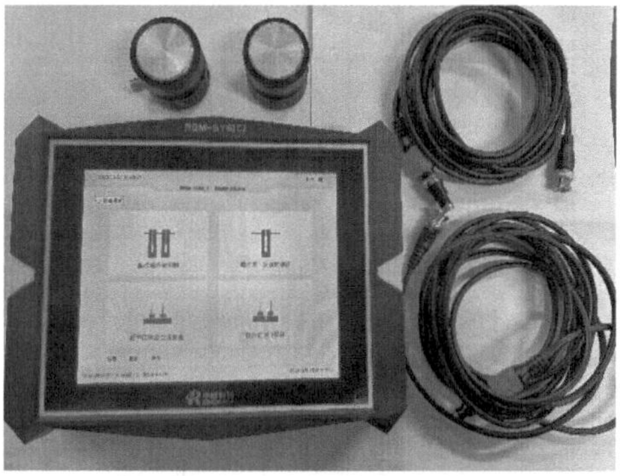

(a)

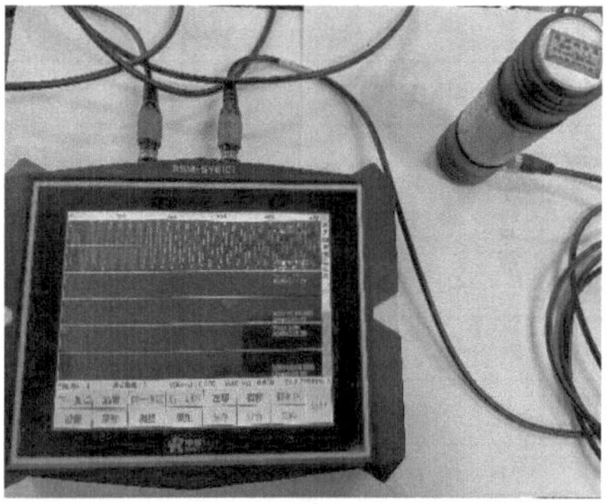

(b)

(c)

(d)

图 3.3 基本物理参数测量
(a) RSM-SY6（C）型声波测试；(b) 测岩石纵波波速示意图；(c) 岩石尺寸测量；(d) 岩石质量测量

3次，计算3次测量平均值，计算时保留两位小数（精度为0.01 mm）。采用精度为0.01 g的电子秤得到试件质量，测量过程如图3.3（c）和(d）所示。计算得到试件密度，剔除密度和波速差异较大的灰岩试件，将剩下灰岩试件统一编号，试件基本物理参数见表3.4。

表3.4 试件基本物理参数表

编号	平均高度 H/mm	平均直径 D/mm	质量 M/g	体积 V/cm^3	密度 $\rho/g\cdot cm^{-3}$	纵波波速/$m\cdot s^{-1}$
1	49.13	47.02	245.00	85.30	2.87	3897
2	49.21	47.21	242.00	86.14	2.81	4006
3	49.02	47.31	238.00	86.18	2.76	4114
4	49.17	48.15	242.00	89.54	2.70	4114
5	49.30	48.22	241.00	90.03	2.68	4114
6	49.50	48.14	235.00	90.10	2.61	4006
7	49.67	48.23	229.00	90.74	2.52	4198
8	48.41	48.11	238.00	88.01	2.70	4030
9	48.03	48.25	235.00	87.81	2.68	3924
10	48.61	48.33	239.00	89.16	2.68	3927
11	49.11	48.25	243.00	89.78	2.71	4114
12	48.91	48.30	240.00	89.62	2.68	4222
13	46.81	48.28	228.00	85.70	2.66	4222
14	49.59	48.35	244.00	91.07	2.68	3997
15	48.25	48.25	236.00	88.22	2.68	4030
16	48.79	48.27	240.00	89.29	2.69	4114
17	48.49	48.24	238.00	88.63	2.69	4136
18	49.03	48.27	240.00	89.74	2.67	4114
19	49.01	48.30	240.00	89.79	2.67	3897
20	49.03	48.31	242.00	89.87	2.69	4006
21	49.23	48.30	239.00	90.20	2.65	4114
22	49.11	48.31	241.00	90.04	2.68	4114
23	49.41	48.33	244.00	90.64	2.69	3897
24	49.00	48.23	238.00	89.51	2.66	4006
25	49.63	48.25	243.00	90.73	2.68	4114
26	48.15	48.31	236.00	88.27	2.67	4114

续表 3.4

编号	平均高度 H/mm	平均直径 D/mm	质量 M/g	体积 V/cm^3	密度 ρ/g · cm^{-3}	纵波波速/m · s^{-1}
27	47.69	48.34	233.00	87.52	2.66	3897
28	49.21	48.34	243.00	90.31	2.69	4006
29	48.31	48.33	236.00	88.61	2.66	3977
30	49.21	48.36	239.00	90.40	2.64	4136
31	49.32	48.30	243.00	90.37	2.69	4136
32	48.45	48.25	236.00	88.57	2.66	3152
33	46.07	48.24	223.00	84.21	2.65	3881
34	48.43	48.24	235.00	88.51	2.66	3964
35	48.07	48.24	235.00	87.86	2.67	4136
36	48.44	48.00	234.00	87.65	2.67	3659
37	48.19	48.31	220.00	88.34	2.49	3636
38	48.44	48.29	243.00	88.71	2.74	4006
39	49.00	48.33	239.00	89.90	2.66	3924
40	46.99	47.09	228.00	81.84	2.79	4006
41	47.63	48.21	231.00	86.96	2.66	4050
42	50.21	48.24	241.00	91.77	2.63	4006
43	48.83	48.30	236.00	89.47	2.64	4087
44	46.85	48.30	227.00	85.83	2.64	3897
45	49.31	48.14	237.00	89.74	2.64	3976
46	50.53	48.31	245.00	92.64	2.64	3997
47	49.93	48.16	243.00	90.96	2.67	3842
48	46.83	48.27	225.00	85.70	2.63	3946
49	49.12	48.24	238.00	89.78	2.65	4006
50	49.04	48.14	238.00	89.26	2.67	4114
51	48.78	48.24	237.00	89.16	2.66	4222
52	49.25	48.27	239.00	90.12	2.65	3897

3.3 动静组合试验

3.3.1 一维动静组合加载装置

早在 20 世纪初期，B. Hopkinson 设计了最初的 SHPB 试验系统只用于测定子弹射击时的压力时程曲线。Davies 在 Hopkinson 研究基础上首次发现应力波的传播轨迹。Kolsky 在 Davies 的试验基础上，将被测试材料放置于入射与透射压杆中间。SHPB 试验技术应用在岩石的动力学领域时间较晚，直到 20 世纪 80 年代早期，我国开始使用 SHPB 试验设备，并且改良出可以进行金属材料试验的拉伸杆和压缩杆，当前 SHPB 试验系统在中低应变率（$10 \sim 10^2\ s^{-1}$）到中高应变率（$10^2 \sim 10^4\ s^{-1}$）的岩石类材料和金属类材料得到了广泛的应用，用于分析应变率范围内材料的动态响应特征和力学特征。

隧道爆破扰动过程中对围岩的加载应变率大多集中在 $10^{-2} \sim 10^2\ s^{-1}$ 之间。因此，利用 SHPB 试验装置对岩石的动态力学性能展开研究更能贴近隧道围岩爆破开挖过程中动载破岩的过程。图 3.4 为应变率分级的动载状态图示。图 3.5 为一维动静组合加载试验系统图。图 3.6（a）为轴压装置，图 3.6（b）为灰岩试件几何尺寸及受力分析示意图，图 3.6（c）为灰岩试件载荷组合示意图，P_{as} 为预制轴压，P_d 为冲击动载。图 3.7（a）为昆明理工大学岩石力学实验室 SHPB 试验设备。图 3.7（b）是用于子弹速度监测设备，图 3.7（c）是应变仪用于监测试验过程试件应变变化，图 3.7（d）为动力加载装置，图 3.7（e）是用于记录岩石破碎瞬间的高速摄影装置，图 3.7（f）为纺锤形子弹，图 3.7（g）是缓冲装置。该系统中弹性压杆 d = 50 mm，材质为 40Cr 合金钢；弹性模量大小为 210 GPa，ρ = 7810 kg/m³，纵波波速为 5100 m/s。

3.3.2　SHPB 试验原理

在进行 SHPB 冲击试验前，将灰岩试件放于入射杆与透射杆间，利用图 3.7（d）

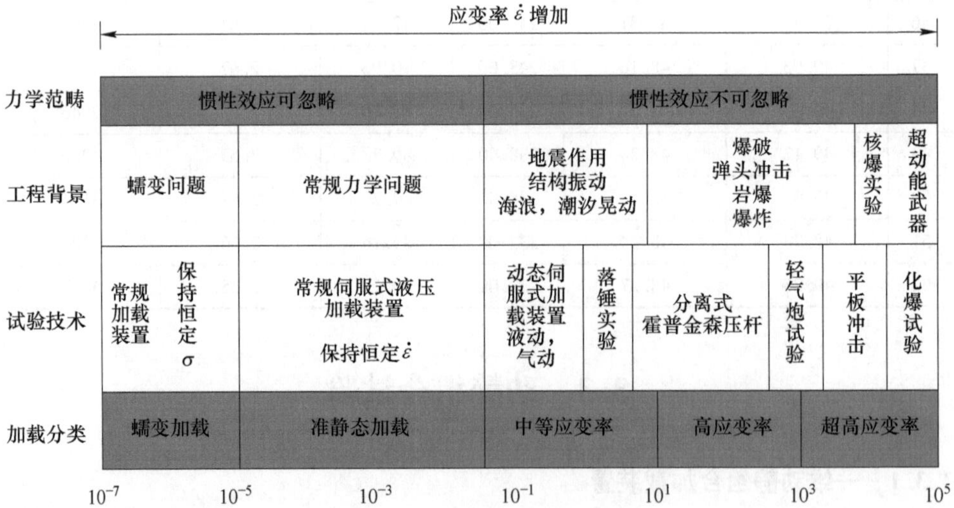

图 3.4　应变率分级的动载状态

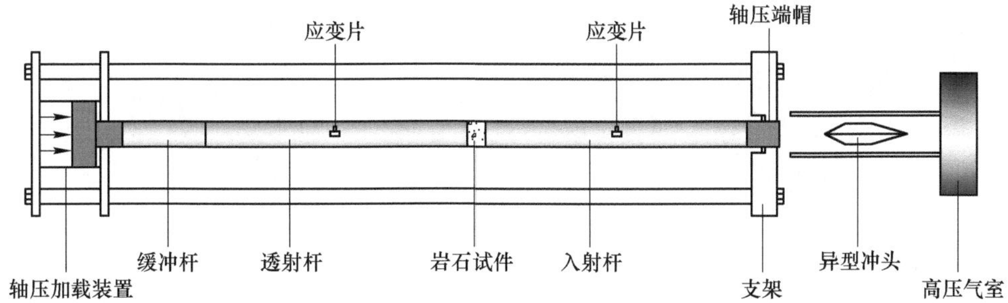

图 3.5 一维动静冲击试验系统示意图

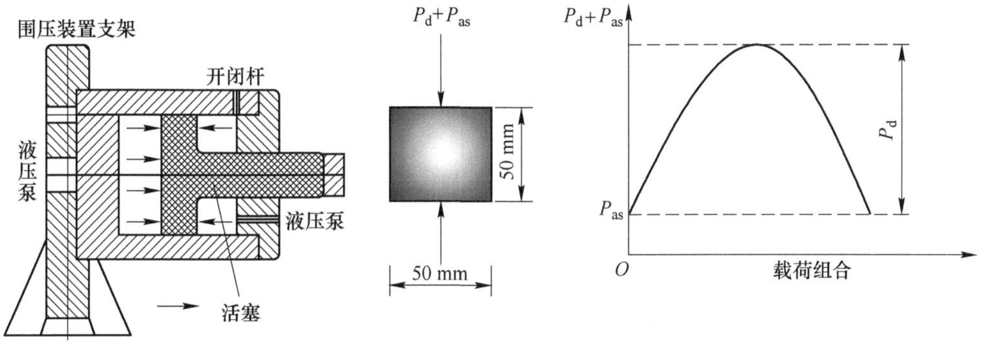

(a) (b) (c)

图 3.6 一维动静组合加载模型示意图

(a) 轴压装置；(b) 试件受力；(c) 载荷组合

(a)

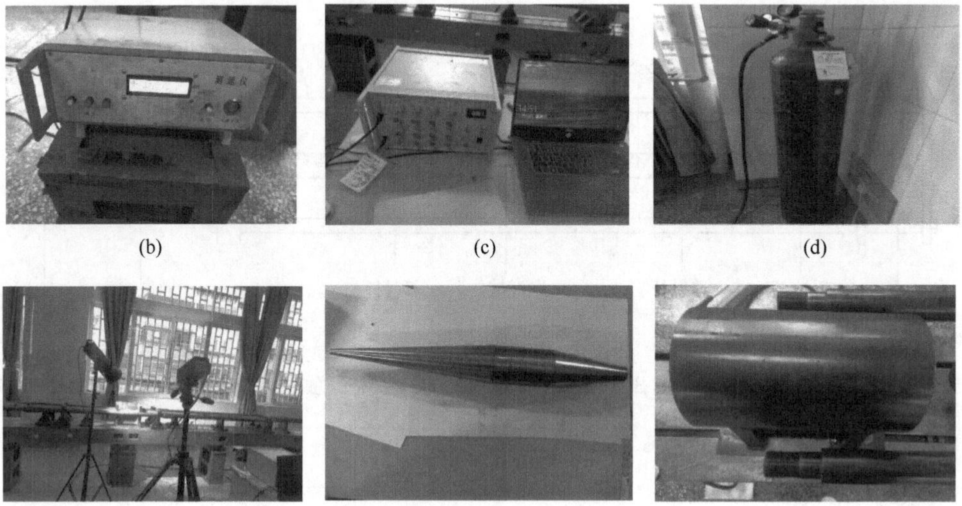

(b)　(c)　(d)

(e)　(f)　(g)

图 3.7　常规单轴 SHPB 试验测试系统实物图

（a）常规单轴 SHPB 试验测试系统实物图；（b）测速仪；（c）应变仪；（d）动力加载装置；（e）高速摄影仪观测；（f）纺锤形子弹；（g）缓冲装置

中的动力加载装置驱动图 3.7（f）中的子弹撞击入射杆，使其撞击端产生入射应力脉冲 σ_i ，当入射应力脉冲 σ_i 通过试件后，便实现了对试件的脉冲加载，入射杆和透射杆均会发生相应程度的弹性变形，冲击杆件中的应力波遵循一维应力波传播规律，当入射应力波传至试件与透射压杆的接触端面时，岩石材料自身的波阻抗小于入射弹性杆的波阻抗，一部分应力波在接触端形成 σ_r 后又折回入射杆，另一部分应力波进入透射杆形成透射应力波 σ_t 。通过粘贴在杆件上的应变片可以采集到入射应变 ε_i 、反射应变 ε_r 、透射应变 ε_t ，通过设备所携带的软件和三波法计算出其相关的动力学参数。压缩波在岩石试件中以一定的速度传播一段时间后，在透射杆和试件的接触面（界面Ⅰ）处将会发生反射和透射，所反射和透射的波进入到岩石试件和输出杆中，随之反射回灰岩试件中的应力波又会在入射杆和试件的接触面与透射杆和试件的接触面间继续发生反射和透射，一直循环直至岩石试件达到压力平衡状态，冲击过程中产生的能量最终会被缓冲装置所吸收。SHPB 实验装置测试方法原理如图 3.8 所示。

基于上述试验原理，假定灰岩试件内部所受应力场与应变场是均匀的，未出现应力集中区域，其中一维应力波假设[118]理论包括应变率无关理论、平截面假设理论和忽略其横向惯性效应假设。平截面假设指在冲击试验中，弹性杆的变形面积始终为平面，而杆件沿截面方向有且仅有轴向应力且分布均匀；基于应力波在介质中的传播理论及一维弹性应力波假设原则，其界面Ⅰ的移动位移量 u_1 和

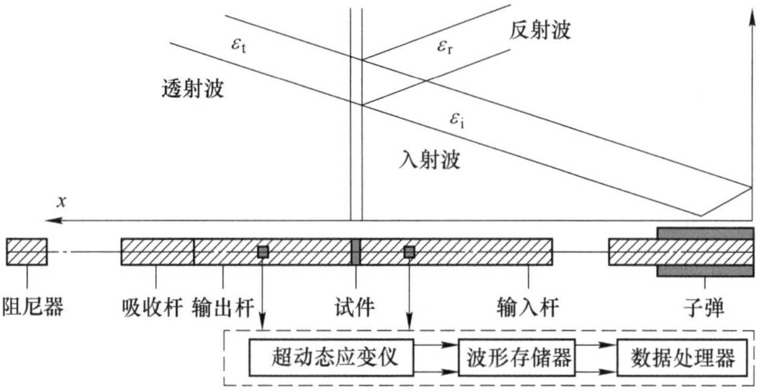

图 3.8 SHPB 实验装置测试方法原理图

界面Ⅱ的移动位移量 u_2 可表示为：

$$u_1 = C_0\int_0^t(\varepsilon_i - \varepsilon_r)\mathrm{d}t \tag{3.2}$$

$$u_2 = C_0\int_0^t\varepsilon_t\mathrm{d}t \tag{3.3}$$

式中 C_0——压杆对弹性波速；

ε_i——入射杆所携带的波应变；

ε_r——入射杆所携带的反射波应变；

ε_t——透射杆所携带的透射波应变。

根据岩石试件在冲击过程中，位移的移动是连续的，则在界面Ⅰ和在界面Ⅱ的移动速度 $v_1(t)$、$v_2(t)$ 分别表示为：

$$v_1(t) = C_0[\varepsilon_i(t) - \varepsilon_r(t)] \tag{3.4}$$

$$v_2(t) = C_0\varepsilon_t(t) \tag{3.5}$$

岩石试件在移动过程中，其单位时间内产生的应变率 $\dot{\varepsilon}(t)$ 为：

$$\dot{\varepsilon}(t) = \frac{v_1(t) - v_2(t)}{L} = \frac{C_0}{L}[\varepsilon_i(t) - \varepsilon_r(t) - \varepsilon_t(t)] \tag{3.6}$$

式中 L——灰岩试件的高度。

灰岩试件在 t 时间内的应变表示为：

$$\varepsilon_t = \frac{C_0}{L}\int_0^t[\varepsilon_i(t) - \varepsilon_r(t) - \varepsilon_t(t)] \tag{3.7}$$

基于应力平衡原理，在试验过程中存在一对相互作用力，即作用力与反作用力，则在界面Ⅰ和界面Ⅱ处的应力大小 $\sigma_1(t)$ 和 $\sigma_2(t)$ 可表示为：

$$A\sigma_1(t) = A_0E_0[\varepsilon_i(t) + \varepsilon_r(t)] \tag{3.8}$$

$$A\sigma_2(t) = A_0E_0\varepsilon_t \tag{3.9}$$

式中　A——岩石试件的横截面积；

A_0——压杆的横截面积；

E_0——压杆的弹性模量。

故冲击试验的平均应力 $\sigma(t)$ 可表示为：

$$\sigma(t)=\frac{\sigma_1(t)+\sigma_2(t)}{2}=\frac{A_0E_0}{2A}[\varepsilon_i(t)+\varepsilon_r(t)+\varepsilon_t(t)] \tag{3.10}$$

由应变片测得的入射波 $\varepsilon_i(t)$、透射波 $\varepsilon_t(t)$ 和反射波 $\varepsilon_r(t)$，根据式(3.8)~式(3.10)计算得到岩石损伤和破坏过程中的平均应力 $\sigma(t)$、平均应变 ε_t 及平均应变率 $\dot{\varepsilon}(t)$，具体的表达式如下：

$$\begin{cases}\sigma(t)=\dfrac{A_0E_0}{2A}[\varepsilon_i(t)+\varepsilon_r(t)+\varepsilon_t(t)]\\ \varepsilon_t=\dfrac{C_0}{L}\displaystyle\int_0^t[\varepsilon_i(t)-\varepsilon_r(t)-\varepsilon_t(t)]\mathrm{d}t\\ \dot{\varepsilon}(t)=\dfrac{C_0}{L}[\varepsilon_i(t)-\varepsilon_r(t)-\varepsilon_t(t)]\end{cases} \tag{3.11}$$

试验过程中，子弹的初始动能 E_L 可表示如下：

$$E_L=\frac{1}{2}\pi\rho_L\left(\frac{D_L}{2}\right)^2Lv_L^2 \tag{3.12}$$

式中　ρ_L——子弹的质量密度，kg/m^3；

D_L——子弹的直径，m；

L——子弹的长度，m；

v_L——弹头冲出杆腔的瞬时速度，m/s。

试验中，能量以应力波的形式在压杆中传递，用 E_i、E_r、E_t 分别表示入射波、反射波和透射波携带的能量。

$$E_i=\frac{Ac_0}{E_0}\int_0^t\sigma_i^2(t)\mathrm{d}t \tag{3.13}$$

$$E_r=\frac{Ac_0}{E_0}\int_0^t\sigma_r^2(t)\mathrm{d}t \tag{3.14}$$

$$E_t=\frac{Ac_0}{E_0}\int_0^t\sigma_t^2(t)\mathrm{d}t \tag{3.15}$$

式中　$\sigma_i(t)$——入射应变；

$\sigma_r(t)$——反射应变；

$\sigma_t(t)$——透射应变；

A ——杆件的横截面积；

c_0 ——纵波波速；

E_0 ——杆件密度 ρ 与 c_0 平方的乘积。

根据能量守恒定律，试样吸收能 E_s 可表示如下：

$$E_s = E_i - E_r - E_t \tag{3.16}$$

吸收能 E_s 一般包括岩石碎片动能及岩石裂纹变形耗散能，由于三维循环冲击实验过程中，合理选择入射能，且受围压及套筒的约束作用下灰岩试样并没有发生明显破坏，只有少量碎屑发生边缘剥落，无岩石碎片动能，故 E_s 约等于岩石损伤耗能。

入射能的大小主要是受子弹冲击速度的影响，但是压杆中采集到的 E_i、E_r、E_t 以及岩石的 E_s 主要是受岩石自身的性质影响较大。为了更科学衡量试样损伤，本书用能量比率 η 来描述试样吸收能量的能力，计算 E_r、E_t 及 E_s 与 E_i 的比值，η_r 记作能量的反射率、η_t 记作能量透射率，η_s 记作吸收率。计算公式如下：

$$\eta_r = E_r/E_i \tag{3.17}$$

$$\eta_t = E_r/E_i \tag{3.18}$$

$$\eta_s = E_s/E_i \tag{3.19}$$

3.3.3 空撞与应力平衡检验

为了得到有效的试验数据，在正式开始试验前，需对设备进行空撞试验，进而对 SHPB 试验设备系统进行标定。将两杆的端面均匀涂抹凡士林，使两杆紧密接触，并保证两杆件接触面轴心保持在同一条水平直线上。以 0.2 MPa 的气压进行空撞试验，具体空撞试验原始波形如图 3.9 所示。入射波的波峰值大小与透射波接近，整个过程基本无反射现象。入射波大部分以透射波形式传播出去，说明入射杆的能量在杆面传递效率较高、透射波幅值衰减率低，则说明该试验系统的压杆接触较好，因此该 SHPB 冲击力学试验设备满足试验要求。

SHPB 力学试验数据的有效性是在一维应力传播理论的基础上建立的，为了确保动态冲击试验数据的有效性，在达到岩石试件发生损伤破坏前应存在应力平衡。因此，本书通过岩石试件的原始波形检验岩石试件两端面的应力波是否达到了平衡条件，典型的应力平衡如图 3.10 所示。

从图 3.10 可以看出，各部分应力波的平移、叠加后，入射波与反射波重叠后的波形与透射波形基本一致，表明动载压缩下灰岩试件两端满足应力平衡条件，因此可以忽略轴向惯性效应对测试系统的影响，充分验证试验数据的合理性。

3.3.4 试验方案设计

隧道岩石在工程掘进之前就处于一定的静压作用，轴向受力的岩石在爆破荷

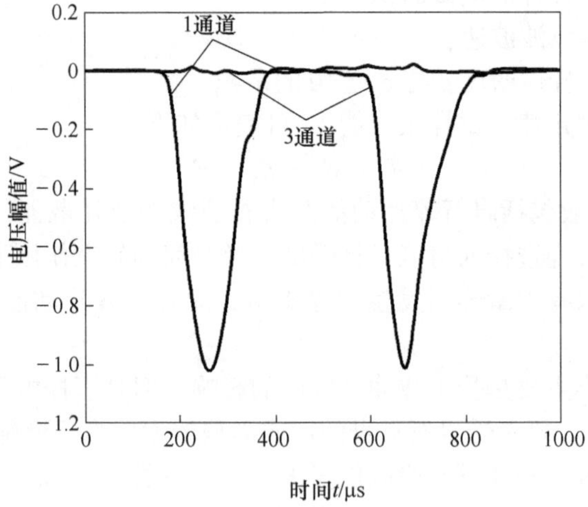

图 3.9　空撞原始波形图

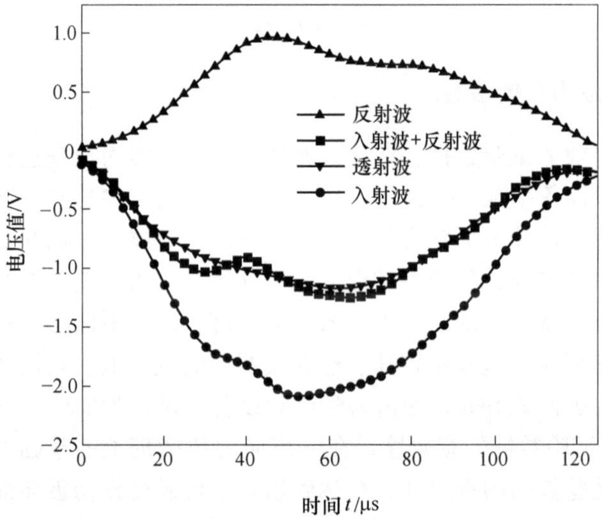

图 3.10　动态典型波形及电压均匀性验证

载作用下的力学特性可以简化为轴向静压作用下岩石动态力学特性研究，通过改变冲击荷载继而改变试验应变率。为了深入了解轴向静压对岩石动态力学特性的影响，设计常规单轴 SHPB 冲击试验作为参照组。

试验过程中选定冲击气压（p_i）分别为 0. 20 MPa 和 0. 70 MPa，得到两组冲击后的岩石试件破碎程度，并根据其破碎块度大小进行冲击气压的调整，得到不同冲击气压下灰岩的力学特性和能量传递规律。具体的试冲效果见表 3. 5。

表 3.5 灰岩常规单轴试验冲击破坏情况

岩性	冲击气压/MPa	冲击速度/m·s^{-1}	试冲效果图
灰岩	0.20	4.82	
	0.40	10.42	
	0.70	17.36	

试验结果表明，当 $p_i>0.70$ MPa 时，试件呈粉碎型破坏；当 $p_i<0.2$ MPa 时，试件完整性较高，仅试件边缘处存在细微裂缝；当 $p_i=0.4$ MPa 时，试件沿中心轴向劈裂为 3 大块及若干小块；当 $p_i=0.7$ MPa 时，破坏后岩石小粒径破碎体的数量大幅增多，形状以锥形体与楔状体为主。根据表 3.5 所示内容，发现不同冲击气压下的块度分布规律，即确定灰岩冲击气压范围在 0.20~0.50 MPa 进行冲击试验。

结合表 3.3 和表 3.4 分析，灰岩的静载抗压强度为 60 MPa，参考相关文献[119]，将轴向静压（σ_A）设置为 0 MPa、14.40 MPa、21.60 MPa、28.80 MPa 和 36.00 MPa，分别占静载抗压强度的 0、24%、36%、48%和 60%。试验方案一共冲击 5 组以上的灰岩岩样，每组至少选定 4 个气压，以下为部分灰岩试件冲击结果。

3.3.5 试验结果

灰岩试件一维动静冲击试验结果见表3.6。

表3.6 一维动静冲击试验结果

组别	预制轴压 /MPa	岩样编号	应变率 /s^{-1}	峰值应变	入射能 /J	反射能 /J	透射能 /J	吸收能 /J	单位体积吸收能 /J·cm^{-3}
1	0	20	81.12	73.62	53.31	3.34	20.21	29.45	0.31
		33	93.08	82.13	101.22	33.55	18.37	49.09	0.52
		35	105.64	93.02	157.16	62.98	15.48	78.54	0.81
		38	116.01	120.41	202.23	82.32	11.69	107.99	1.12
		49	127.65	111.23	251.41	117.06	6.32	127.62	1.31
2	14.40	06	80.65	81.01	51.35	12.20	48.62	-9.81	-0.12
		16	91.56	91.08	98.26	48.31	40.86	8.84	0.09
		17	100.8	101.26	158.02	100.95	32.51	24.54	0.25
		21	118.23	111.17	204.18	135.08	26.71	42.21	0.43
		39	131.52	124.34	252.32	175.60	15.53	60.87	0.62
3	21.60	22	83.63	123.52	52.46	20.14	49.53	-17.67	-0.18
		29	92.24	134.21	102.24	68.49	42.35	-8.84	-0.09
		34	103.37	144.16	156.06	109.24	34.98	11.78	0.12
		42	110.48	156.18	199.25	133.14	26.59	39.27	0.41
		13	126.61	162.35	248.28	184.16	14.76	49.09	0.50
4	28.80	16	80.32	145.03	53.35	26.65	50.89	-24.54	-0.25
		17	93.85	154.41	101.27	66.94	46.82	-12.76	-0.13
		24	106.34	163.28	160.42	118.32	39.72	1.96	0.02
		25	117.08	175.46	205.21	156.09	31.24	17.67	0.18
		26	125.41	176.25	250.28	184.38	28.32	37.30	0.38
5	36.00	24	82.43	120.23	52.13	18.08	23.12	10.80	0.11
		50	94.21	128.37	102.42	60.063	16.45	25.52	0.26
		31	103.99	136.34	156.04	101.88	12.89	41.23	0.42
		34	114.27	142.19	207.06	132.57	10.62	63.81	0.65
		36	123.68	150.10	251.01	154.44	8.21	88.35	0.90

3.4 一维动静组合试验力学特性分析

3.4.1 应力-应变曲线特性分析

图 3.11 分别为有和无轴压两种状态，较低应变率使灰岩试件受冲击后尚未完全破坏，试件仍具备一定承载能力。

从图 3.11（a）*OA* 阶段得知，灰岩试件在较短时间内表现出下凹趋势，弹性模量较低，试件内部的微裂隙压紧而形成非弹性变形，从图 3.11（b）中可以明显看出在较低轴压条件作用下，冲击之前试件内部微裂隙已经产生闭合，表现出弹性模量增加的趋势。但微裂隙并未完全闭合，故冲击后的试样也会呈现出近似弹性变形趋势。从图 3.11（a）和（b）中 *AB* 阶段均能明显看出，σ-ε 曲线呈线弹性，此阶段灰岩内部微裂纹闭合。*BC* 阶段为裂纹稳定发育阶段，σ-ε 曲线斜率随着应力的增加呈现出减小的趋势，试件内部不断产生新裂隙，*CD* 阶段为裂纹非稳定发展阶段，*B* 点以后灰岩试件体积应变曲线开始偏离直线，岩石非弹性部分增加，开始出现“扩容”现象。*C* 点被称为屈服点，也是岩石向“弹-弹塑性”或“弹-塑性”变化的转折点，*C* 点以后试样裂纹开始扩展。图 3.11（a）中 *CD* 阶段 σ-ε 曲线呈现出明显的屈服状态，图 3.11（b）中 *CD* 阶段 σ-ε 曲线呈现出上凸形，随着试件内微裂纹发育，裂纹扩展直至宏观破坏，*D* 点对应的应力大小为试件的峰值应力。

图 3.11（a）中 *DE* 为第一卸载阶段，曲线的斜率表示灰岩试件变形的难易，

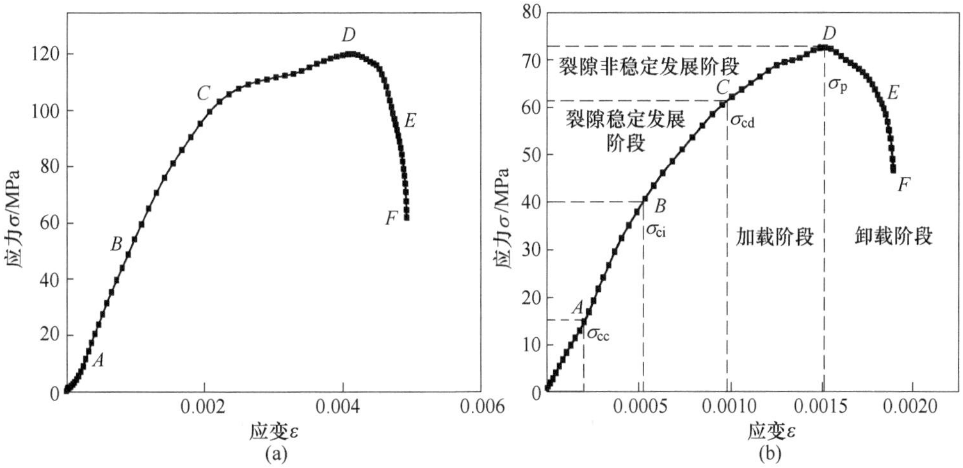

图 3.11 冲击后无明显破碎现象的岩石受力变形特征分析

（a）无轴压状态的 σ-ε 曲线；（b）有轴压状态的 σ-ε 曲线

绝对值大小反映灰岩抵抗变形能力的强弱，此时完整性较好的灰岩内部开始产生宏观破裂面。*EF* 为第二卸载阶段，灰岩试件内部储存弹性势能近似等于加载时的动能，试件内部的弹性势能释放时会出现“应力跌落”现象。宏观破坏形式上表现为岩石轴向劈裂破坏且破碎块度较大。

图 3.11（b）中 *DE* 阶段为第一卸载阶段，岩石内部已经产生塑性变形。*DE* 阶段斜率大小反映出此时岩石变形的难易程度，明显看出，施加轴压卸载之后的阶段割线斜率明显变小。

由图 3.11 分析可知，灰岩试件在有轴压时与无轴压时的动态 σ-ε 曲线形态差异主要表现为：轴压的加载抑制了试件裂纹的扩展，致使屈服阶段不明显，应力增长较低时，应变也会缓慢增长。

图 3.12 分别为 σ_A = 14.4 MPa 和 σ_A = 21.6 MPa 两种状态时，灰岩试件受冲击后完全破坏时的 σ-ε 曲线，灰岩试件失去的承载能力。同样可以将 σ-ε 曲线的变化特征分为 5 个阶段，对比图 3.12（a）中的 *OA* 阶段，不难发现，轴压较低时，*OA* 阶段下凹趋势更为明显，从无轴压到有轴压状态，进一步表明 σ_A 较低时，冲击之前岩石内部裂隙受到压缩使其模量增加，但裂隙尚未完全闭合从而表现出类似弹性变形趋势。图 3.12（a）和（b）中 *CD* 阶段明显不同于图 3.11（a）和（b）*CD* 阶段，该状态下灰岩试件不存在屈服阶段，所以低轴压也能使灰岩试件快速进入塑性阶段，体现出明显的“弹-塑性”特征。

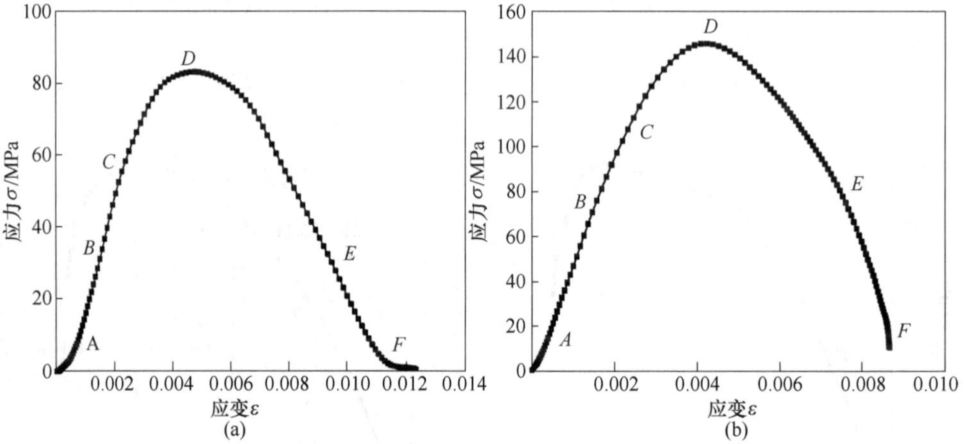

图 3.12　冲击后完全破碎后灰岩试件受力变形特征分析

(a) σ_A = 14.4 MPa 时 σ-ε 曲线；(b) σ_A = 21.6 MPa 时 σ-ε 曲线

D 点为试件的峰值应力点，在同样的冲击速度下，均能使 σ_A = 14.4 MPa、σ_A = 21.6 MPa 两种轴压状态下的灰岩试件发生破坏，能明显看出 σ_A = 21.6 MPa 时，峰值应力点更高，此时灰岩试件有更大的抗压强度，也表明轴压的提升能提

高灰岩试件的抗冲击性能。图 3. 12（a）和（b）中 *EF* 阶段也存在明显的不同，应力卸载条件下，σ_A = 14. 4 MPa 时，*EF* 阶段出现存在明显的“残余应变”，说明此时灰岩试件虽然发生破坏，但是仍有一定的抗冲击能力。σ_A = 21. 6 MPa 时，*EF* 阶段出现明显的“应力跌落现象”且应变稳定在一个定值内，说明此时灰岩试件能量控制得较好且发生的变形不大。

3. 4. 2 相似应变率下灰岩试件变形特征分析

在一维动静组合冲击试验中，均能发现应变率、轴压等因素对岩石的动态抗压强度的影响，在研究轴压对灰岩试件动态抗压强度的影响规律时，需要确定应变率范围。给出了灰岩试件在固定冲击气压为 0. 6 MPa 不变的情况下，维持试验固定应变率在 80 s^{-1}左右，探究不同轴压对灰岩抗压强度的影响规律，图 3. 13 为不同轴压条件下灰岩受冲击所得的 σ-ε 曲线。

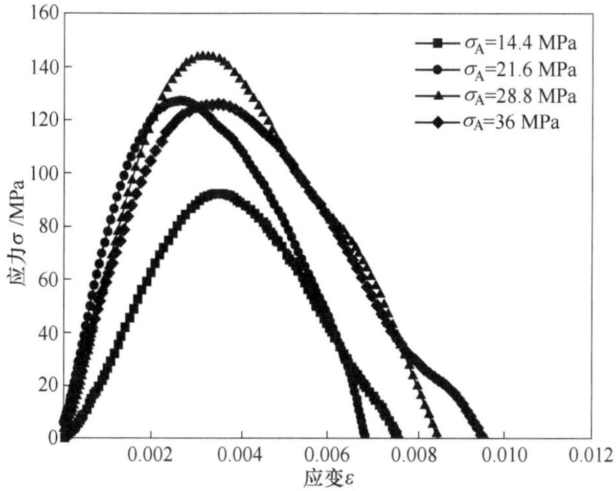

图 3. 13 不同轴压时岩石冲击 σ-ε 曲线

从图 3. 13 中可以看出，应变率在 80 s^{-1}时，随着轴压的提高，灰岩的峰值应力表现出先增后减的趋势。当 σ_A 从 14. 4 MPa 增至 21. 6 MPa 时，灰岩的峰值应力增加明显，最大应变有所减少。在加载初期，σ-ε 曲线近似于直线段，表明此时灰岩试件还处于线弹性阶段。随着加载的进行，σ-ε 曲线进入短暂的非线性变形阶段，σ-ε 曲线斜率的降低意味着试件内部开始产生损伤，到达应力峰值后，灰岩试件开始失去承载能力。当 σ_A 从 21. 60 MPa 增至 28. 8 MPa 时，灰岩的峰值应力增至最大值，且应变最大值也有所增大。当 σ_A<28. 8 MPa 时，轴压的作用明显增强了灰岩的抗冲击性。当 σ_A 从 28. 8 MPa 增至 36 MPa，灰岩的峰值应力出现明显的减小趋势，但此时峰值应变增大，变形依然继续增大。当 σ_A 达到

28.8 MPa 时，灰岩的峰值应变达到最大，此时的动态抗压强度达到最大。

由于灰岩属于沉积岩，故其内部存在原始裂隙，当试件尚未进入塑性阶段时，因受轴向静载作用导致其内部的微裂隙扩展发育被抑制，试件的抗压强度升高；由图 3.14 可知，当 σ_A 分别为 14.4 MPa、21.60 MPa、28.80 MPa、36.00 MPa 时，应变率在 60~80 s^{-1} 范围内灰岩试件的动态抗压强度随着施加 σ_A 的增加呈现出先增后减的趋势，峰值应变则随着 σ_A 的增加呈现出相反的趋势。

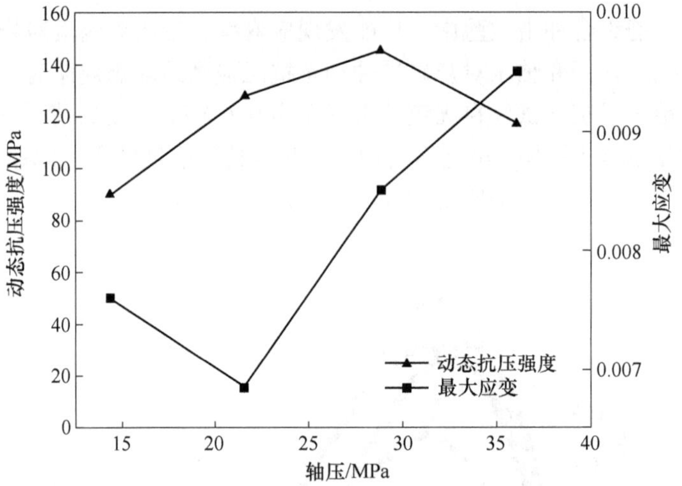

图 3.14　灰岩动态抗压强度和最大应变随轴压的趋势图例

试验中发现，施加的轴压未超过灰岩试件的弹性限度时，轴压的存在会使灰岩试件内部裂隙被压密从而抑制裂纹的发展，此时灰岩试件的动态抗压强度增加，最大应变被降低；但是如果施加的轴向静压过大，且超过了单轴压缩强度的 48%，灰岩试件已经越过弹性阶段进入屈服阶段，导致试件在冲击前岩样内部就已萌生裂纹并产生较大的损伤，随之抗压强度也开始下降，此时岩石试件已经失去了一定的承载能力，容易发生失稳破坏，这时的灰岩试件应变达到最大。

3.4.3　灰岩试件强度特征分析

通过对试验数据进行处理分析发现，应变率在 80~130 s^{-1} 范围内，不同轴压作用下，灰岩的动态强度变化存在明显的应变率效应。

对试验所得数据进行拟合，发现灰岩试件动态抗压强度随应变率的变化规律呈现出线性相关关系，其中 $R^2 \geqslant 0.99$，表明拟合效果良好。

从图 3.15 中不难发现，轴压改变对灰岩试件的动态抗压强度影响显著。4 个轴压水平下的灰岩试件的动态抗压强度与应变率的变化呈现出线性变化规律，表现出其良好的应变率效应。对相同试验条件的数据点作指数拟合，灰岩试件动态抗压强度随平均应变率的变化呈现出“$y = e^{a+b\sigma_A+c\sigma_A^2}$”指数关系，且 $R^2 \geqslant 0.90$，表明拟合效果良好。

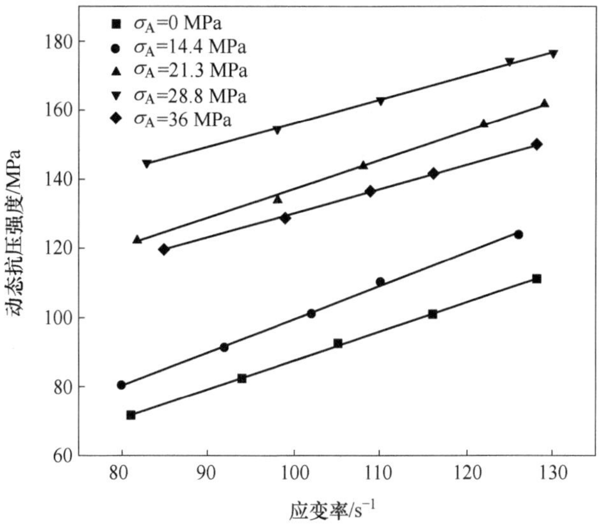

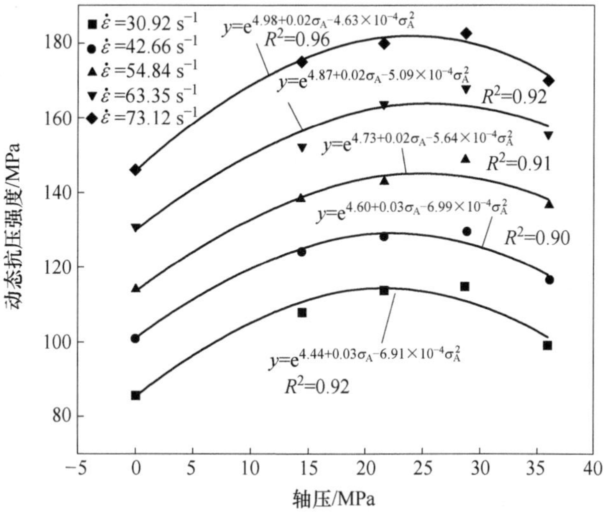

图 3.15 动态抗压强度随应变率及轴压的变化规律

σ_A 一致时，灰岩试件的动态抗压强度随着平均应变率的提高而增加，且随着冲击速度的提高，动态抗压强度的增速就越快。当应变率处于一定的水平范围内，即应变率相同或相近时，灰岩试件的动态抗压强度会随轴压的增大呈现出线性增加的趋势。当 $\sigma_A = 28.8$ MPa 时，灰岩试样的动态抗压强度在不同应变率条件下均高于其他轴压值。当 $\sigma_A = 36$ MPa 时，灰岩试件的动载强度出现跌落，过大的轴压会让弹性阶段的灰岩试件向屈服阶段进入，冲击试验前灰岩内部就发生裂纹扩展且产生较大损伤，外界动态扰动发生时，岩石发生失稳破坏，综上所述，当 σ_A >28.8 MPa 时，用相同的冲击速度能够达到理想的破岩效果。

从图 3.15 中可知，相同轴压作用条件下，当应变率较小时，试样释放轴压储存的弹性应变能使得试件很快恢复原状，当应变率增大时，岩样会提高其屈服应力阻止岩石发生较大变形；当应变率增大到最大限度后，动态抗压强度到达最高值。

当 σ_A =28.8 MPa，灰岩试件的动态抗压强度最高，当 σ_A ≥28.8 MPa 时，灰岩试件的动态强度会发生跌落，表明此时灰岩试件内部裂纹已经发育，产生较为严重的损伤。故在同等的冲击动载作用下，应尽量避免轴压取值在动态抗压强度的 48%范围内，才能达到较为理想的破岩效果。

3.5 一维动静组合载荷下灰岩能量传递规律

3.5.1 试件破碎透射能量随着入射能变化规律分析

在一维动静组合加载试验中，灰岩试件的入射能量在 50~60 J 区间范围内，不同轴压条件下灰岩试件的破碎块度变化不大；当入射能增至 100 J，灰岩试件产生明显裂纹；入射能的继续增至 220 J 左右，灰岩试件开始出现破碎大块，呈现临界破坏状态。为了直观反映灰岩试件在一维动静组合冲击过程中各部分能量变化规律，图 3.16（e）给出了不同轴压条件、不同轴压比下，灰岩试件的透射比率变化情况，从图中看出，符合“$\eta_T = e^{a+bW_I(t)+cW_I(t)^2}$”指数递减规律。

当入射能较小时，灰岩试件完整性较好，因此透射能占比较高。随着入射能的增加，灰岩试件的裂隙增多直至破坏，破坏后的灰岩试件其结构不完整，对应力波的传播影响较大。当入射能为 220 J 时，达到灰岩破坏的临界值，之后透射比率逐渐趋于定值。当 σ_A 分别为 0 MPa 和 36 MPa 时，能量主要用于岩石的破坏吸收，被破坏后的灰岩试件无法传递更多能量到透射杆部分。当 σ_A 分别为 14.4 MPa、21.6 MPa 及 28.8 MPa 时受到轴压压密紧实作用，较小的入射能不能使得试件破坏，仍可将能量传至透射杆。

3.5.2 能耗密度随入射能变化规律分析

灰岩试件受到冲击发生变形破坏的实质是一个能量传递、能量耗散的过程。利用第 3.3.2 节给出的能量计算公式对数据进行处理，为了更好地表达灰岩试件的能量耗散情况，引入能耗密度 W_{EA}，计算公式如下：

$$W_{EA} = \frac{E_S}{V} \tag{3.20}$$

式中 E_S ——试样吸收能；

V ——试样体积。

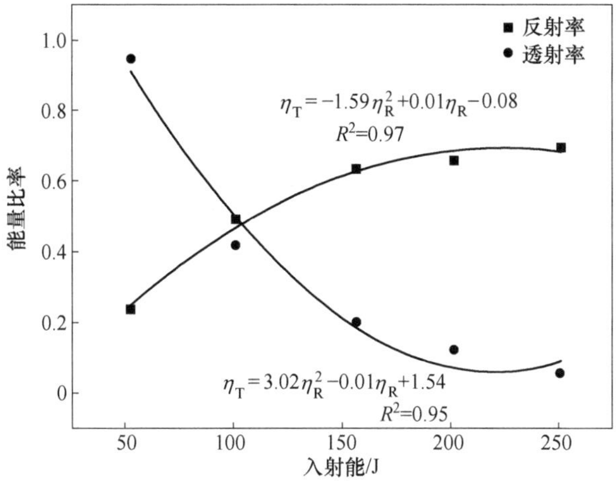
反射率
透射率
$\eta_T=-1.59\eta_R^2+0.01\eta_R-0.08$
$R^2=0.97$
$\eta_T=3.02\eta_R^2-0.01\eta_R+1.54$
$R^2=0.95$
能量比率
入射能/J
(a)

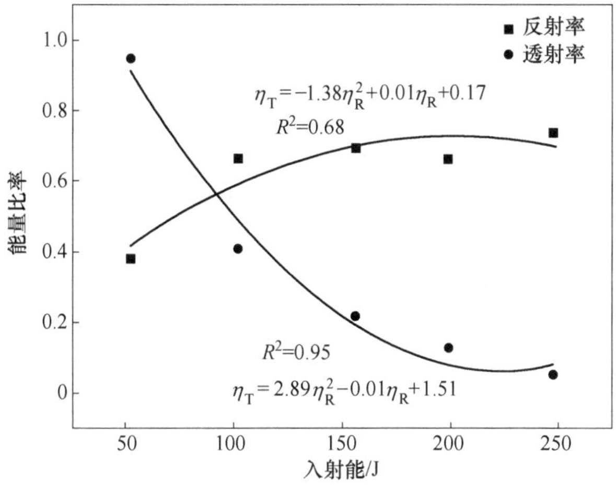
反射率
透射率
$\eta_T=-1.38\eta_R^2+0.01\eta_R+0.17$
$R^2=0.68$
$R^2=0.95$
$\eta_T=2.89\eta_R^2-0.01\eta_R+1.51$
能量比率
入射能/J
(b)

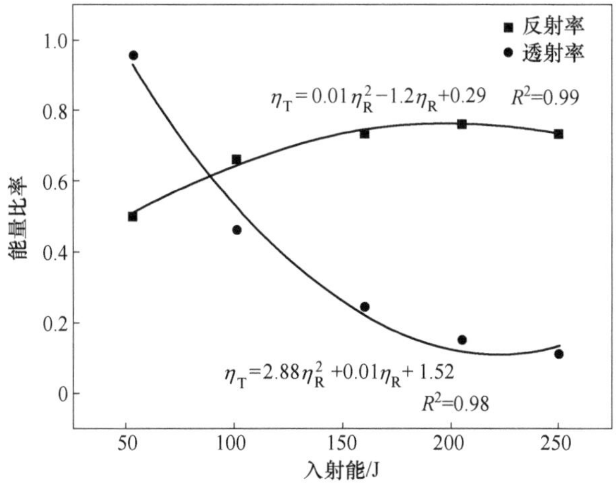
反射率
透射率
$\eta_T=0.01\eta_R^2-1.2\eta_R+0.29$ $R^2=0.99$
$\eta_T=2.88\eta_R^2+0.01\eta_R+1.52$
$R^2=0.98$
能量比率
入射能/J
(c)

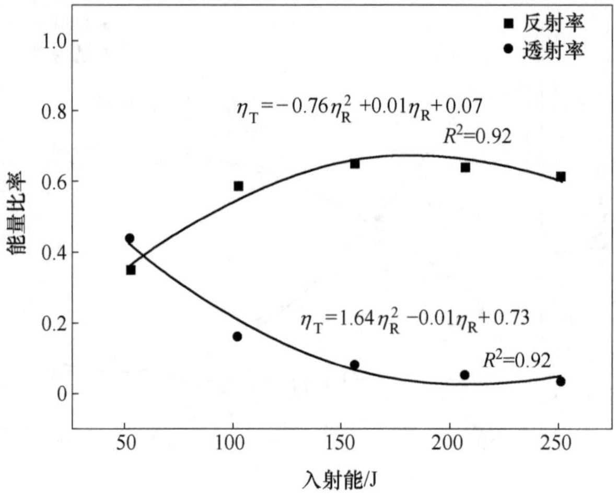

(d)

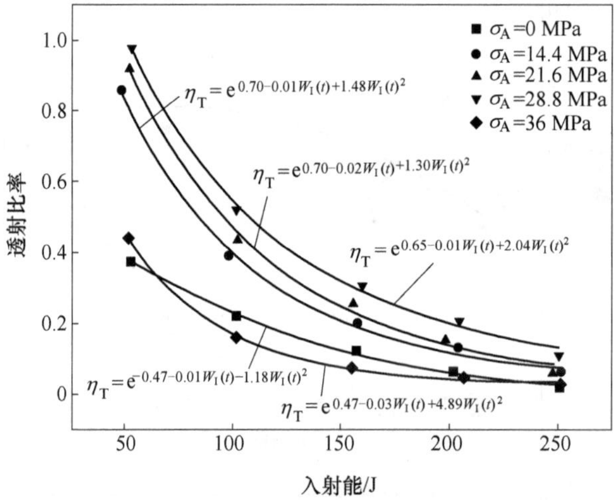

(e)

图 3.16　不同轴压下灰岩试件能量比率与入射能关系图

(a) σ_A = 14.4 MPa；(b) σ_A = 21.6 MPa；(c) σ_A = 28.8 MPa；(d) σ_A = 36 MPa；

(e) 不同轴压下灰岩试件透射比率与入射能关系图

从图 3.17 可以看出，当入射能一致时，轴压作用下灰岩试件 E_S 要小于无轴压作用时，透射能随着入射能增大最后趋于稳定，此时试件单位 W_{EA} 会迅速增加；不论 σ_A 取值如何，灰岩试件的 W_{EA} 随着入射能的增加呈现出增加趋势，能耗密度与入射能拟合关系式为 $W_{EA} = a + bE_S$ ，相关系数均大于 0.90，拟合关系良好。

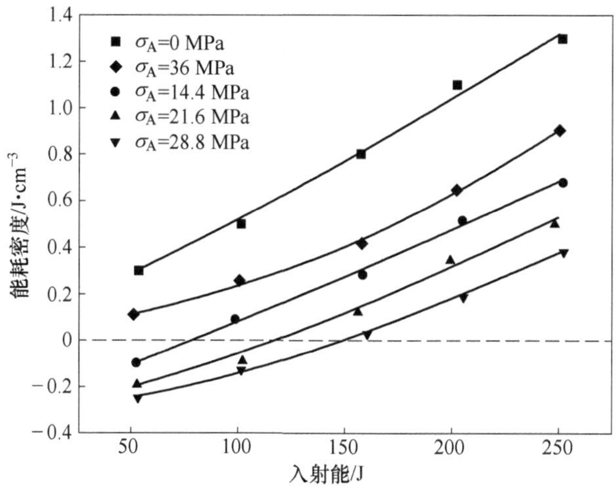

图 3.17 不同轴压条件下灰岩入射能与能耗密度的关系图

在 σ_A =0 MPa 时，试件内部储存的弹性能要远小于此时的冲击动能，因此较小的入射能就能使得灰岩试件发生破坏，从而释放能量。在 σ_A =36.6 MPa 时，轴向静压已经超过了其弹性储能极限，试件处于弹性阶段末端，灰岩试件在受到冲击前内部就已产生损伤，此时施加一定动态扰动，灰岩试样内部积聚的弹性能和吸收能被最大程度地用来破碎岩石。σ_A 分别为 14.4 MPa、21.6 MPa、28.8 MPa 时，灰岩试件的 W_{EA} 存在负值，随着入射能的增加，灰岩试件释能速率呈现出增大的趋势，在入射能增至一定值时，内部储存的大量弹性能会突然释放形成岩爆。且当 σ_A =21.6 MPa、入射能低于 113 J 时和 σ_A =28.8 MPa、入射能低于 158 J 时，灰岩试样内部由于受到超过其自身静压强度的轴向压力作用事先发生损伤，但是仍有较大部分弹性能留存在试件中。

当入射能较小时，W_{EA} 为负值，随着入射能增加，试件会从释能状态转化为吸能状态，W_{EA} 从负数变为正数，灰岩试件从稳定状态转变为破坏状态。W_{EA} 越大，说明岩石破碎得越严重。值得注意的是，σ_A =36.0 MPa 时灰岩试件的 W_{EA} 低于无轴压状态，处于弹性阶段末端的灰岩试件从外部吸收能量的能力下降，并在入射能为 300 J 左右时其能量吸收率达到最大值。

综上所述，在轴压一定的情况下，灰岩试件处在准静载状态，此时灰岩试件本身仍然保持稳定，较低的入射能使得处于弹性阶段的灰岩试件吸收部分能量，内部储存了大量的弹性势能。受到一定的冲击荷载后，灰岩试件内部的微裂纹迅速萌生扩展，其释放的弹性能与动态扰动的动能的差值决定试件能量的吸收还是释放。在不同轴压作用条件下，灰岩试件的 W_{EA} 随着入射能的变化规律有明显的不同，随着入射能的增加且小于 250 J 时，σ_A =36.0 MPa 时灰岩试件的能量利用率能达到最高。

需要说明的是，超过能量最佳利用阈值后，入射能继续增大反而会使得其能量利用率降低，能量主要以反射、透射及其他形式耗散。破碎效果反而变得不显著，本小节仅列举最优试验现象进行说明。

3.5.3　能耗密度随应变率变化规律分析

图 3.18 为灰岩试件在 σ_A 分别为 0 MPa、14.4 MPa、28.8 MPa、36 MPa 时能耗密度随应变率的变化关系图。从图 3.18 中可以看出，加载应变率越高，灰岩试样的单位体积吸收能越大，越高的应变率作用时灰岩试件变形就越迅速，从外界吸收的能量越多，且二者呈现出线性关系。

当 σ_A =0 MPa 时，应变率从 53.16 s^{-1} 增至 122 s^{-1} 时，灰岩试件的 W_{EA} 从 0.31 J/cm^3 增至 1.31 J/cm^3，增加了 322.58%；当 σ_A = 36 MPa 时，应变率从 54.26 s^{-1} 增至 120.23 s^{-1} 时，灰岩试件的 W_{EA} 从 0.11 J/cm^3 增至 0.92 J/cm^3，增加了 736.36%；当 σ_A = 14.4 MPa 时，应变率从 54.46 s^{-1} 增至 118.21 s^{-1} 时，灰岩试件的 W_{EA} 从 −0.12 J/cm^3 增至 0.62 J/cm^3，增加了 616.67%；当 σ_A = 21.6 MPa时，应变率从 49.01 s^{-1} 增至 118.34 s^{-1} 时，灰岩试件的 W_{EA} 从 −0.18 J/cm^3 增至 0.51 J/cm^3，增加了 383.33%；当 σ_A = 28.8 MPa 时，应变率从 49.02 s^{-1} 增至 121.03 s^{-1}，灰岩试件的 W_{EA} 从 −0.25 J/cm^3 增至 0.38 J/cm^3，增加了 252%。

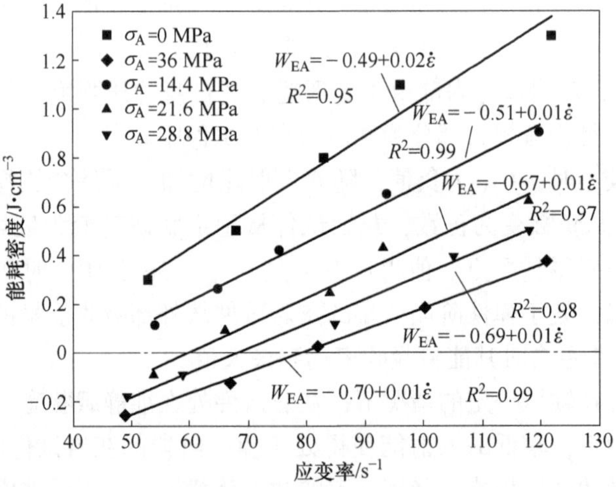

图 3.18　不同轴压条件下灰岩能耗密度随应变率的变化关系

由图 3.18 可知，灰岩试件的 W_{EA} 随着 $\dot{\varepsilon}$ 的增大而增大，且呈线性增加趋势，

说明 $\dot{\varepsilon}$ 增大使得灰岩试件变形速率增大。冲击后的岩样只有从外界吸收更多的能量才能维持住原状，故 W_{EA} 会随应变率的增大而增加。加载 $\dot{\varepsilon}$ 越低灰岩试样的 W_{EA} 越小，并且伴随着释能现象，宏观发生失稳或破坏成几个大块。灰岩试件 W_{EA} 随加载应变率的变化呈现线性递增规律。一般而言，破碎程度越严重时所需能量就越多，最终导致 W_{EA} 增大。

3.5.4 轴压变化与吸（释）能量的关系

图 3.19 为灰岩试件能耗密度随轴压的变化规律，从图中可以看出，随着轴压的增大，灰岩试件的 W_{EA} 先降低后增加，二者呈现二项式关系，拟合关系如图所示。当 $\sigma_A=21.6$ MPa 时，W_{EA} 降至最低。总体来说，轴压是决定试件吸、释放能量的关键因素之一。主要原因是无轴压或者轴压较小时，灰岩试件内部储能较少，受到冲击荷载时，试件内部储能不足导致岩石破裂，冲击动能被岩样吸收并且转化为试件破坏的能量，所以灰岩试件才表现出吸能状态。轴压越小，灰岩试件吸收的能量就越多。随着轴压的不断增大，灰岩试件可能从细微破坏逐渐向失稳甚至宏观破坏转移，此时外界微小的冲击荷载便能诱导其发生剧烈的破坏，释放灰岩试件内部储存的能量，从而表现出释能状态。

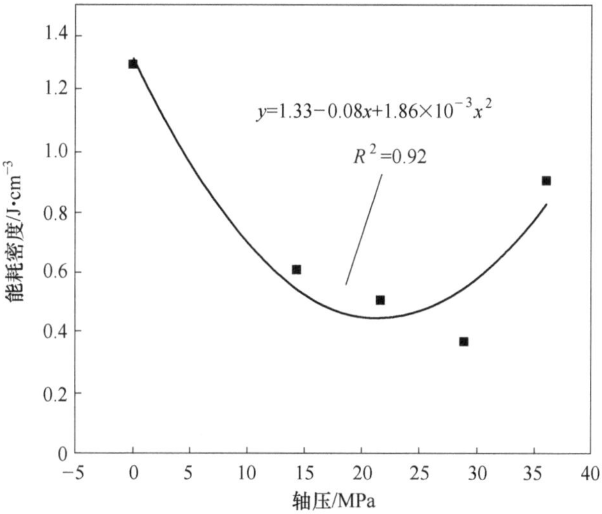

图 3.19 能耗密度随轴压的变化规律

以上分析结果表明，灰岩试件的 W_{EA} 随着轴压的增大，出现先减小后增大的趋势，可以解释为：在轴压由无到有的过程中，随着轴压的增大，试件产生临界损伤，此时灰岩试件的动态抗压强度会达到最大值，岩石试件发生破坏失稳；当轴压增至 36 MPa 时，灰岩试件内部微裂纹扩展使得岩石吸收少量的能量就能破坏失稳。

3.6　一维动静组合加载下破裂模式

3.6.1　破坏模式分析

一维动静组合加载下灰岩试件破坏模式的探索，对于钻爆法掘进过程及结果有理论指导意义。同时，对认识岩石破裂模式和失稳形态有重要的参考意义。在进行轴压梯度设置时，发现在预制轴压作用下，应变率不同时灰岩的破裂模式也有所差异。

图 3.20 为 σ_A =0 MPa 时岩样破坏模式图。单轴冲击条件下，应力波的作用使试件产生泊松效应，从而发生横向拉伸破坏，沿着轴向产生裂纹。随着应变率的增加，灰岩试件碎块整体呈现条状。

(a)　　(b)　　(c)

图 3.20　σ_A =0 MPa 灰岩试件破坏模式图

(a) $\dot{\varepsilon}$ = 40.23 s^{-1}；(b) $\dot{\varepsilon}$ = 60.32 s^{-1}；(c) $\dot{\varepsilon}$ = 81.54 s^{-1}

图 3.21 为 σ_A = 14.4 MPa 灰岩的破裂模式，由于轴压的作用，灰岩试件两端受端部效应的影响发生了应力集中，同时，动载扰动下，产生轴向方向的裂缝。从图 3.21（a）中可看出，在 σ_A = 14.4 MPa 时，灰岩试件表面出现贯穿裂纹，其内部形成潜在的压剪破坏面。图 3.21（b）和（c）可以看出，一维动静组合加载下灰岩试件产生压剪破坏，随着应变率的进一步增大，灰岩试件剥落的岩块形状不统一，表现为楔形、长条形和块形等。

从图 3.22（a）中可看出，σ_A = 21.6 MPa 时，灰岩试件两端存在明显的压剪破裂面，在其侧面有边缘岩片剥落，出现明显的“双锥”剪切面。图 3.22（b）和（c）中灰岩试件沿着剪切面发生了破坏，岩石内部弹性势能，图 3.22（b）可以看出灰岩试件已经失去承载能力，图 3.22（c）发生整体失稳，破碎成大小不一的碎块和部分岩屑。

从图 3.23（a）可以看出，σ_A = 36 MPa 时，灰岩试件整体失稳破坏，此时加

(a) (b) (c)

图 3.21 σ_A =14.4 MPa 灰岩试件破坏模式图

(a) $\dot{\varepsilon}$ = 41.62 s^{-1}；(b) $\dot{\varepsilon}$ = 62.56 s^{-1}；(c) $\dot{\varepsilon}$ = 85.96 s^{-1}

(a) (b) (c)

图 3.22 σ_A = 21.6 MPa 灰岩试件破坏模式图

(a) $\dot{\varepsilon}$ = 39.22 s^{-1}；(b) $\dot{\varepsilon}$ = 60.16 s^{-1}；(c) $\dot{\varepsilon}$ = 83.54 s^{-1}

(a) (b) (c)

图 3.23 σ_A =36 MPa 灰岩试件破坏模式图

(a) $\dot{\varepsilon}$ = 41.14 s^{-1}；(b) $\dot{\varepsilon}$ = 62.48 s^{-1}；(c) $\dot{\varepsilon}$ = 84.52 s^{-1}

载静压已超出其弹性阶段，再次受到动载扰动即会出现“一触即溃”的现象，这一点在图 3.23（b）和（c）中也能体现，应变率越大，试件破碎的粒径就越小。

压剪破坏是隧道围岩常见的破裂模式，这也表明一维动静组合加载试验能很好地反映爆破扰动过程中围岩的破坏形式及相关力学特性。不难看出，由于加载轴压不同，导致相同应变率下，灰岩试件的破坏模式也不同，这说明改变预应力条件，适当入射能使灰岩试件达到理想的破岩效果。

3.6.2　高速摄影下灰岩动态破坏过程

对灰岩试件表面裂纹扩展及破裂程度进行视频监测，是了解岩石破坏过程并评价其动态破坏程度的重要依据。为了分析一维动静加载条件下灰岩的破坏模式，借助高速摄像仪实时捕捉试件的裂纹扩展和动态破坏过程。利用裂纹的深度、长度和宽度对灰岩表面裂纹演化特征进行分析。在 σ_A 分别为 0 MPa、14.4 MPa和28.8 MPa 的条件下（$p_i = 0.35$ MPa），平均应变率为 65.58 s^{-1}时，对试件的拍摄结果做分析，灰岩试件破碎过程如图 3.24~图 3.26 所示。

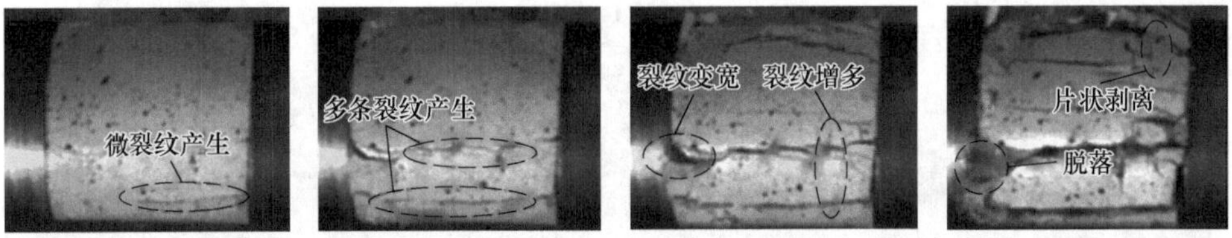

(a)　(b)　(c)　(d)

图 3.24　$\sigma_A = 0$ MPa 下灰岩试件的破坏过程

(a) 100 μs; (b) 240 μs; (c) 320 μs; (d) 420 μs

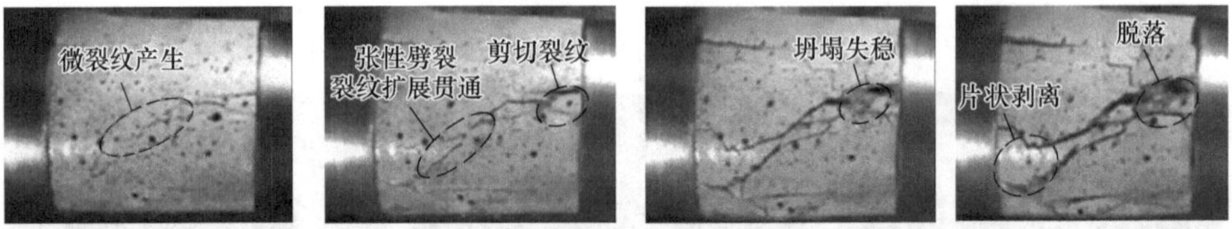

(a)　(b)　(c)　(d)

图 3.25　$\sigma_A = 14.4$ MPa 下灰岩试件的破坏过程

(a) 120 μs; (b) 220 μs; (c) 320 μs; (d) 420 μs

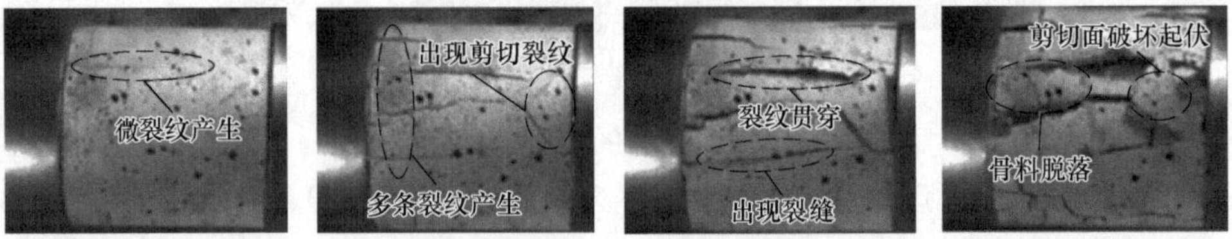

(a)　(b)　(c)　(d)

图 3.26　$\sigma_A = 28.8$ MPa 下灰岩试件的破坏过程

(a) 100 μs; (b) 240 μs; (c) 340 μs; (d) 440 μs

图 3.24~图 3.26 分别为灰岩试件在轴压为 0 MPa、14.4 MPa、28.8 MPa 冲击的裂纹扩展和破坏过程。不难发现，灰岩的破坏状态与施加的轴压大小有关。在无轴压条件下，灰岩试件为轴向劈裂破坏，随着轴压的增加灰岩试件开始产生与主应力方向有斜角的剪切裂纹，试件的破坏形态开始从单一破坏逐渐过渡到复合破坏模式，灰岩试件裂纹的扩展会引起应力场的重新分布。

从图 3.24（a）可以看出，当 $\sigma_A=0$ MPa 时，与应力波方向平行的岩石产生横向裂纹。图 3.24（b）中，反射拉伸波的出现岩石会发生横向拉伸破坏，从图 3.24（c）可以看出灰岩最终破坏模式为劈裂破坏。

从图 3.25（a）~(c）可以看出，当 $\sigma_A=14.4$ MPa 时，灰岩表面沿着主应力方向的裂纹变深变宽，在轴压作用下，裂纹更容易沿着表现较为明显的弱面扩展，故倾斜于主应力方向的灰岩表面的裂纹深度和宽度也随之变大。灰岩试件在拉-剪复合应力作用下产生拉-剪复合型裂纹，此裂纹与最大主应力方向有一定夹角，最终破坏模式以拉剪破坏为主。

从图 3.26（a）~(c）可以看出，当 $\sigma_A=28.8$ MPa 时，除了轴向拉伸裂纹以外，还有明显的剪切裂纹破坏。主裂纹属于拉剪复合型裂纹。局部岩石基体开始分离甚至出现片状剥离和崩落现象。

3.7 本章小结

本章利用一维动静组合加载的 SHPB 试验设备，探究了 σ_A 分别为 0 MPa、14.4 MPa、21.6 MPa、28.8 MPa 及 36 MPa 时，灰岩试件的动态力学响应特征，分别从动态应力-应变曲线特征、动态抗压强度、峰值应变、能量耗散规律、破坏模式等方面分析轴压对灰岩试件的动态力学特性的影响，根据试验结果得出以下结论：

(1) σ-ε 曲线出现“应力回弹”现象时，试件内部存储弹性能，出现“应力跌落”现象，灰岩试件能量控制较好，出现“应力卸载”现象说明岩石破碎效果好；$\sigma_A \leqslant 28.8$ MPa 时，轴压抑制了灰岩试件裂纹的扩展，其动态 σ-ε 曲线屈服阶段不显著；应变率在 80 s^{-1}时，灰岩的峰值应力会随着轴压的增大出现先增大后减小的趋势，峰值应变则出现先减后增的趋势；当轴压一定时，灰岩动态抗压强度随应变率呈现出线性增加趋势，应变率一定时，动态抗压强度随轴压的增加呈现出“$y=e^{a+b\sigma_A+c\sigma_A^2}$”关系。

(2) 透射比率随着入射能的增加呈现出“$\eta_T=e^{a+bW_I(t)+cW_I(t)^2}$”关系；当 σ_A 从 0 MPa 增至 28.8 MPa 时，透射比率整体上呈现出上升的趋势，当 σ_A 从 28.8 MPa 增至 36 MPa 时，透射比率发生迅速跌落，故 $\sigma_A>28.8$ MPa 时，用相同的冲击速度能够达到较为理想的破岩效果。入射能较小时或处于压密阶段

（σ_A = 14.4 MPa、21.6 MPa、28.8 MPa）的灰岩的 W_{EA} 存在负值，当入射能增至其所受动能大于内部弹性能时，试件就会从释能状态转化为吸能状态，W_{EA} 从负数变为正数，灰岩试件从稳定状态转变为破坏状态；能耗密度随着应变率变化呈现出“$W_{EA} = a + b\dot{\varepsilon}$”线性增加关系。

（3）轴压不仅是决定受冲击后灰岩试件能量吸释的关键，也与灰岩试件冲击后的破坏形态密切相关，σ_A =0 时灰岩主要表现为横向拉伸劈裂破坏，σ_A 分别为 14.4 MPa、21.6 MPa、36 MPa 时破坏模式表现为“横向拉伸破坏—拉剪破坏—压剪破坏”过渡型破坏，随着应变率的增加，最后破坏的碎块粒径就越小，但分形程度并不明显；在高速摄影观测条件下发现灰岩的破坏模式同时受轴压和入射能大小影响，破坏模式与宏观观测结果基本一致。

4 循环冲击荷载下灰岩强度和能量演化规律

隧道围岩受到来自各个方向的地应力作用，并且爆破对围岩的扰动是循环多次的。这一过程围岩的受力状态可以简化为不同轴围压状态下围岩受循环冲击荷载作用。本章通过研究循环动荷载作用下岩石的强度、变形和能量变化特征，不仅给出爆破扰动下高速公路隧道围岩的力学响应特性，还对岩体工程高效破岩及岩体硐室开挖等工程的稳定性分析具有一定指导意义。

4.1 三维动静荷载下岩石动力学特性研究现状

三维循环动载冲击状态下，岩石所表现出来的力学性能与一维动静冲击荷载作用下的破坏状态下的力学性能有很大的区别。近年来，国内外学者对循环冲击过程中的岩石的动态力学特征开展了许多试验研究且得到了丰硕的研究成果。

许金余等人[120]探究了循环动载下围压对岩石材料的强度与变形等影响规律，围压增加使得岩石破坏面上的正应力增加，从而抑制裂隙的滑移。林大能[121]通过循环冲击动载探究了围压、冲击气压和冲击次数对大理岩损伤程度的影响，认为围压效应与损伤演化速率密切相关。朱晶晶[122]在不同轴压下对岩石进行循环冲击试验，得出不等幅循环冲击使得岩石的屈服应力先增大后降低的结论。宫凤强[123]通过设定 3 种围压和轴压水平对砂岩开展循环冲击试验，发现围压的提高对裂纹的发育存在明显的抑制作用，轴压比在 0.52~0.87 区间且围压为定值时，砂岩的动态抗压强度随轴压的增大表现出相反的规律。SHU Ronghua 等人[124]探究了循环冲击荷载下热处理对岩石能量耗散的影响规律，发现岩石破坏所需要的冲击次数随着温度的提高而减少；朱永刚[125]研究了隧道爆破的循环扰动对其稳定性的影响，发现其抗压强度就越小时，岩石损伤因子就越大。戴兵[126]在等幅与不等幅冲击气压下对含孔洞的岩石开展不同冲击强度的循环试验，发现花岗岩损伤与平均应变率间呈幂函数关系。潘海源[127]以巷道围岩在施工过程中多次动载扰动而失稳为背景，发现冲击气压的大小直接决定应力应变大小的变化趋势，能量吸收累计比能随着冲击次数的增加而增加。

在有爆破施工对工程环境存在反复扰动作用，不同应力状态下，不等幅循环冲击作用时岩石的裂隙会扩展[128]，围岩强度同时被影响，复杂的应力环境容易发生岩爆、围岩失稳等工程地质灾害[129-130]。因此研究三维动静组合作用下，更精确的轴围压值对岩石动力学规律的探究及隧道围岩的稳定性更有指导意义和价值[131]。

4.2　三维 SHPB 循环冲击试验设备

该试验主要研究在隧道掘进过程中，爆破荷载对围岩的多次扰动从而对隧道对岩体损伤破坏的变化规律，目的是探寻灰岩试件在循环冲击条件下的强度变形特征和能量变化规律。为了更好地模拟工程岩体实际的受力状态，本章仍采用能实现动静（σ_A、p_c）组合的 SHPB 系统，加载装置系统图如图 4.1 所示。

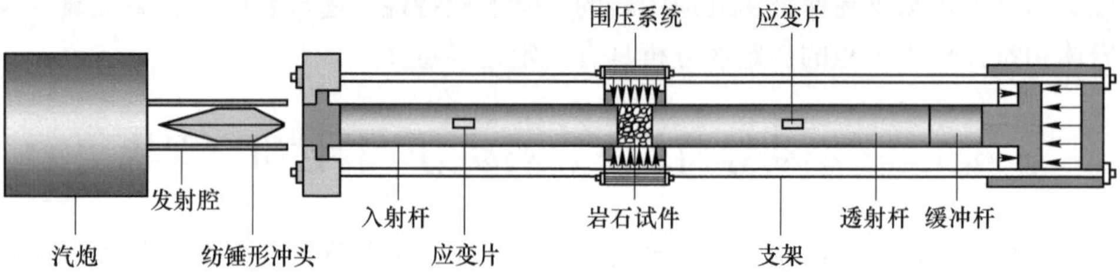

图 4.1　三维动静组合冲击试验系统图

设备围压加载范围为 0~200 MPa，冲击动载上限为 500 MPa，可产生中高应变率应变（10^0~10^2 s^{-1}）范围，符合该试验要求。数据的采集和处理与第 3 章一致。轴压加载顺序如下：（1）确保缓冲杆、透射杆、入射杆和轴围压加载装置置于同一轴线上，子弹位置固定；（2）将灰岩试样放置于入射杆和透射杆之间，预先确定轴压能使试件与各压杆紧密相连；（3）通过控制图 4.2 中装置给试样施加围压，将套好套筒的灰岩试件放入围压装置中，围压能提高岩石试件的强

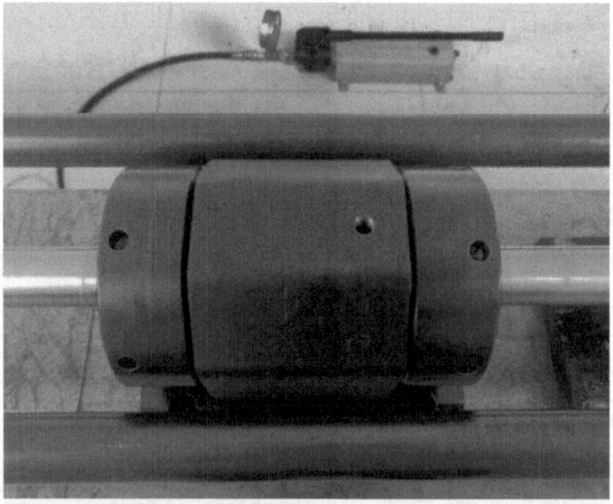

图 4.2　动静组合加载 SHPB 系统中的围压加载装置

度，从而确保循环冲击的进行；（4）通过调整气压表，然后快速释放已经固定好位置的子弹。

4.3 三维 SHPB 循环冲击试验

4.3.1 试验步骤

灰岩试件属于脆性材料，其失效模式受三维应力的影响。为了更好地模拟隧道围岩受到多次爆破荷载扰动的情况，合理设置试验方案，选取合适的轴压和围压在三维加载装置上实现灰岩循环冲击的实验目的，开始正式试验前进行预冲击实验，通过调节 SHPB 实验系统中冲击气压（ p_i ），判断该批灰岩试样不等幅循环冲击下的临界 p_i ，具体步骤如下：首先，确保子弹在气膛中位置固定不变，改变 p_i 反复冲击灰岩试验；然后，观察不等幅循环冲击时灰岩试样的变形与破坏特征，观察状态决定是否继续进行循环冲击，并对冲击后的应力波形进行平衡检验。

临界状态的确定基于以下两点：（1）灰岩试件开始出现边缘剥落但整体性完好；（2）灰岩试样应力波形满足 $\sigma_I(t) = \sigma_T(t) + \sigma_R(t)$ 的均匀性假定，正式试验中均以低于临界值的 p_i 开展不等幅循环冲击。

4.3.2 试验方案

钻爆法在隧道掘进进程中，爆破荷载对围岩作用距离由远及近导致其实际爆破荷载由小变大，探究某一特定位置的围岩轴向受力作用简化为三维动静冲击荷载作用，不同荷载具体表现为不同的应变率。为了更真实反映研究三维受力作用下不同爆破荷载对灰岩的动态力学特性、能量耗散特征及试样的破坏模式，需要开展不同冲击气压（p_i）、不同（σ_A、p_c）条件下灰岩试件的动静组合加载试验。分析不同（σ_A、p_c）对灰岩试件力学性能的影响，保持循环冲击时灰岩试件所受动载能量不变。金解放[132]根据应力波传播理论和动力学基本方程得到入射波应力与轴向静载的关系：

$$\sigma_T = \sigma_I - \frac{1}{2}\sigma_S\sigma_T \tag{4.1}$$

式中 σ_T ——轴压端靠近入射杆端的应力；

σ_I ——入射杆中的应力；

σ_S ——入射杆和轴压端帽承受的轴向静载荷。

当子弹的速度冲击为定值时，灰岩试件在入射杆中的入射波随着轴压增大而变小。针对不同应力条件下循环冲击中等风化程度灰岩的力学响应特性，为更加精准地实现控制变量，设置同样的循环冲击载荷递增变量，保证灰岩试件每次受到荷载的力的模式相同。

4.3.2.1　冲击气压的确定

通过表 4.1 中的数据，确定不等幅循环冲击的冲击方式以 0.20 MPa 为初始 p_i，递增梯度为 0.1 MPa（见表 4.2），为了更好地控制速度，把以 0.25 MPa 为初始 p_i 的冲击方式作为对照组，循环不等幅连续冲击 5 次或 5 次以上，在此条件下探究动态力学特性及损伤演化的影响。

表 4.1　三维动静组合加载预试验冲击破坏情况

岩性	冲击气压 /MPa	冲击速度 /m · s^{-1}	轴压 /MPa	围压 /MPa	试冲效果图
灰岩	0.20	4.35	21.60	5.00	
	0.40	8.64	28.80	15.00	
	0.70	18.49	21.60	5.00	

表 4.2 循环冲击试验其他梯度设计表

序号	冲击气压梯度设定	试件编号	备注
1	0.2 MPa→0.3 MPa→0.4 MPa→0.5 MPa→0.6 MPa	07、01、04、40	实验组
2	0.25 MPa→0.35 MPa→0.45 MPa→0.55 MPa→0.65 MPa	46、10、19、47	补充对照

4.3.2.2 试验轴围压确定

根据隧道工作人员提供的工程地质报告和地压检测数据，从埋深为 250 m 的浅埋石灰岩的应力分布规律特点出发，得知地应力是具有相对稳定性的非稳定应力场，是时间与空间的函数。一般实测垂直应力等于上覆岩层重量，但是由于受到地壳或岩浆对流等的影响，不存在与地表完全垂直的主应力，且水平应力普遍大于垂直应力（二者比值一般介于 0.7~5.5 之间），垂直应力和水平应力的比值随深度的增加而减小。隧道开挖后洞壁的径向应力和剪应力为 0。在地层 500 m 内的最大水平主应力、最小水平主应力随深度 H 变化规律可归纳为如下：

$$\sigma_{H,\ max} = (4.5 \pm 2.5) + 0.049H \tag{4.2}$$

$$\sigma_{H,\ min} = (1.5 \pm 1.0) + 0.030H \tag{4.3}$$

试冲发现冲击气压小于 0.70 MPa 时，灰岩试样才能实现循环冲击，并且试件保持完整形态。依据第 3 章试验结果，三维动静循环冲击设定 3 组试验轴压值（p_c =12.00 MPa、24.00 MPa、36.00 MPa），设定 5 组围压值（p_c =2.50 MPa、5.00 MPa、7.50 MPa、10.00 MPa、15.00 MPa）。三维冲击试验基本参数见表 4.3。

表 4.3 三维冲击试验基本参数表

编号	L/mm	D/mm	L/D	ρ/g · cm^{-3}	σ_A /MPa	p_c /MPa	σ_A/p_c	n
46	49.13	47.02	1.045	2.87	12.00	2.50	4.80	5
04	49.17	48.15	1.021	2.70	12.00	5.00	2.40	5
07	49.30	48.22	1.022	2.68	24.00	5.00	4.80	5
05	49.67	48.23	1.030	2.52	24.00	7.50	3.20	5
20	48.61	48.33	1.006	2.68	24.00	10.00	2.40	5
40	49.01	48.30	1.015	2.67	24.00	15.00	1.60	5
47	49.03	48.31	1.015	2.69	36.00	5.00	7.20	5
19	48.15	48.31	0.997	2.67	36.00	7.50	4.80	5
01	46.99	47.09	0.998	2.79	36.00	10.00	3.60	5
10	49.93	48.16	1.037	2.67	36.00	15.00	2.40	5

注：D —试件直径；L —试件长度；L/D —长径比；ρ —试件密度。

4.3.3 试验结果

三维 SHPB 循环冲击试验结果见表 4.4~表 4.6。

表 4.4 轴压为 12 MPa 时灰岩试件的试验结果

岩石编号/循环次数	围压/MPa	应力峰值/MPa	峰值应变/s^{-1}	入射能/J	反射能/J	透射能/J	吸收能/$J \cdot cm^{-3}$
46/1	2.5	36.46	0.0008	8.65	0.80	4.34	3.51
46/2		78.56	0.0015	42.28	3.60	22.88	15.79
46/3		111.54	0.0028	93.56	10.37	49.46	33.73
46/4		120.22	0.0040	145.03	20.09	61.83	63.10
46/5		121.96	0.0033	211.35	32.16	56.57	122.62
46/6		86.80	0.0032	270.05	51.47	28.32	190.26
04/1	5	39.93	0.0008	9.52	0.86	4.93	3.73
04/2		84.20	0.0016	43.82	4.11	23.20	16.71
04/3		116.32	0.0027	97.03	8.79	48.53	39.72
04/4		133.24	0.0037	137.36	14.46	65.28	57.62
04/5		145.39	0.0044	191.12	24.82	83.88	82.42
04/6		144.96	0.0035	248.24	36.33	95.24	116.66
04/7		156.24	0.0035	329.94	49.22	79.25	201.48

表 4.5 轴压为 24 MPa 时灰岩试件的试验结果

岩石编号/循环次数	围压/MPa	应力峰值/MPa	峰值应变/s^{-1}	入射能/J	反射能/J	透射能/J	吸收能/$J \cdot cm^{-3}$
07/1	5	65.15	0.0005	11.52	0.46	9.06	1.99
07/2		123.120	0.0010	43.61	3.38	32.76	7.46
07/3		166.24	0.0011	71.81	7.11	61.88	2.81
07/4		178.21	0.0021	128.39	13.14	93.3	21.94
07/5		181.09	0.0028	186.69	31.28	64.56	90.85
05/1	7.5	61.32	0.0009	12.27	0.77	8.13	3.37
05/2		118.81	0.0011	45.49	4.45	32.12	8.92
05/3		163.841	0.0009	72.09	6.27	61.23	4.59
05/4		184.44	0.0017	137.73	14.76	104.73	18.24
05/5		200.25	0.0013	176.50	25.77	129.57	21.16
05/6		203.124	0.0018	223.99	35.37	131.18	57.44
05/7		199.292	0.0021	298.87	45.42	102.63	150.81

续表 4.5

岩石编号/循环次数	围压/MPa	应力峰值/MPa	峰值应变/s^{-1}	入射能/J	反射能/J	透射能/J	吸收能/$J \cdot cm^{-3}$
20/1	10	63.24	0.0006	26.47	2.12	18.13	6.22
20/2		129.35	0.0013	70.70	6.28	47.41	17.02
20/3		170.55	0.0021	103.47	10.68	88.51	4.28
20/4		202.65	0.0017	157.00	19.65	105.91	31.43
20/5		224.20	0.0023	219.32	37.71	111.96	69.66
40/1	15	41.68	0.0005	8.97	0.43	4.51	4.03
40/2		94.38	0.0015	46.18	3.22	23.17	19.80
40/3		127.438	0.0023	90.54	6.89	47.82	35.83
40/4		160.01	0.0027	150.67	12.54	85.11	53.02
40/5		181.57	0.0039	196.03	22.52	108.30	65.21
40/6		193.54	0.0049	265.56	31.28	129.55	104.72
40/7		190.19	0.0056	308.07	40.50	128.80	138.76

表 4.6 轴压为 36 MPa 时灰岩试件的试验结果

岩石编号/循环次数	围压/MPa	应力峰值/MPa	峰值应变/s^{-1}	入射能/J	反射能/J	透射能/J	吸收能/$J \cdot cm^{-3}$
07/1	5	59.88	0.0012	17.56	1.65	10.27	5.64
07/2		112.10	0.0024	63.45	6.18	36.62	20.65
07/3		136.53	0.0028	95.22	10.24	60.76	24.22
07/4		164.32	0.0042	151.49	19.68	81.36	50.44
07/5		179.65	0.0049	238.33	31.31	111.8	95.22
05/1	7.5	53.66	0.0005	9.26	0.48	6.38	2.40
05/2		114.98	0.0010	42.02	2.62	28.26	11.14
05/3		149.47	0.0011	86.58	7.53	65.11	13.94
05/4		170.07	0.0017	126.52	12.67	82.4	31.45
05/5		174.86	0.0021	187.96	27.24	73.33	87.4
20/1	10	99.17	0.0011	26.47	2.12	18.13	6.22
20/2		139.89	0.0008	70.70	6.28	47.41	17.02
20/3		173.42	0.0013	103.47	10.68	88.51	4.28
20/4		189.71	0.0018	157.00	19.65	105.91	31.43
20/5		203.12	0.0023	219.32	37.71	111.96	69.66

续表 4.6

岩石编号/循环次数	围压/MPa	应力峰值/MPa	峰值应变/s^{-1}	入射能/J	反射能/J	透射能/J	吸收能/$J \cdot cm^{-3}$
40/1	15	60.33	0.0012	25.93	2.14	11.32	12.47
40/2		97.65	0.0021	62.11	4.95	30.95	26.20
40/3		123.26	0.0030	117.65	10.59	55.42	51.64
40/4		147.13	0.0036	159.63	16.18	79.25	64.21
40/5		158.41	0.0048	220.58	27.19	94.78	98.61
40/6		159.28	0.0051	283.02	40.07	111.08	131.87

4.4　循环冲击荷载下灰岩强度特征分析

为了探究灰岩在循环冲击过程中的动态力学响应特征，在轴压不变的情况下，本节从应力-应变曲线、动态抗压强度、变形模量、峰值应变等随循环冲击次数的变化关系，探究灰岩在不同围压、不等荷循环冲击荷载作用下的动态响应规律。

文献[133]明确提出，在循环冲击荷载作用时，试件变形量用来度量岩石的强度值。文献[134]研究了循环荷载作用时岩石剪切强度劣化对其力学性能的影响特性，文献[135]对不同围压静载条件下的岩石进行循环冲击，发现了其动态力学响应特征力学特性。

4.4.1　应力-应变曲线特征分析

图 4.3~图 4.5 是不等幅循环冲击后的灰岩试件的 σ-ε 曲线，符合循环冲击下典型的 σ-ε 曲线特征，n 表示该次冲击的次数，σ 表示应力，ε 表示应变。根据图 4.3~图 4.5，可将灰岩试件的动态 σ-ε 曲线分为 4 个阶段，分别为初始弹性阶段、裂缝扩展阶段、屈服后的塑性阶段及峰后变形破坏阶段，在弹性阶段，σ 随着 ε 的增加表现出线性增加趋势，因为加轴围压的过程不采集信号，前三次冲击后灰岩试件的压密下凹趋势并不明显，直到第四次试件被破坏后产生裂隙时才会在应变初期出现明显的压密阶段。在不等幅循环冲击荷载作用下，灰岩试样内部微裂纹裂隙萌生发育并且超过其自身弹性限度后开始进入塑性变形阶段，当达到灰岩试件自身屈服应力后，其内部裂纹扩展贯通，从 σ-ε 曲线上能看出其应变出现增大，但是应力出现降低的趋势，此时灰岩试样发生失稳破坏。

可按照灰岩试件 σ-ε 曲线整体形态将其类型分为 α 型和 β 型。α 型曲线是随着循环冲击次数的增加，灰岩试件的 σ-ε 曲线的斜率增加迅速，弹模的增加说明

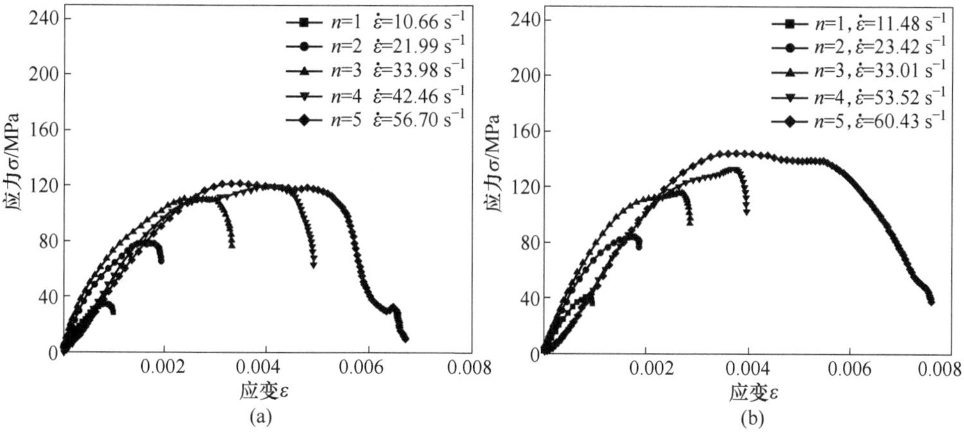

图 4.3　$\sigma_A = 12$ MPa 时，不同 p_c 时灰岩试件的 σ-ε 曲线

（a）$p_c = 2.5$ MPa；（b）$p_c = 5$ MPa；

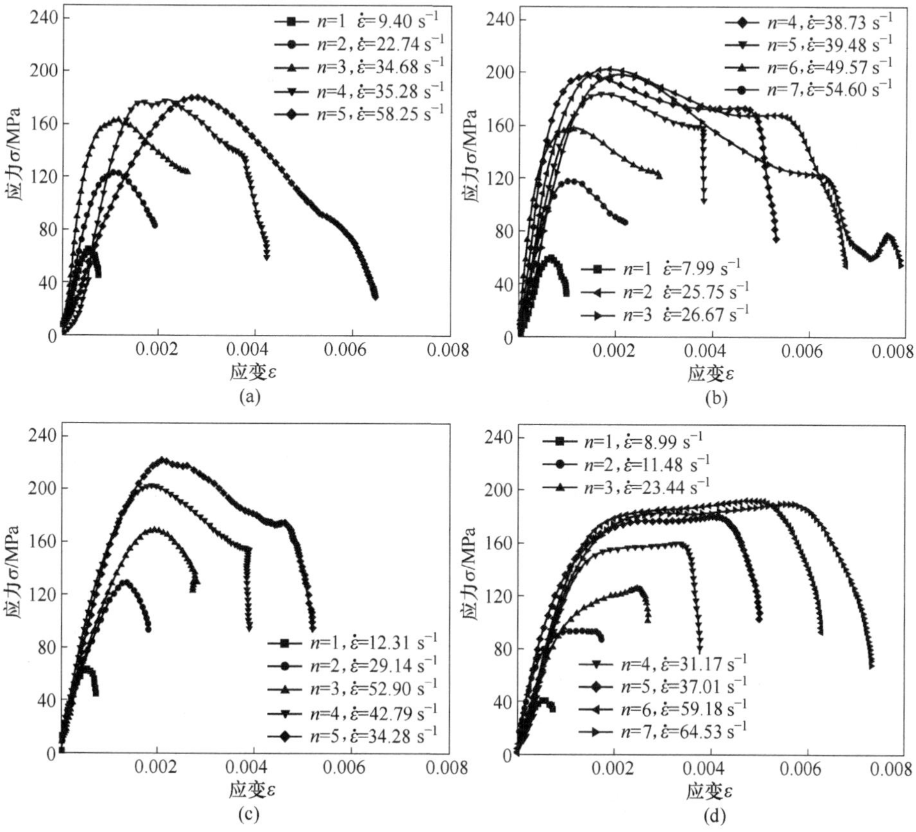

图 4.4　$\sigma_A = 24$ MPa 时，不同 p_c 灰岩试件的 σ-ε 曲线

（a）$p_c = 5$ MPa；（b）$p_c = 7.5$ MPa；（c）$p_c = 10$ MPa；（d）$p_c = 15$ MPa

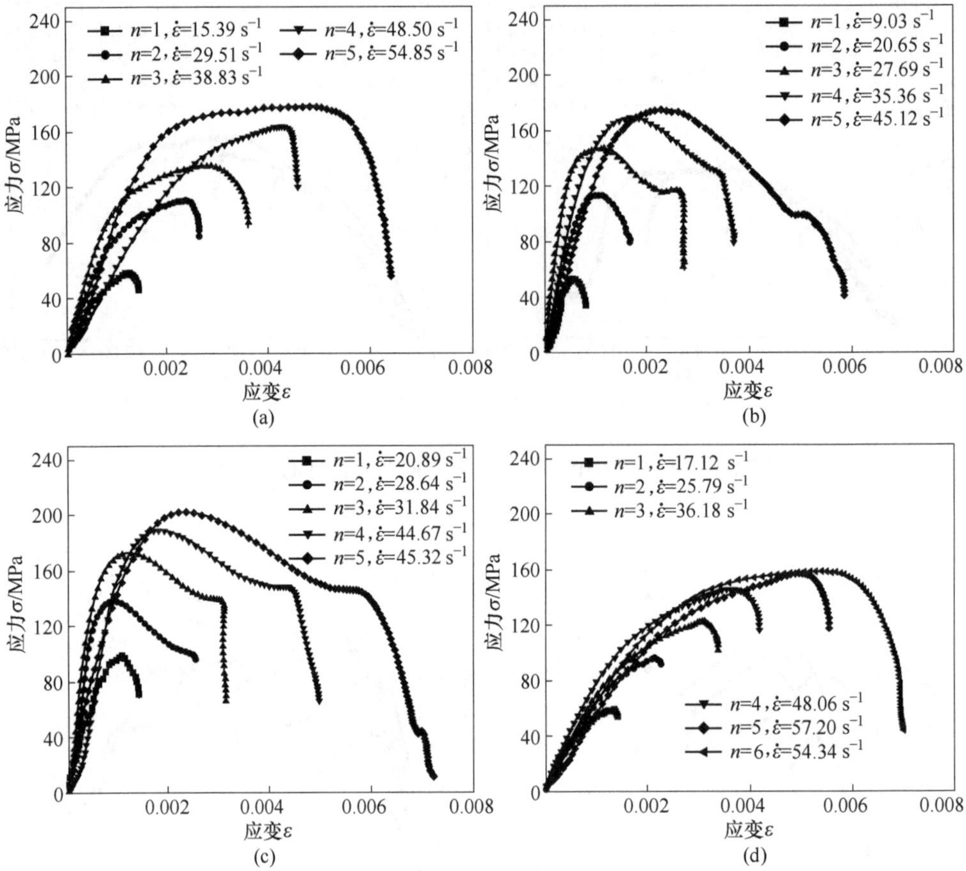

图 4.5　σ_A = 36 MPa 时，不同 p_c 时灰岩试件的 σ-ε 曲线

（a）p_c = 5 MPa；（b）p_c = 7.5 MPa；（c）p_c = 10 MPa；（d）p_c = 15 MPa

此时灰岩试样随着循环次数的增加抵抗变形的能力不断增强，且伴随明显的 σ-ε 曲线回弹趋势。但是受到轴围压作用，回弹不明显；冲击气压较小时，较低的冲击荷载未使得灰岩试块出现宏观破坏，由于轴向和环向静荷载的作用，试件内部储存的弹性势能在卸载阶段释放，试件出现弹-塑性变形。β 型曲线是灰岩试件在应力加载阶段的 σ-ε 曲线的斜率开始减小，卸载阶段曲线斜率也依次减缓。随着循环冲击次数的增加，灰岩试件受到的冲击气压梯度也在不断递增，弹模的减小说明此时灰岩试件的力学性能不断劣化。此时灰岩试件受的冲击荷载超过自身屈服强度，试件发生不可逆的破坏，并且灰岩试件的总变形量也在不断增加。宏观上表现为灰岩试件沿着裂纹裂隙发生宏观破裂，但是碎块程度不高。

由图 4.3～图 4.5 不难发现，循环冲击荷载下，轴围压比对 σ-ε 曲线走势均有明显影响。当轴压相同时，围压的增加使得灰岩试件的屈服应力和峰值应力大幅提升，峰值应变增大。随着循环冲击次数的增加灰岩试件表现出明显的应变率效应。由图4.3分析可知，当σ_A =12 MPa不变时，p_c =5 MPa的峰值应力明显大于p_c =2.5 MPa，在其他轴压条件下，围压增加导致的σ-ε曲线峰值应力均能得到明显的提升，但是这种提升并不是无限的。由图4.4分析可知，当σ_A =24 MPa、p_c =10 MPa时，灰岩试件的峰值应力达到最大，σ-ε曲线回弹阶段和完全卸载阶段的弹模均有良好的一致性，说明变形比较稳定。p_c =15 MPa时，峰值应力反而降低，且随着循环冲击次数的增加，灰岩试件稳定地被破坏。从图4.4（d）中也能明显发现，同种轴围压不等幅循环冲击下，灰岩试件的峰值应力会出现先增后减的趋势。

由图4.5分析可知，当σ_A =36 MPa，不管围压取值如何，灰岩试件σ-ε曲线整体上峰值应力都低于σ_A =24 MPa时，说明σ_A =36 MPa对灰岩试件的力学性能有劣化作用。当σ_A =36 MPa、p_c =5 MPa，且$n \geqslant 6$时，灰岩试件的σ-ε曲线才开始有明显的卸载趋势，此时灰岩试件才开始破坏。p_c =7.5 MPa时σ-ε曲线规律与p_c =5 MPa时一致，但是p_c =10 MPa及p_c =15 MPa时灰岩从第三次冲击开始就已经出现破坏。

除了将σ-ε曲线大致分为α型和β型，σ-ε曲线的斜率也会呈现先增后减再增的趋势，其变形模量的增减代表其变形能力，从微观角度分析，灰岩试件抵抗外部冲击载荷的能力大小与自身的波阻抗高低密切相关。因此，同一个爆堆里灰岩因为分布不同，加工后的波阻抗会表现出略微的差异性，这一原因可以用来解释试验中个别数据的偶然性。

4.4.2 不等幅循环冲击对峰值应力的影响规律

不同轴围压条件下，初始冲击气压为0.2 MPa、递增梯度为0.1 MPa的不等幅循环冲击试验，灰岩峰值应力随冲击次数的变化关系图如图4.6所示。由图4.6（a）可知，当$n \leqslant 5$时，灰岩试件的峰值应力随着不等幅循环次数的增加，大体上呈上升趋势。由于初始冲击气压较小，试件内部裂隙被压密从而使得自身强度提升。σ_A =12 MPa时，p_c =5 MPa条件下灰岩的峰值应力明显大于p_c =2.5 MPa时，p_c =5 MPa条件下的灰岩试件抗压强度增加，其力学性能得到明显提升，当$n>5$时，p_c =2.5 MPa条件下的灰岩试件动态抗压强度被劣化开始降低，冲击次数的增加使得较低轴围压条件下的灰岩试件最先发生劣化。

由上述试验可知，当轴压增至24 MPa时，灰岩试件整体力学性能均得到提升，这是岩石轴向被静压压紧密实所致。值得注意的是，当σ_A =24 MPa，且$n \leqslant 4$时，σ_A =5 MPa与p_c =7.5 MPa条件下岩石的峰值应力差距不明显，但是当$n>5$时，p_c =7.5 MPa条件下岩石的峰值应力受围压巩固作用明显提升。围压的存在能够抑制裂纹的萌生和扩展，使得灰岩试件压紧密实，试样的波阻抗增加，

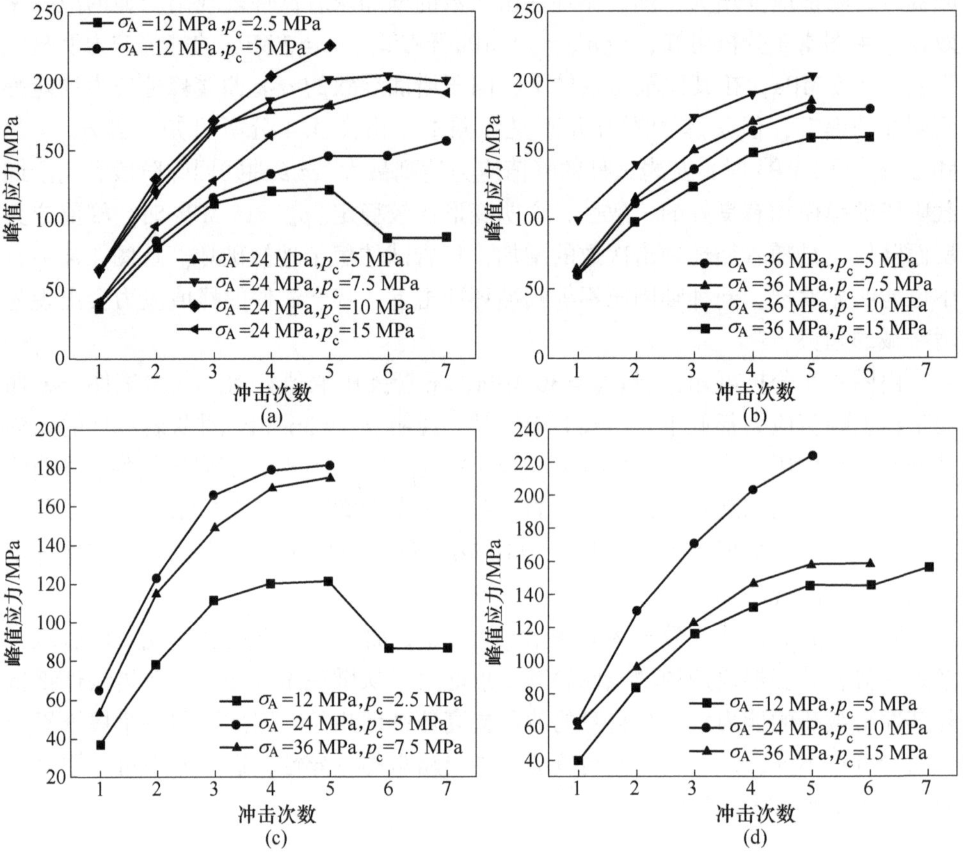

图 4.6　峰值应力随冲击次数变化关系规律

(a) σ_A、p_c 均不同；(b) σ_A 相同、p_c 不同；(c) $\sigma_A/p_c=4.8$；(d) $\sigma_A/p_c=2.4$

其抗冲击性能被强化。此时灰岩试件的峰值应力与围压呈现正相关关系。但是这种强化能力并不是无限的，当 p_c 增至 15 MPa 时，压密持续增加，过大的环向应力导致岩样破坏，试件波阻抗持续减小，灰岩试件的动态抗压能力整体上被削弱，表现为峰值应力的降低。观察图 4.6（a）和（b）可知，无论是 $\sigma_A=24$ MPa 还是 $\sigma_A=36$ MPa 时，灰岩试件的峰值应力都是随着 p_c 的增加表现出先增后减的趋势。

观察图 4.6（c）可知，当 $\sigma_A/p_c=4.8$ 时，有且仅当 $\sigma_A=24$ MPa、$p_c=5$ MPa时 01 号试件的峰值应力达到最大。不难发现灰岩试件的峰值应力的增减并不单纯取决于 σ_A/p_c 值的大小。观察图 4.6（d）可知，当 $\sigma_A/p_c=2.4$ 时，有且仅当 $\sigma_A=24$ MPa、$p_c=10$ MPa 时 20 号试件的峰值应力达到最大。结合图 4.6（c）和（d）分析可知，当 σ_A/p_c 为定值时，尽管 $\sigma_A=36$ MPa、$p_c=15$ MPa的应力条件对灰岩试件的动态力学特性有劣化作用，但是挤压劣化后的试件峰值应力

依然大于 $\sigma_A=12$ MPa。所以不能在单一轴围压条件下判定 $\sigma_A=36$ MPa、$p_c=15$ MPa 的应力条件下灰岩试件受冲击破坏的程度大于其他应力条件。在不同的轴围压条件下，灰岩试件的抗变形能力存在临界阈值，超过这一临界阈值的灰岩试件的抗冲击性能会被削弱。

4.4.3 轴围压对循环冲击下灰岩强度特征影响

三维静载条件下灰岩试件受到循环冲击作用，表现出动态强度变化主要受循环冲击次数和强度劣化两个方面影响。本节根据不等幅循环冲击试验的特点，分析冲击动载下岩石的峰值应力受轴压、围压的影响的变化规律。

图 4.7 分别为试件在不同轴围压条件下，不等幅循环冲击峰值应力随着轴围压变化的垂线图和中轴散点图。结合循环冲击荷载下灰岩试件的峰值应力随着围压的变化关系，从图中看出，在不同的轴围压应力条件下，随着循环冲击次数的增多，灰岩试件的峰值应力随之增大直至趋于平稳，可以得到如下结论：(1) 在轴围压均为定值的情况下，峰值应力随着冲击次数的增加其增速呈先快后慢趋势。(2) 不同轴围压梯度条件增速和峰值存在差异，轴压为定值时，峰值应力随着循环次数的增加并不是无限的，以 $\sigma_A=24$ MPa 为例，$n>3$，$p_c=5$ MPa，或 $n\geqslant 6$，$p_c=7.5$ MPa 和 $p_c=15$ MPa，灰岩试件的峰值应力均趋于一个定值，说明 $\sigma_A=24$ MPa 时，在不同的围压条件下灰岩试件存在峰值应力，对比图 4.7 (b)，发现 $\sigma_A=36$ MPa 时，灰岩试件存在同样的规律现象。

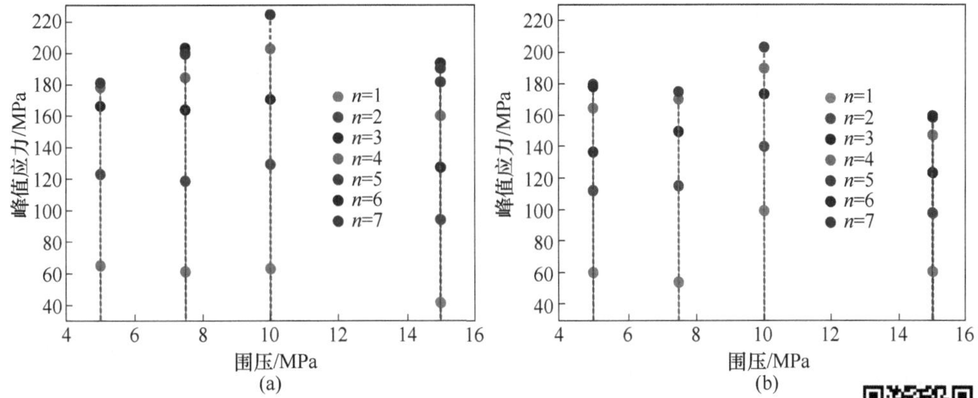

图 4.7 不同轴压循环冲击下峰值应力随围压的变化关系

(a) $\sigma_A=24$ MPa；(b) $\sigma_A=36$ MPa

扫码见图

由图 4.7 可知，无论是 $\sigma_A=24$ MPa 还是 $\sigma_A=36$ MPa，当 $p_c=10$ MPa 时，峰值应力增长速率虽不一致，但是峰值应力分布区间的均匀性较好。由此说明，选择合适的轴围压值，即 $\sigma_A=24$ MPa、$p_c=10$ MPa 时，能使受到不等幅循环冲击后的灰岩试件的能量得到更有规律性的释放，体现在实际工程应用中表现为更为理想的爆破效果。

4.5　循环冲击荷载下灰岩的变形特征

4.5.1　峰值应变随冲击次数的变化规律

不同轴围压、不等幅循环冲击条件下灰岩试件峰值应变变化规律如图 4.8 所示。不等幅循环冲击荷载加速了灰岩试件的变形，随着循环冲击次数的增多，灰岩试件抵抗变形的能力减弱，表明灰岩试件内部损伤程度在逐步增加。当 $n \leqslant 5$ 时，灰岩试件的峰值应变随着循环冲击次数的增加而增加。当 $n>5$ 时，试件已经发生宏观破裂，以同样的入射波入射后，能量大部分被吸收用于灰岩试件的破坏，反射波降低，因此峰值应变也开始降低。

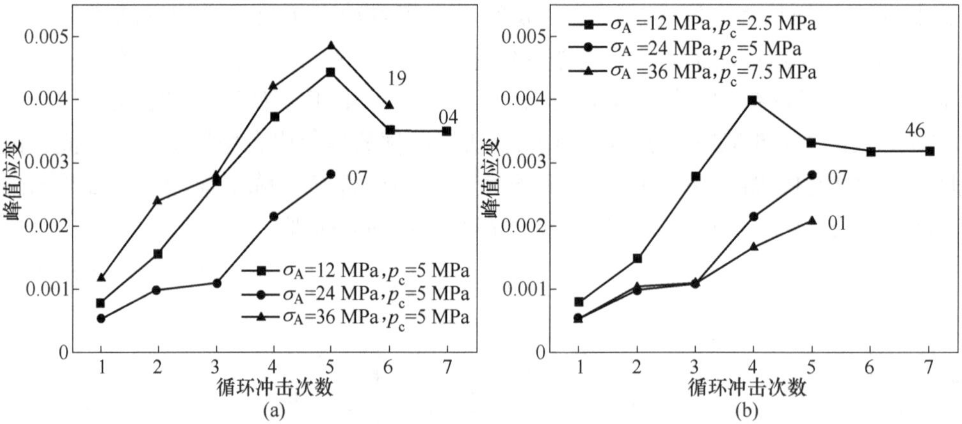

图 4.8　平均应变率随冲击次数的变化规律

(a) σ_A 不同，p_c 相同；(b) $\sigma_A/p_c=4.8$

从图 4.8（a）可知，当 $p_c=5$ MPa、$\sigma_A=24$ MPa 时灰岩试件的峰值应变最低，$\sigma_A=36$ MPa 时灰岩试件的峰值应变是最高的。说明冲击荷载有利于岩石的破碎变形。从图 4.8（b）可知，当 $\sigma_A/p_c=4.8$ 时（$\sigma_A=12$ MPa，$p_c=2.5$ MPa），灰岩试件的整体峰值应变是最高的，07 号和 01 号试件在 $n \leqslant 3$ 时，二者的峰值应变差距不大，$n>3$ 时，01 号岩石的峰值应变小于 07 号。相同围压情况下，随轴压的递增，灰岩的峰值应变随着轴压的增加表现出先增后减的趋势。σ_A、p_c 一致时，灰岩的峰值应变随着循环冲击次数的增加表现出先增后减的趋势。说明在围压和循环冲击动载均固定不变的条件下，过大的轴压会使灰岩试件抵抗外部冲击的能力减弱。轴围压比例不变的条件下，同时增大轴压和围压，试件受到压密紧实作用，灰岩在后期抵抗变形的能力会增强。

与单轴冲击条件下，岩石试件极限应变先后升高的结论不同[134]，三维静载试验条件下，循环冲击的整个过程中试样表现出先压密后损伤的力学机制。说明围压的增加使得灰岩试件内部裂隙被压密，围压对灰岩试件的抗变形能力提升作用明显，但是也存在围压上限，超过阈值后其性能会被劣化。

4.5.2 动态应变随循环冲击次数的变化规律

灰岩是脆性岩石，发生破坏时产生塑性变形。峰值应变（ε_{max}）能够用来判定岩石是否发生极限变形，其含义是指灰岩试件发生变形破坏时产生的最大应变[136-137]。轴向残余应变（ε_r）指的是灰岩试件在循环冲击荷载下发生不可逆变形时产生的应变[138]。随着循环冲击次数不断增加，灰岩试件内部屈服范围不断扩展导致其发生不可逆变形。在循环冲击试验过程中，用 ε_{max}、ε_r 定量分析岩石动态应力随循环冲击次数的变化规律。不同轴围压下灰岩试件峰值应变 ε_{max} 和残余应变 ε_r 随循环冲击次数的变化关系如图 4.9 所示。

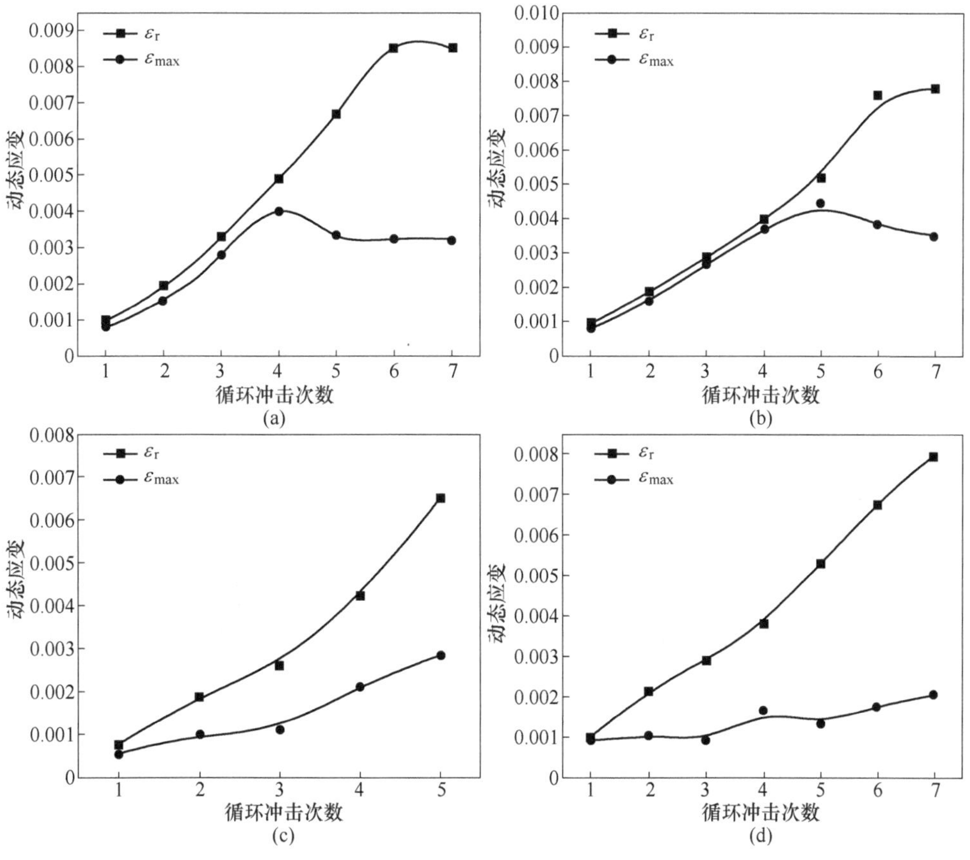

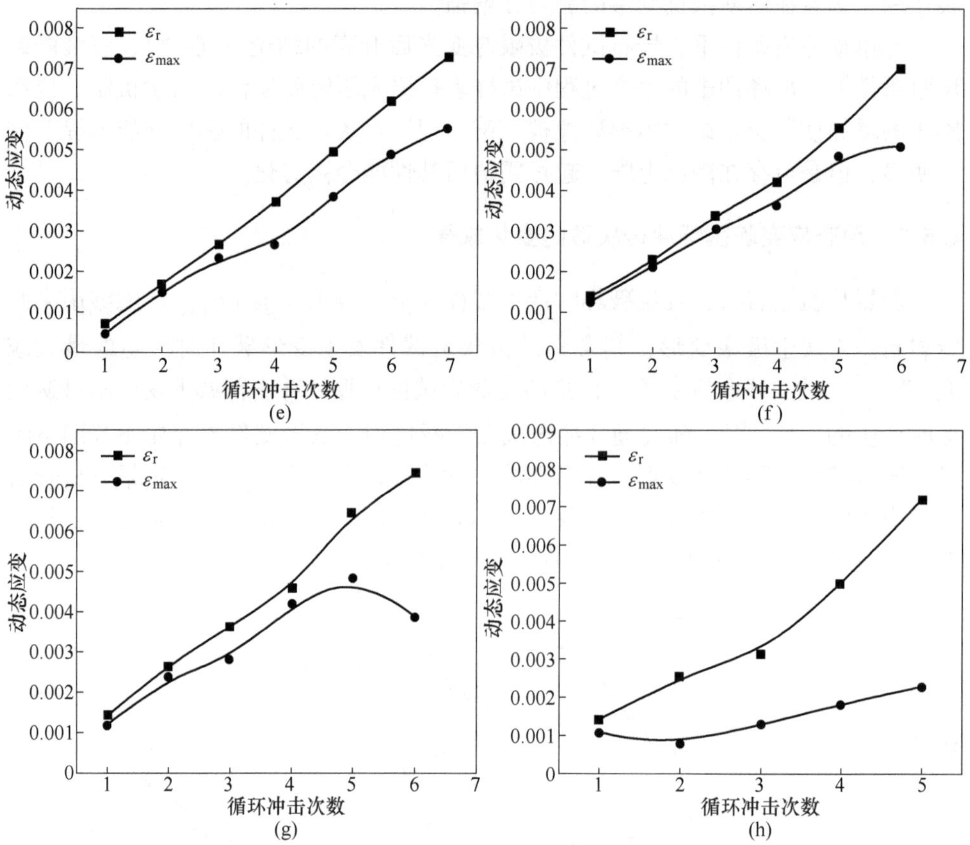

图 4.9　不同轴围压时动态应变随着循环冲击次数的变化规律

(a) σ_A = 12 MPa, p_c = 2.5 MPa; (b) σ_A = 12 MPa, p_c = 5 MPa;

(c) σ_A = 24 MPa, p_c = 5 MPa; (d) σ_A = 24 MPa, p_c = 7.5 MPa;

(e) σ_A = 24 MPa, p_c = 15 MPa; (f) σ_A = 36 MPa, p_c = 15 MPa;

(g) σ_A = 36 MPa, p_c = 5 MPa; (h) σ_A = 36 MPa, p_c = 10 MPa

轴围压值改变，导致灰岩试件内部应力状态发生变化。灰岩试件在轴围压作用下不断被压实，但是试件内部的微裂隙不会完全闭合，灰岩试件抵抗岩石冲击的性能被提升。不等幅循环冲击对灰岩造成的累积损伤速率相对较快，导致试件应变增速最快，最后趋于稳定。随着循环冲击次数的增加，灰岩试件的峰值应变和残余应变整体均呈上升趋势。

从图 4.9（a）和（b）不难看出，当 σ_A = 12 MPa 时，随着循环次数的增加，动态 ε_r 的增速减缓。当 p_c 从 2.5 MPa 增至 5 MPa 时，ε_r 与 ε_{max} 的间距减少，说明围压的提升对环向变形有抑制作用。从图 4.9（c）~（e）可知，当 σ_A = 24 MPa 时，围压的增大对残余应变的变化趋势影响不显著，对峰值应变的影响显著。当 p_c 从 5 MPa 增至 7.5 MPa 时，灰岩试件的峰值应变数值最低，几乎趋于水平，当 p_c 从 7.5 MPa 增至 15 MPa 时，灰岩试件的峰值应变变化增速明显，说明随着围压的不断增加，达到峰值应力时，峰值应变先减少随之增加；同样的，从图 4.9（f）~（h）可知，当 σ_A = 36 MPa、p_c = 10 MPa 时，灰岩试件的动态峰值应变变化缓慢，说明此时轴围压状态对灰岩试件的变形存在夹制作用。当 p_c 从 5 MPa 增至 10 MPa 时，受到围压的正作用使得其抗压能力增强从而变形降低，当 p_c 从 10 MPa 增至 15 MPa 时，较大的围压负作用于灰岩试件使其抗压能力减弱从而变形增大。

4.6 循环冲击荷载下能量演化规律

灰岩试件的损伤破坏过程在本质上是能量转换的过程。灰岩试件从微观的损伤发展到宏观的破碎均包含着能量转移或吸收。因此，研究循环冲击过程中动静组合作用条件下灰岩试件的能量演化规律，能深入说明灰岩试件循环冲击过程中变形与破坏特征。

4.6.1 能量传递随冲击次数变化规律

为了探究不同轴围压条件下，循环冲击次数对灰岩试件各部分能量的影响规律，前提是保证灰岩试件的初始入射能基本相同。选择循环冲击过程中的灰岩试件所得的总入射能量进行分析统计和验证，不同冲击气压梯度循环冲击实验 5 组共 15 个试样的总入射能统计柱状图如图 4.10 所示。

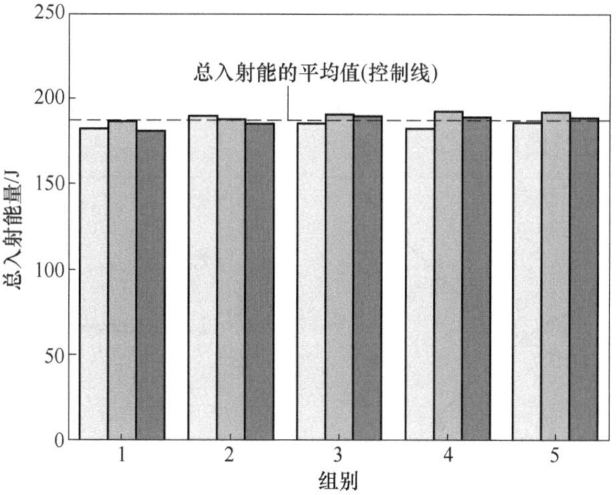

图 4.10 不同组别试件总入射能统计柱状图

试验总入射能的平均值为 187. 49 J；每组内最大总入射能和总入射能平均值的偏差均能控制在 10 J 以内；冲击气压梯度相同条件下，灰岩试件的总入射能没有明显差异。

图 4. 11（a）~（g）为不同轴围压条件下，循环冲击灰岩试件的各部分能量比率与入射能之间的关系曲线，图 4. 11（h）为不同轴围压条件下，能量透射率与能量吸收率的变化规律曲线。

图 4. 11 可以看出，随着不等幅循环冲击次数的增加，入射能增加，灰岩试件能量的反射率呈现出线性增加的趋势。循环荷载加速灰岩试件的裂隙发育，试件波阻抗减小，大部分能量被用于岩石破坏，造成试件的吸收率逐渐增加。用于内部微裂纹扩展的能量越多就代表灰岩被破坏得越严重，最终导致透射能逐渐减少，能量透射率与能量吸收率呈现出良好的负相关关系。

由图 4. 11（a）~（g）可知，试件吸收能会随着入射能增加，表现出越来越陡峭的趋势。当入射能较低时，试件受到轴围压的作用，试件内部储存弹性能。观察图 4. 11（a）和（b）可知，当 σ_A = 12 MPa 时，同一入射能条件下，p_c = 7. 5 MPa 时灰岩试件破坏速度明显低于 p_c = 5 MPa 时。观察图 4. 11（c）和（d）可知，当 σ_A = 24 MPa 时，p_c = 10 MPa 试件的能量吸收率小于 p_c = 5 MPa 时，说明其破坏程度最低，灰岩试件的强度最高，抵抗变形能力最强。观察图 4. 11（e）可知，当 σ_A = 36 MPa、p_c = 5 MPa、入射能为 80 J 时，灰岩试件开始发生破坏，吸收能增加，透射能下降，说明过大的轴压破坏试件内部结构，导致其裂纹裂隙扩展发育。当轴压力较大、围压较小时，轴围压作用对灰岩试件的强度和变形能力不仅无法起到提升作用，反而会劣化其力学性能。对比分析图 4. 11（f）和（g）可知，当 p_c = 7. 5 MPa 时灰岩试件的吸收能速率大于 p_c = 15 MPa，说明过大的围压对试件的环向挤压导致其产生内部损伤。当 σ_A = 36 MPa、p_c = 7. 5 MPa 时，灰岩试件的破裂最为缓慢，说明只有轴围压取值适当时，其强度和变形能力才会被适当提高。

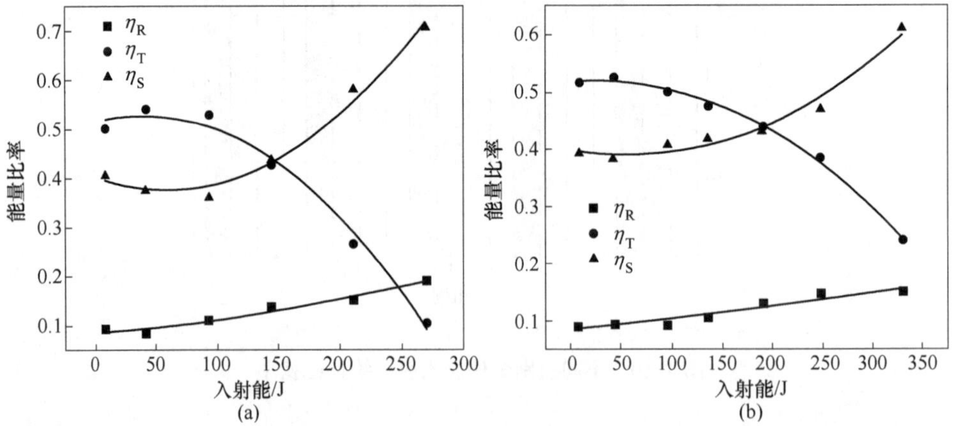

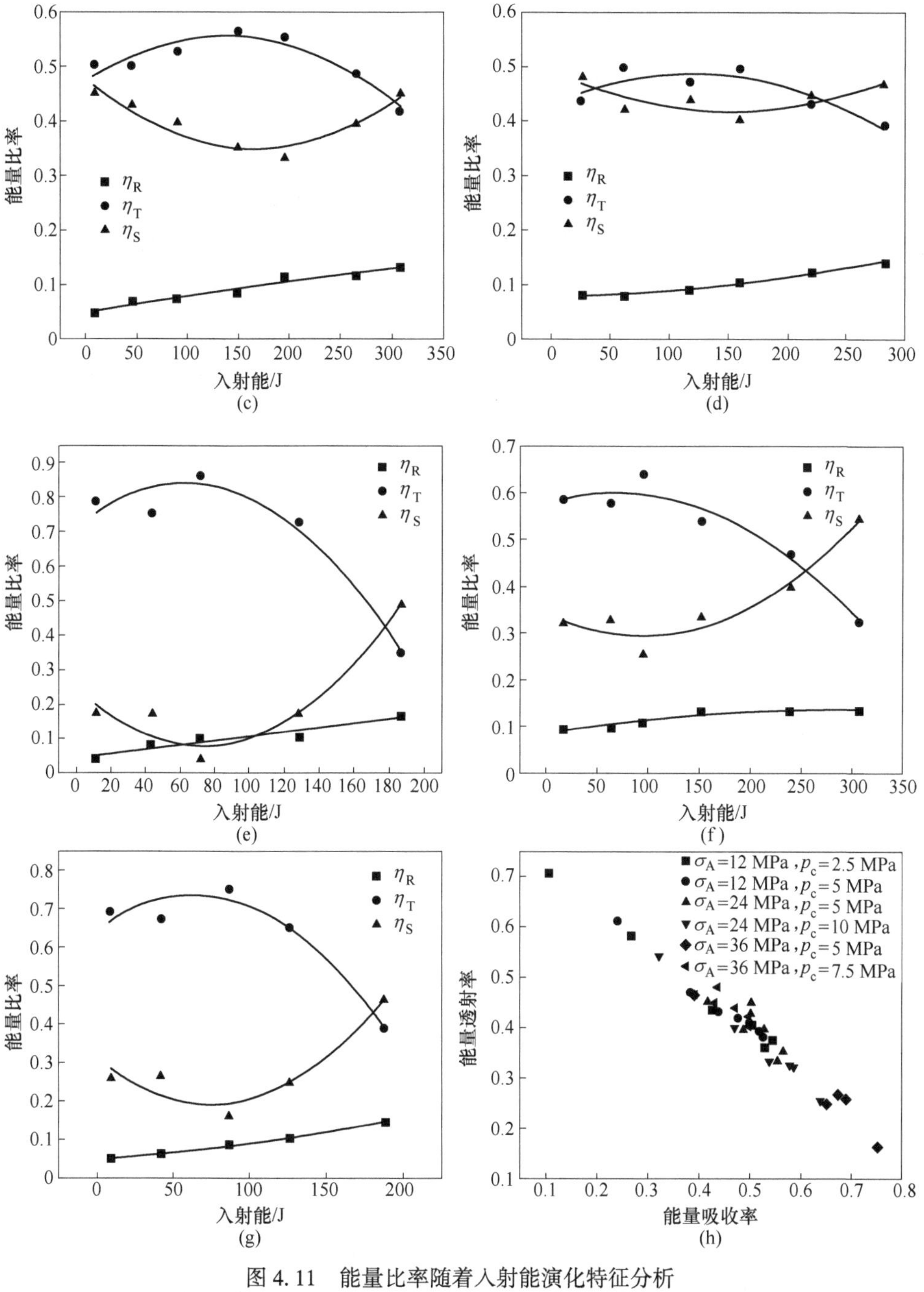

图 4.11 能量比率随着入射能演化特征分析

(a) σ_A = 12 MPa, p_c = 2.5 MPa; (b) σ_A = 12 MPa, p_c = 5 MPa; (c) σ_A = 24 MPa, p_c = 5 MPa; (d) σ_A = 24 MPa, p_c = 10 MPa; (e) σ_A = 36 MPa, p_c = 5 MPa; (f) σ_A = 36 MPa, p_c = 7.5 MPa; (g) σ_A = 36 MPa, p_c = 15 MPa; (h) 能量透射率与能量吸收率的关系

4.6.2 轴围压对能量吸收比的演化特征

为了深入探究轴围压对能量吸收比演化规律的影响，绘制出不同轴围压条件下能量比率随循环冲击次数变化的散点图，并且进行拟合。如图 4.12 所示，随着不等幅循环冲击次数的增加，灰岩试样能量吸收率随冲击次数的增加呈现出多项式关系，冲击气压的递增带来了入射能量的递增，更高的冲击气压会诱导试样内部裂隙扩展直至变形破坏，随着循环次数的增加损伤得到累积，吸收能占入射能的比值增加，且冲击气压越高，能量吸收率增长速率就越快。

图 4.12（a）为不同轴围压条件下灰岩试件能量吸收率随循环冲击次数的变化规律，当 $\sigma_A = 12$ MPa、$p_c = 5$ MPa 时灰岩试件的吸收率增长速率明显低于 $p_c = 2.5$ MPa 时，说明围压增加有利于提高试件的抗冲击强度。当 $\sigma_A = 24$ MPa、$p_c < 15$ MPa 时，灰岩试件整体上的吸收率都远低于 $\sigma_A = 12$ MPa 时，说明 $\sigma_A = 24$ MPa 作用下灰岩试件的裂隙被压密紧实，适当的轴向静压能使灰岩试件的抗冲击性能更好，反观在 $\sigma_A = 24$ MPa、$p_c = 15$ MPa 时，灰岩试件因为围压增加，环向应力剧增超过了其自身的弹性限度，对其本身的抗冲击性能有减弱作用，故其能量吸收率又迅速上升，且在初期阶段因为环向应力过大导致其内部裂纹扩展，入射能较低时就已经出现较大的吸收能。

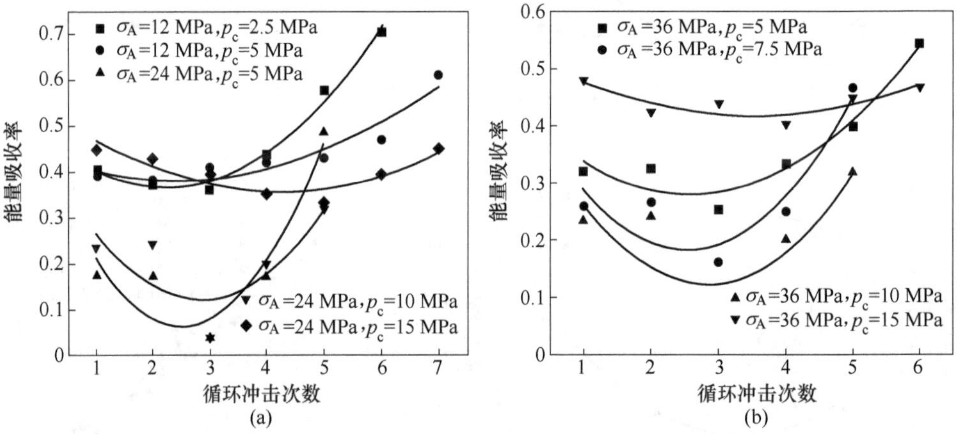

图 4.12 能量吸收率随着循环冲击次数变化规律

（a）不同轴围压条件下；（b）轴压相同、围压不同条件下

图 4.12（b）为轴压相同、围压不同条件下灰岩试件能量吸收率随循环冲击次数的变化规律，规律几乎与上文分析的一致，在 $\sigma_A = 36$ MPa、$p_c = 5$ MPa 与 $\sigma_A = 36$ MPa、$p_c = 15$ MPa 条件下，过大的轴压和围压都会使灰岩试件能量吸收率较大，当 $\sigma_A = 36$ MPa 时，$p_c = 15$ MPa 对其力学性能劣化程度更严重。表 4.7 为

能量吸收率随着循环冲击次数变化的拟合关系。

表 4.7 能量吸收率随着循环冲击次数变化的拟合关系

岩石编号	拟合函数	拟合参数 a	拟合参数 b	拟合参数 c	相关系数 R^2
46	$\eta = an^2 - bn + c$	0.03	0.1	0.49	0.977
04		0.01	0.04	0.46	0.876
07		0.07	0.32	0.46	0.881
20		0.04	0.23	0.54	0.817
40		0.01	0.09	0.43	0.909
19		0.02	0.11	0.43	0.909
01		0.04	0.22	0.47	0.847
10		0.04	0.23	0.46	0.817
47		0.04	0.06	0.53	0.831

在三维静载组合作用下，灰岩试件因为受到环向应力作用发生应力集中，使得灰岩试件内部裂隙裂纹压密紧实，轴围压越小，其能量吸收比率的降幅和增幅就会越显著，具体表现在压密时间短暂，破裂时间迅速。随着轴围压的提升，能量吸收比率的增幅和降幅都变得缓慢，较大的环向应力会使得灰岩试件内部裂纹增多，因为较高的轴围压对岩石的力学性能有劣化作用，在 $\sigma_A/p_c=7.2$ 时，轴压的大小是影响能量吸收率的关键，在 $\sigma_A/p_c=2.4$ 时，围压的大小是影响能量吸收率的关键。

4.7 本章小结

采用可以设置不同轴围压（$\sigma_A=12$ MPa、24 MPa、36 MPa，$p_c=2.5$ MPa、5 MPa、7.5 MPa、10 MPa 和 15 MPa）的三维动静组合加载装置，对灰岩试件进行以 0.2 MPa 为初始冲击气压（梯度为 0.1 MPa）的不等幅循环冲击试验，重点分析其 σ-ε 演化、强度与变形、能量耗散等，得出如下结论：

（1）轴围压不同时，按照发展阶段可将灰岩试件的动态 σ-ε 曲线分为初始弹性阶段、裂缝扩展阶段、屈服后的塑性阶段及峰后变形破坏阶段 4 个阶段，按照 σ-ε 曲线形态将其类型分为 α 型和 β 型，α 型曲线存在回弹趋势，但是受到轴围压挤压，没有明显的回弹特征；β 型曲线存在明显的应力加卸载阶段。

（2）不等幅循环冲击条件下，灰岩试件的峰值应力随着循环冲击次数的增大而先增大，而后增速减缓直至趋于稳定。轴压一定时，适当围压的存在能够抑制裂纹的萌生和扩展，不同轴围压条件下，灰岩试件的抗变形能力存在临界阈值，超过这一临界阈值的灰岩试件的抗冲击性能会被削弱。$\sigma_A = 36$ MPa、$p_c =$ 15 MPa 时，灰岩试件的破坏程度大于其他应力条件，$\sigma_A = 24$ MPa、$p_c = 10$ MPa 时，能使受冲击后的灰岩试件的能量得到更有规律性的释放。

(3) 随着循环冲击次数的增加，灰岩试件的峰值应变和残余应变整体均呈上升趋势，围压的增加对环向变形的抑制作用体现在 ε_r 与 ε_{max} 的间距缩小，轴围压状态对灰岩试件变形和夹制作用大小体现在 ε_r 与 ε_{max} 随着冲击次数的变化速率，试样表现出的先压密后损伤的力学机制，体现在循环冲击的整个过程中。

(4) 控制总入射能不变情况下，无论 σ_A、p_c 取值如何，灰岩试件能量透射率与能量吸收率呈现出良好的负相关关系，不等幅循环荷载使得灰岩试件呈现反射率先增后减、透射率先减后增的趋势，且二者变化趋势存在明显的"轴对称"特征；其吸收率随着入射能的增加表现为线性增加趋势，能量吸收率随着循环冲击次数呈现出"$\eta_s = an^2 - bn + c$"关系。较高的轴围压对岩石的力学性能有劣化作用，$\sigma_A/p_c = 7.2$ 时，轴压的大小是影响能量吸收率的关键；$\sigma_A/p_c = 2.4$ 时，围压的大小是影响能量吸收率的关键。

5 基于 LS-DYNA 水压光面爆破参数优化

由于爆破过程的复杂性和瞬时性，研究围岩在应力波作用下的损伤缺乏有效的手段。随着编程技术和计算机技术的发展，将有限元软件应用于爆破工程领域，可以将围岩在应力场中的损伤可视化，进而反演指导隧道现场爆破参数设计。合理的周边孔爆破参数是隧道轮廓线形成的关键，研究表明线装药密度、炮孔间距、光爆层厚度是控制隧道轮廓爆破效果的关键参数。本章采用 ANSYS/LS-DYNA 有限元软件模拟分析不同孔网参数下隧道围岩的损伤分布规律，以此调整勐省隧道水压光面爆破参数优化设计。

5.1 LS-DYNA 简介

5.1.1 软件介绍

LS-DYNA 是由 J. O. Hallquist 博士所创建的 LSTC 公司推出的通用显式动力分析有限元程序，适合求解各种二维、三维非线性结构的高速碰撞、爆炸和金属成形等非线性动力冲击问题，同时可以求解热传导、流体及流固耦合等问题[98]。它是以 Lagrange 算法为主，兼有 ALE 和 Euler 算法；以显式求解为主，兼有隐式求解功能；以非线性动力分析为主，兼有静力分析功能（如动力分析前的预应力计算和薄板冲压成形后的回弹计算）；军用和民用相结合的通用非线性有限元程序。它具有丰富的材料模型、状态方程、单元库、接触类型、初始条件和约束及网格划分类型等。

LS-DYNA 由于其强大的前、后处理能力和通用性，在全世界范围内得到了广泛的使用。LS-DYNA 可以求解各种三维非线性结构的高速碰撞、爆炸和金属成形等接触非线性、冲击载荷非线性和材料非线性问题，同时可以求解传热、流体及流固耦合问题。因此，在爆炸与冲击工程应用领域受到广泛认可。

5.1.2 数值计算方法

采用 LS-DYNA 进行计算时选取合适的算法能够节约计算时间，在 ANSYS/LS-DYNA 中包含多种算法，其中常用的三维立体单元算法有 Lagrange 算法、Euler 算法、ALE 算法和流固耦合算法[99]。

Lagrange方法主要用于对固体结构进行应力-应变分析，其优势在于结构边界的运动可被捕捉并进行精准描述，在网格中不存在材料的流动。对于中等变形程度的问题能够进行较好的分析描述，但对于流体、流固耦合问题及固体结构的大变形类问题无法得出准确的计算结果，这是由于材料流动会导致网格混乱发生畸变现象，阻碍计算过程，如图5.1中（1）所示。即使利用自适应划分处理高度变形区域的网格能够改善计算精度，但由于该操作将会很大程度提高分析成本，所以很少被采用。

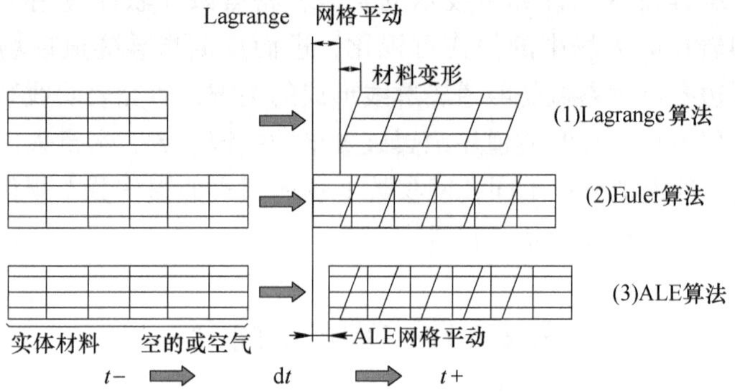

图5.1 Lagrange、Euler和ALE算法的区别

Euler方法源于流体力学，可用于分析变形程度较大的问题。如图5.1中（2）所示，以空间坐标为基础，网格与物质结构相互独立，数值模拟过程中网格大小形状和空间位置不移动，因此迭代过程的数值精度也是不变的；但材料在网格中流动且流动过程中会自动形成新的分界面。在区分不同物质界面和处理自由面时，对于与历史有关的参量要做出相关反应也存在一定的困难。该方法在分析过程中对于网格质量的要求相对较高，无形中增加了分析成本。

ALE方法的全称是Arbitrary Lagrange-Eluer算法，是目前非线性有限元分析过程中常用的算法之一。该算法结合了Lagrange和Eluer的优点，如图5.1中（3）所示，在结构边界运动的处理上，引入Lagrange方法的特点，网格固定在介质质点上，可有效跟踪物质结构边界的运动；在内部网格划分上，它吸收了Euler方法的长处但又不完全相同，相同点是内部网格单元与物质实体相互独立，不同点则是网格可根据定义的参数在求解过程任意地移动，材料网格在数个Lagrange时步变形之后，通过物质输运算法将网格中的单元信息（能量、应力张量及密度等）和节点速度矢量映射到空间网格中。大多数输运步的时间用于计算相邻单元之间的材料运输，而在网格变形调整上消耗的时间步较少，即便是较粗糙的网格也可以获得不错的计算精度。使用ALE方法能够避免网格出现严重畸变现象，可以有效解决爆炸冲击作用下物质的大变形问题。

利用 LS-DYNA 对岩体爆破进行数值模拟时常用的方法有共节点法、定义接触法和多物质流固耦合方法。共节点法在计算中易发生网格畸变，影响计算精度；定义接触法通过对不同 Part 定义接触类型实现爆破过程描述，对接触的设置、网格的质量和其他相关参数要求较高，易出现无法预知的错误；多物质流固耦合方法在设置时需要针对不同材料选择不同算法，还需要进行网格重叠操作，所以网格数量较大，导致计算时间增加。但其计算精度较高，报错率较低，是模拟岩体爆破过程使用较多的方法。因此本书拟选择该方法进行岩体爆破损伤效应研究。

5.2 材料模型及参数

5.2.1 岩石 RHT 本构模型及参数

岩石爆破模拟中较为常见应用的本构模型有 HJC 本构模型和 RHT 本构模型，RHT 是基于 HJC 本构模型进行改进所得，RHT 模型考虑了破坏强度对冲击压力、应变速率、应变硬化和损伤软化的影响，可以较好地描述爆破动荷载作用下岩石材料的力学行为。

RHT 本构模型是在 HJC 本构模型基础上引入了弹性极限面、失效面和残余强度面，RHT 本构模型可以很好地模拟岩石在强冲击（如爆炸、侵彻）下力学特性，如图 5.2 所示[139]。

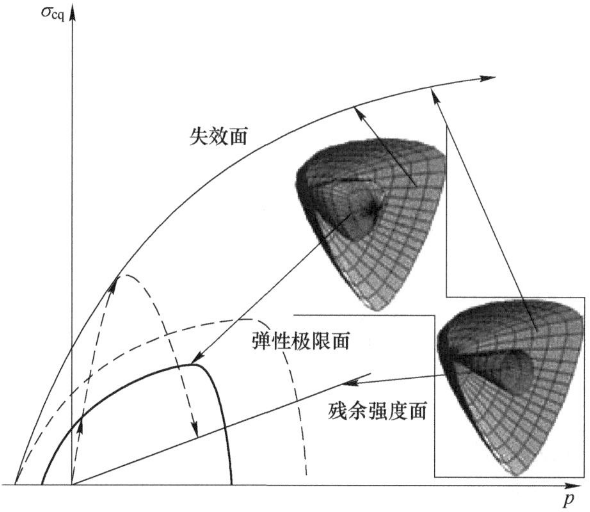

图 5.2 本构参数模型

RHT 本构模型中压力、偏应力和应变率可以决定弹性极限应力 $\sigma_{elastic}$ 、失效

应力 σ_{fail} 和残余应力 $\sigma_{residual}$，如图5.3所示[140]。

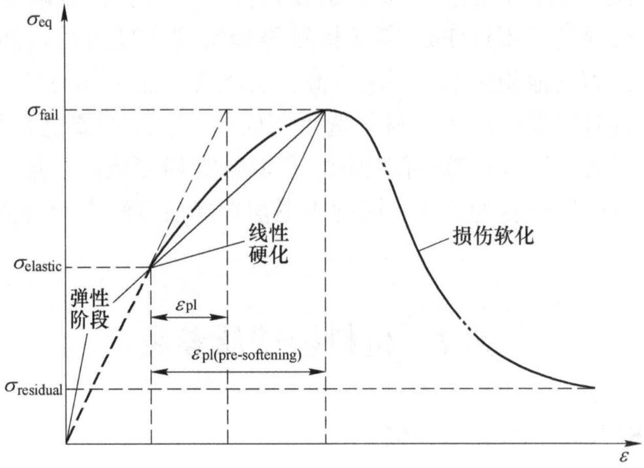

图5.3　RHT模型极限面

5.2.1.1　弹性极限应力

在RHT本构模型中压力 p、罗德角 θ 和应变率 ε 是材料的弹性极限应力 $\sigma_{elastic}$ 的函数[141]：

$$\sigma_{elastic}(p,\ \theta,\ \varepsilon)=f_c\cdot\sigma^*_{TXC}(p_{s,el})\cdot R_3(\theta)\cdot F_{rate}(\dot{\varepsilon})\cdot F_{elastic}\cdot F_{cap}\tag{5.1}$$

式中　$\sigma^*_{TXC}(p_{s,el})$——等效应力强度；

$R_3(\theta)$——罗德角因子；

$F_{rate}(\dot{\varepsilon})$——应变率因子；

F_{cap}——“帽盖”函数；

$F_{elastic}$——弹性缩放因子。

为描述强度在剪切和拉伸子午线上的减小，引入了罗德角因子 $R_3(\theta)$，描述了偏应力张量与静水压力两者之间的关系，即：

$$R_3(\theta,\ P^*)=\frac{2(1-Q^2)\cos\theta+(2Q-1)\sqrt{4(1-Q^2)\cos^2\theta+5Q^2-4Q}}{4(1-Q^2)\cos^2\theta+(1-2Q)^2}\tag{5.2}$$

材料强度的最大降低幅值可用拉压子午比来量化 Q_2，拉压子午比与压力的两者之间存在线性函数：

$$Q=r_1/r_2=Q_0+B_QP^*\tag{5.3}$$

用 $F_r(\dot{\varepsilon})$ 表示应变率强化因子，其表达式为：

$$F_r(\dot{\varepsilon}) = \begin{cases} (\dot{\varepsilon}_p/\dot{\varepsilon}_0^c)^{\beta_c} & P \geqslant f_c/3 \\ \dfrac{P + f_t/3}{f_c/3 + f_t/3}(\dot{\varepsilon}_p/\dot{\varepsilon}_0^t)^{\beta_c} - \dfrac{P - f_c/3}{f_c/3 + f_t/3}(\dot{\varepsilon}_p/\dot{\varepsilon}_0^c)^{\beta_t} & -f_t/3 < P < f_c/3 \\ (\dot{\varepsilon}_p/\dot{\varepsilon}_0^t)^{\beta_c} & P \leqslant -f_t/3 \end{cases} \tag{5.4}$$

式中 β_c ——压缩应变率指数；

$\dot{\varepsilon}_0^c$ ——压缩参考应变率，$\dot{\varepsilon}_0^c = 30 \times 10^{-6}\ s^{-1}$；

β_t ——拉伸应变率指数；

f_c——材料的单轴抗压强度；

f_t——材料的单轴抗拉强度；

$\dot{\varepsilon}_0^t$ ——拉伸参考应变率，$\dot{\varepsilon}_0^t = 3 \times 10^{-6}\ s^{-1}$。

在 RHT 本构模型中，动荷载下峰值强度可以通过静荷载状态下的参数来表示，即应变率增强因子（DIF）与失效面的乘积，DIF 包括拉伸、压缩两种状态，通过采用幂函数来表示，其中含有两个参数（β_c、β_t），计算公式如下：

$$\beta_c = \frac{4}{20 + 3f_t},\ \beta_t = \frac{2}{20 + f_t} \tag{5.5}$$

将岩石单轴抗压强度代入上式，得到$\beta_c = 0.038$，$\beta_t = 0.017$。

此外，RHT 本构模型中的单轴抗压强度、弹性模量、剪切模量等强度参数根据静力学参数进行取值，密度等参数根据实验数据取值。

5.2.1.2 失效应力面

失效应力面包括两个参数（g_c^*、g_t^*）。g_c^* 表示单轴状态下的压缩极限与抗压强度的比值，g_t^* 为单轴状态下拉伸强度极限和抗压强度的比值。即可以根据单轴压缩试验数据求解，取 $g_c^* = 0.8$。由于试验条件的限制，并未做单轴拉伸试验，因此本文参照文献[142]，考虑白云质灰岩的力学特征，取 $g_t^* = 0.9$。

5.2.1.3 残余应力

残余面中的 B、M 这两个参数决定了残余面的曲线趋势。在 RHT 文献资料中，并未发现岩石类材料有 B、M 取值方法，因此按照混凝土材料进行取值，即 $B = 1.6$，$M = 0.61$。

RHT 模型采用考虑了岩石等脆性材料多孔隙特征的 p-α 状态方程，来表征不同受力状态下的岩石力学行为。当压力值低于孔隙压碎压力时，材料具有弹性；当压力值高于孔隙压碎压力时，孔洞压缩降低了材料的体积刚度，从而降低了有效体积模量，压力与体积应变之间的关系是非线性的。随着压力继续增大直到材料孔隙完全被压实（即孔隙度为 1），这是一个塑性变化过程。岩石材料在压缩状态下的 5 个参数即 A_1、A_2、A_3、B_0 和 B_1，在拉伸状态下有两个参数：T_1、T_2。此外还包括两个孔隙度参数 N、α 和两个压力参数 p_{crush}、p_{comp}。

由于通过试验来测定白云质灰岩 p-α 状态方程参数极为复杂。因此，本书采用 Rankine-Hugoniot 方程和 Mie-Gruneisen 状态方程来计算 p-α 状态方程中的相关参数。Mie-Gruneisen 多项式可用来表述岩石类材料压实后的状态参量[143]：

$$\begin{cases} p = A_1\mu + A_2\mu^2 + A_3\mu^3 + (B_0 + B_1\mu)\rho_0 e & \mu > 0 \\ p = T_1\mu + T_2\mu^2 + B_0\rho_0 e & \mu < 0 \end{cases} \tag{5.6}$$

式中　A_1，A_2，A_3，B_0，B_1，T_1，T_2 ——p-α 状态方程相关参量，其中 $A_1 = K$，$B_0 = B_1$；

e ——初始内能。

$$\mu = \rho/\rho_0 - 1$$

式中　ρ ——当前压力下岩石材料的密度；

ρ_0 ——材料的初始密度。

$\mu > 0$ 是表示材料处于压缩状态，$\mu < 0$ 表示材料处于拉伸状态。

利用 Mie-Gruneisen 状态方程及 Rankine-Hugoniot 曲线可求得：

$$\begin{cases} A_1 = \rho_0 c_0^2 \\ A_2 = (2s - 1)\rho_0 c_0^2 \\ A_3 = (s - 1)(3s - 1) \\ \rho_0 c_0^2 T_1 = \rho_0 c_0^2 \\ T_2 = 0 \\ B_0 = B_1 = 2s - 1 \end{cases} \tag{5.7}$$

式中　c_0 ——材料初始状态下的波速；

s ——材料经验常数，取 $s = 0.5$。

根据白云质灰岩的强度参数，计算得到 p-α 状态方程各参量数，即 $A_1 =$ 17.6 GPa，A_2 = 29.7 GPa，A_3 = 15.8 GPa，$B_0 = B_1 = 1.6$，$T_1 = 19.2$ GPa，$T_2 = 0$。

RHT 模型中材料孔隙度 α_0 表示为：

$$\alpha_0 = \frac{\rho_s}{\rho_0} \tag{5.8}$$

式中　ρ_0 ——材料的初始密度；

ρ_s ——材料的压实密度。

由孔隙度定义及实验结果容易得到：$\alpha_0 = 1.1$。而对于材料孔隙开始压密时压力 p_{comp} 和完全压密时压力 p_{crush}，由文献[143]可知，用压力 p_{crush} 来表示岩石材料孔隙即将压碎时压力，通过 $p_{crush} = 2f_c/3$ 计算，即 $p_{crush} = 18.93$ GPa。孔隙度指数 N 可取 4.2 GPa。材料压实时，压力 p_{comp} 可取 5.4 GPa。

RHT 模型有 3 个损伤参数 D_1、D_2 和 ε_f^m。相关文献认为 RHT 模型中参数 D_2 和 ε_f^m 的敏感性很小，可以根据经验取值，即 $D_2 = 1$，$\varepsilon_f^m = 0.01$。当等效应力超过弹性极限应力后，岩石材料将发生不可逆的塑性应变，表达式为：

$$\varepsilon_p^f = D_1 (p^* - T^*)^{D_2} \geqslant \varepsilon_f^m \tag{5.9}$$

其中：

$$0 \leqslant D = \sum \frac{\Delta\varepsilon_p}{\varepsilon_p^f} \leqslant 1 \tag{5.10}$$

式中 D_1，D_2 ——材料的损伤参数；

p^* ——归一化压力参数，$p^* = p/f_c$；

T^* ——材料归一化拉伸强度，$T^* = f_t/f_c$。

当满足等效断裂应变时，$p^* = 1/6$，$T^* = 0.11$，代入式（5.9）得到 $D_1 = 0.04$。

当材料进入塑性阶段后，其剪切模量会显著降低。在 RHT 本构模型中，参数 ξ 用来描述剪切模量的减小。塑性阶段材料的剪切模量 $G^* = \xi G$，其中 G 为材料初始剪切模量。通过试验来计算参数 ξ 十分复杂，因此，本书根据文献[143]等的研究，取 $\xi = 0.5$。

综上，基于试验数据、文献资料及理论分析等手段获得了勐省隧道白云质灰岩 RHT 本构模型参数。白云质灰岩 RHT 模型参数统计见表 5.1。

表 5.1 白云质灰岩 RHT 本构参数

参数名称	数值	参数名称	数值	参数名称	数值	参数名称	数值
$\rho_0/\mathrm{g\cdot cm^{-3}}$	2.67	A	2.26	A_2/MPa	29.7	T_1/GPa	16.70
P_{crush}/MPa	18.93	N	0.61	A_3/MPa	15.8	ε_f^m	0.01
P_{comp}/MPa	5.4	Q_0	0.685	B_0	1.60	B	1.60
n_f	3.0	G/GPa	12.75	B_1	1.60	A_f	0.61
f_c/MPa	28.40	f_s^*	0.18	T_1/GPa	18.72	D_1	0.04
A_1/GPa	17.6	γ	1.6	T_2	0	D_2	1.0
f_t^*	0.012	n_p	3.0	p_{comp}/GPa	6.0	f_s^*	0.15
ξ	0.5	α	1.11	g_t^*	0.7	β_t	0.017

5.2.2　炸药本构模型及状态方程参数

炸药爆炸的过程十分复杂，爆炸的瞬间会产生瞬时压力对周围物体做功。可需要选用状态方程来描述炸药内部单元的压力时程曲线，通常炸药采用 HIGH_EXPLOSIVE_ BURN 材料模型结合 JWL 状态方程，该模型能较真实地反映出炸药爆炸时炮孔的膨胀过程，其状态方程可表示为：

$$P = A\left(1 - \frac{\omega}{R_1 V}\right)e^{-R_1 V} + B\left(1 - \frac{\omega}{R_2 V}\right)e^{-R_2 V} + \frac{\omega E_0}{V} \tag{5.11}$$

式中　P——未爆轰产物的压力；

V——体积；

E_0——炸药的初始比内能；

其余参数均为材料常数。

2 号岩石乳化炸药的材料参数参照文献进行取值，其详细参数见表 5.2。

表 5.2　2 号岩石乳化炸药参数

参数	数值	参数	数值	参数	数值
ρ /kg · cm^{-3}	1240	B/GPa	0.182	E_0/GPa	4.192
D/m · s^{-1}	3500	R_1	4.2	V	1.0
P_{CJ}/GPa	7.4	R_2	0.9		
A/GPa	214.4	ω	0.15		

5.2.3　水、空气介质本构模型及参数

由于水是流体材料，需要通过本构方程联合状态方程来描述其力学行为，即 MAT_ NULL 材料和 Gruneisen 状态方程，利用空物质材料本构对其进行计算：

$$P = \frac{\rho c^2 \mu\left[1 + \left(1 - \frac{\gamma_0}{2}\right)\mu - \frac{a}{2}\mu^2\right]}{\left[1 - (S_1 - 1)\mu - S_2 \frac{\mu^2}{\mu + 1} - S_3 \frac{\mu^3}{(\mu + 1)^2}\right]^2} + (\gamma_0 + a\mu)E_0 \tag{5.12}$$

式中　γ_0——Gruneisen 参数；

E_0——炸药初始内能；

c——曲线的截距；

S_1，S_2，S_3——曲线斜率系数；

a——γ_0 和 μ 的作为体积参量。

水介质的详细参数见表5.3。

表5.3 水介质计算参数

材料	密度 ρ	C	S_1	S_2	S_3	μ	γ_0	E_0
水	1000 kg/m^3	1.647	1.92	−0.096	0	8.9×10^{-4}	0.35	0.0

空气模型与水相似，需要采用空材料即 * MAT_ NULL 材料模型和 * EOS_ LINEAR_ POLYNOMIAL 线性多项式状态方程联合描述其行为，若在计算中不考虑偏应力的影响，可用下式计算它的压力：

$$P = C_0 + C_1\mu + C_2\mu^2 + C_3\mu^3 + (C_4 + C_5\mu + C_6\mu^2)E \tag{5.13}$$

$$\mu = \frac{1}{V - 1}$$

式中 $C_0 \sim C_6$——常数；

V——相对体积；

E——单位初始体积的内能，Pa。

空气材料参数参照文献进行取值，见表5.4。

表5.4 空气材料参数

参数	数值	参数	数值
ρ/kg · m^{-3}	1.252	C_4	0.4
C_0	0	C_5	0.4
C_1	0	C_6	0
C_2	0	E/Pa	0.25
C_3	0	V	1.0

5.2.4 炮泥本构模型及参数

堵塞材料的惯性阻力及堵塞材料与炮孔之间的黏结力和摩擦阻力，可以防止爆轰气体过早地从炮孔中逸出。隧道现场的炮孔一般采用炮泥作为堵塞材料，由于炮泥的力学性质与土壤类似，因此选择土壤模型 即 MAT_ SOIL_ AND_ FOAM 模型来描述，炮泥模型的参数见表5.5。

表5.5 炮泥参数

参　　数	数值	参数	数值	参数	数值
密度 ρ/kg · m^{-3}	1800	EPS_2	0.05	P_3/GPa	45
剪切模量 G/GPa	0.02	EPS_3	0.09	P_4/GPa	66

续表 5.5

参　数	数值	参数	数值	参数	数值
体积模量 B/GPa	0.035	EPS_4	0.11	P_2/GPa	34
A_0/GPa	0.161				

5.3　线装药密度优化

5.3.1　数值模型

光面爆破中线装药密度（q_l）的大小是光面爆破成功与否的关键技术之一。若线装药密度过大会导致炸药能量过度浪费，线装药密度过小则会导致围岩不能完全崩落。勐省隧道主要以Ⅳ级围岩为主，根据文献，Ⅳ级围岩线装药一般密度取 350 g/m。根据现场实际情况，选择线装药密度取 300 g/m 为基准。在勐省隧道现场，炮孔直径为 40 mm，采用直径为 25 mm、长度为 200 mm、质量为 200 g 的 2 号岩石乳化炸药，循环进尺为 4.0 m。为了方便装药，分别在炮孔中放置 4 卷、5 卷、6 卷药卷，即单孔装药量分别为 0.8 kg、1.0 kg、1.2 kg，线装药密度分别为 200 g/m、250 g/m、300 g/m。不同线装药密度下的装药结构如图 5.4 所示。

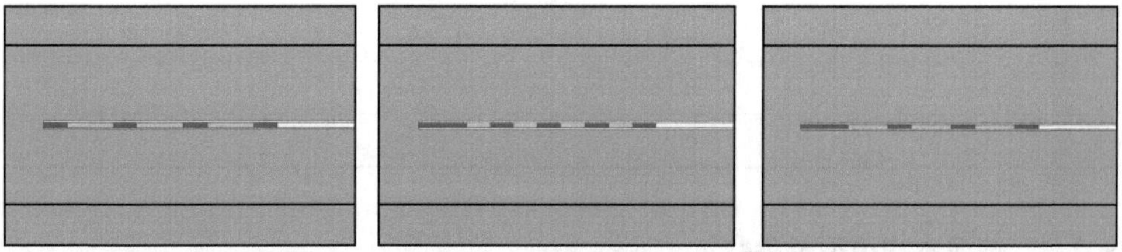

(a)　(b)　(c)

图 5.4　不同线装药结构图

(a) q_l =200 g/m；(b) q_l =250 g/m；(c) q_l =300 g/m

通过 LS-DYNA 建立不同工况条件下的 3 组三维数值模型，利用模型损伤云图研究不同爆破条件下的岩石爆破过程。模型的高度为 450 mm，长度与宽度均为 30 cm，模型四周与底部均采用无反射边界，顶部定义为自由边界。考虑到岩石、炸药、水、空气和堵塞 5 种材料的相互作用，为了避免网格畸变导致计算终止的问题，采用流固耦合算法，即岩石单元采用 Lagrange 算法，炸药、水、堵塞和空气单元采用 ALE 算法，通过流固耦合（ * CONSTRAINED_ LAGRANGE_ IN_ SOLID）来定义炸药和岩体的接触关系。网格划分采用六面体映射网格。距离炮孔近端的网格采用较小的尺寸，距离炮孔远端的网格采用较大的尺寸，以此减少模型运算的时间。整个模型共 2325511 个单元，1562400 个节点，网格划分如图 5.5 所示，单位制采用 cm-g-μs。

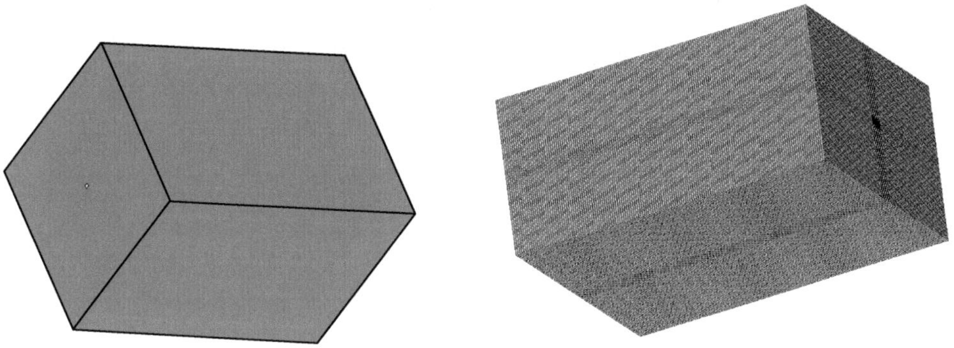

图 5.5　数值模型及网格划分

5.3.2　结果分析

炸药在岩石中爆炸后，以炮孔为中心由近及远产生压碎区、裂隙区和弹性振动区。压碎区内岩石被完全破碎，岩石受损严重；随着爆炸能量的衰减，裂隙区内岩石形成大量裂隙；随着应力波的进一步衰减，在弹性振动区内的岩石不再产生宏观裂纹，只造成岩石力学参数的轻微劣化，岩石损伤程度最低。

岩石发生损伤的标准是其损伤值是否达到损伤阈值。在损伤值达到阈值前岩石仅发生变形而不会产生破坏，只有岩石材料损伤值达到阈值后才会产生损伤。因此，损伤值的确定对于损伤范围的确定至关重要，本书将岩石爆破产生的压碎区和裂隙区作为研究重点，并以此标准确定岩石损伤阈值 D。在 RHT 本构模型中，根据文献[145]，取损伤值 D 为 0.19 作为围岩损伤阈值。即将损伤值 $0.9 < D \leqslant 1$ 区域表示为压碎区域，把损伤值 $0.19<D<0.9$ 时表示为裂隙区，压碎区和裂隙区统称为围岩的损伤区，将其余部分统称为未损伤区域，认为爆炸应力波对于该区域的围岩没有产生损伤。

以单孔装药量为 1.3 kg，即线装药密度为 300 g/m 为例，岩体损伤过程如图 5.6 和图 5.7 所示。由图可知，在炸药爆炸初期，即在 50 μs 左右时，爆炸损伤云图在轴向上呈椭球形分布，在径向上呈圆形分布。炸药爆炸产生的能量使炮孔壁附近的岩体产生破坏，破坏主要集中在装药段附近；在 50~400 μs 时，在应力波的作用下，岩体的损伤范围呈椭球状扩散，且由于孔底部分加强装药，因此孔底段周围岩石损伤较其他正常段装药损伤范围大。在 600 μs 左右时，炮孔内岩石损伤相互连接贯通，损伤稳定发展。在 800 μs 左右时，围岩损伤完全贯通。在 1000 μs 左右时，围岩损伤范围趋于稳定，损伤范围不再变化。

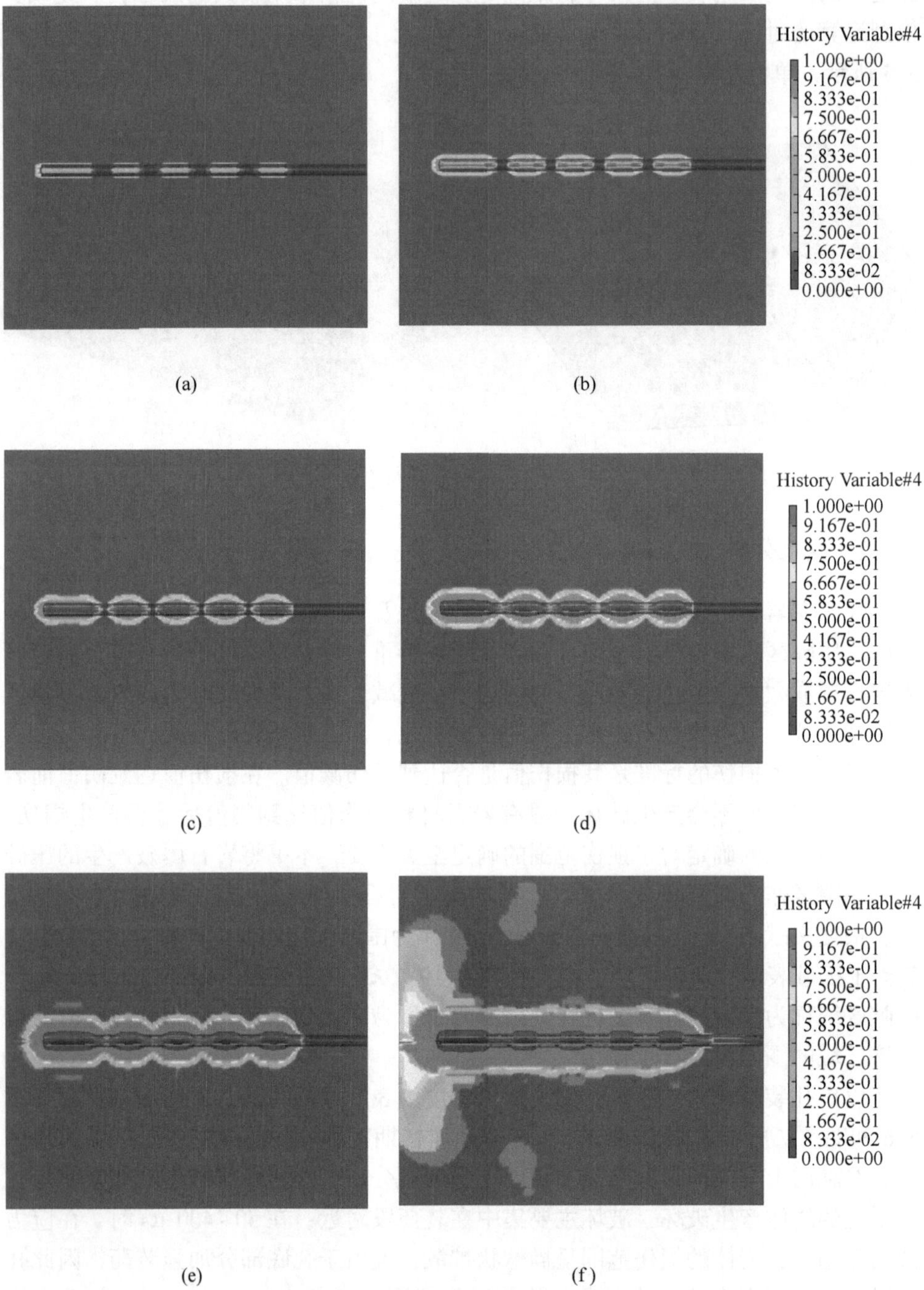

图 5.6　损伤随时间的演化情况（$Y=100$ cm）

(a) 50 μs; (b) 200 μs; (c) 400 μs; (d) 600 μs; (e) 800 μs; (f) 1000 μs

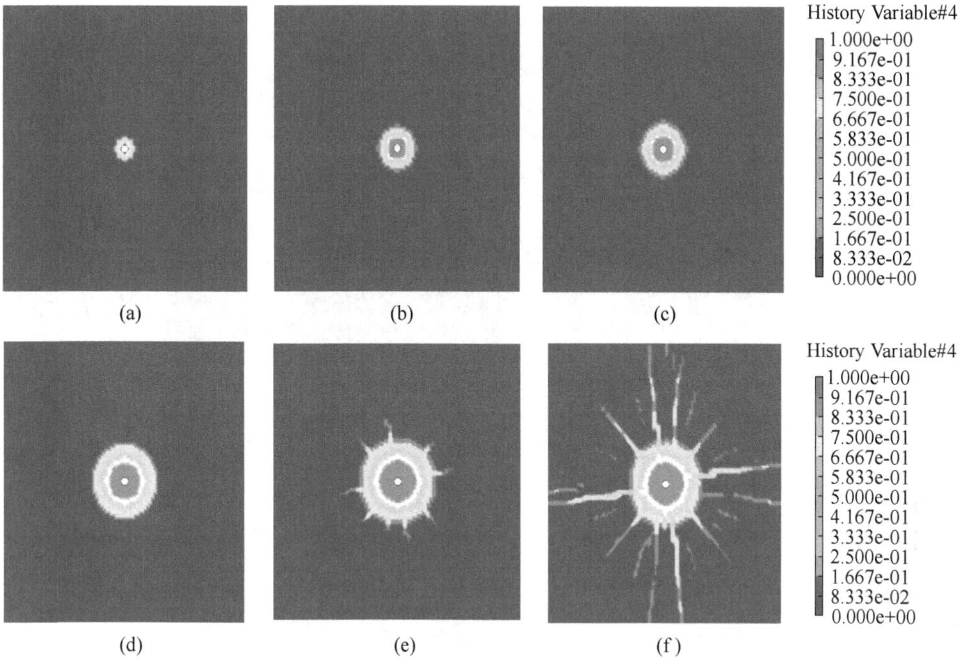

图 5.7 损伤随时间的演化情况（$Z=360$ cm）

（a）50 μs；（b）200 μs；（c）400 μs；（d）600 μs；（e）800 μs；（f）1000 μs

为了分析不同线装药密度下（q_l）围岩的损伤情况，对比了 3 种线装药密度下围岩的损伤演化，如图 5.8 所示。可以看出，当线装药密度为 200 g/m 时，炸药部分损伤值较大，损伤平均半径为 26 cm，水介质段的平均损伤半径仅为 8 mm。当线装药密度为 250 g/m 时，炸药部分损伤值半径为 22 cm，水袋部分的损伤仅为 11 mm。发现当线装药密度为 200 g/m、250 g/m 时炸药段造成炮孔近

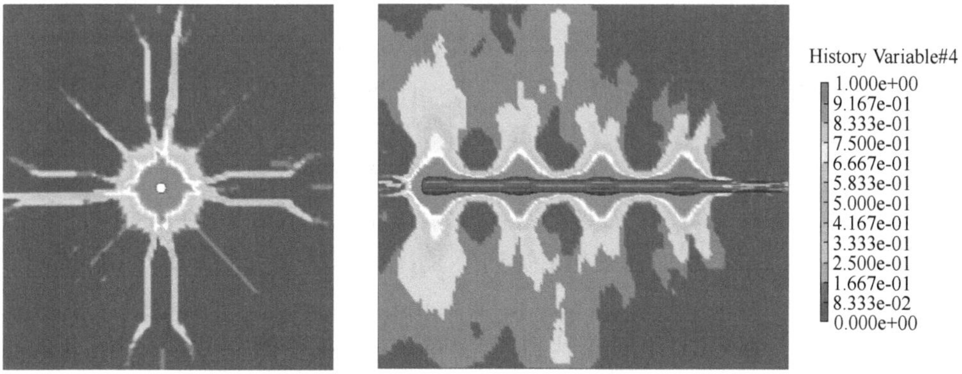

(a)

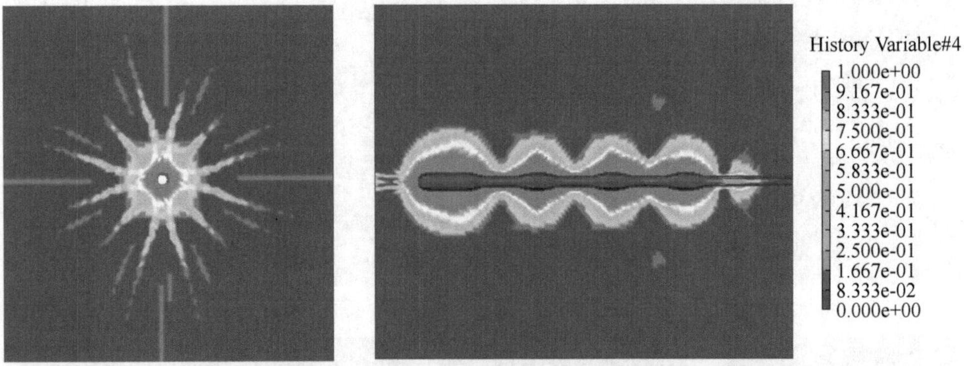

(b)

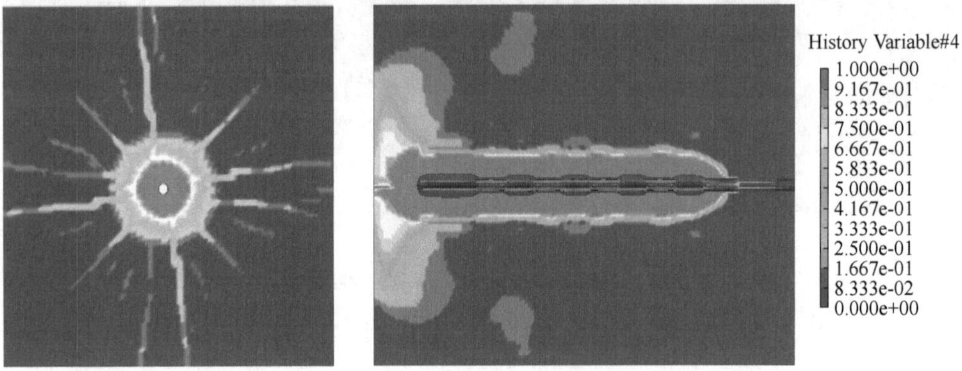

(c)

图 5.8　不同线装药密度损伤云图

(a) q_l =200 g/m；(b) q_l =250 g/m；(c) q_l = 300 g/m

区的围岩损伤值过大，而水介质部分的损伤值过小，严重影响围岩的半孔率。当线装药密度为 300 g/m 时，炸药与水袋部分的损伤均在 22 cm 左右，围岩的半孔率较好，可对后期喷射混凝土及支护节约时间与成本。

选取距离炮孔底部炮孔中心 10 cm、20 cm、30 cm、40 cm、50 cm 处的单元，即 A、B、C、D、E 单元。利用 LS-prepost 提取了各个单元的损伤曲线，如图 5.9 所示，通过损伤曲线来研究不同线装药密度下围岩的损伤。

根据图 5.9（a）可知，线装药密度为 200 g/m，单元 A 在 10 μs 时刻开始出现损伤，当到达 210 μs 时，损伤值达到了 1，单元 B、单元 C、单元 D、单元 E 分别在 50 μs、100 μs、150 μs、210 μs 时刻开始出现损伤，损伤到达第一次峰值后出现了波动，单元 B 的损伤值达到了 1，单元 C 的损伤值为 0.85，单元 D 的损伤值为 0.62，单元 E 的损伤值为 0.3。根据图 5.9（b）可知，线装药密度为 250 g/m时，单元 A 在 56 μs 时刻开始出现损伤，当到达 210 μs 时损伤值不变，

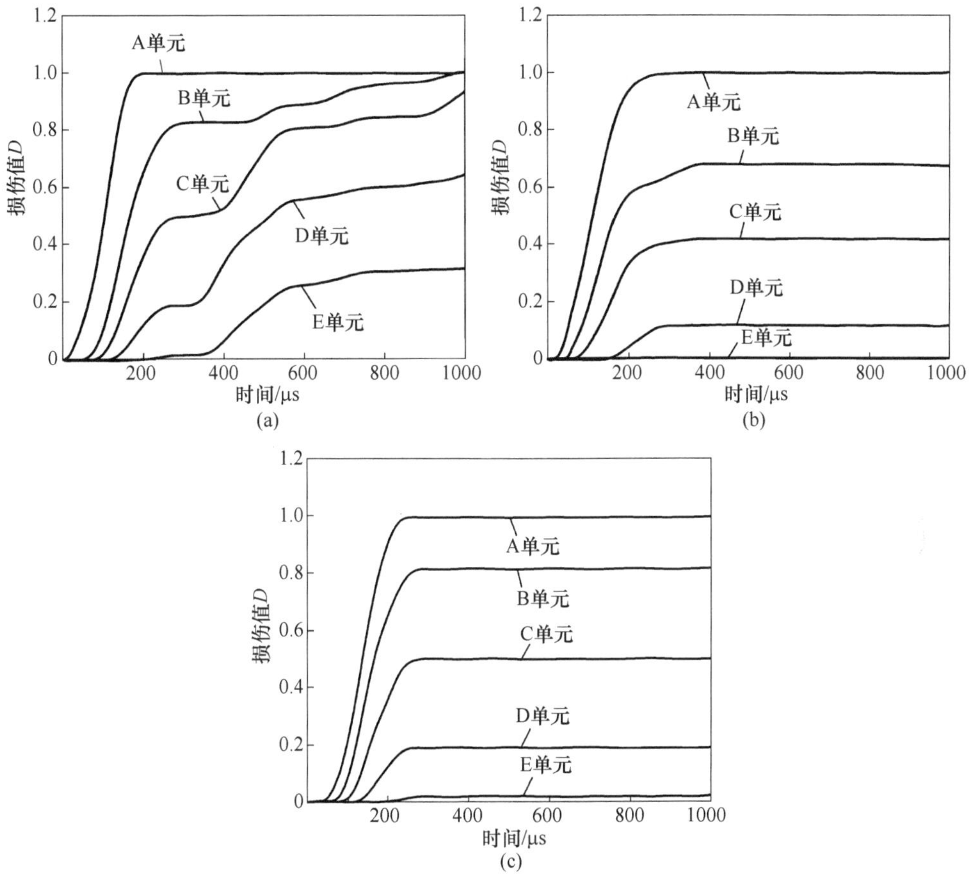

图 5.9 不同单元的损伤曲线

(a) q_l = 200 g/m; (b) q_l = 250 g/m; (c) q_l = 300 g/m

损伤值达到了 1，围岩在爆炸应力波和爆生气体的作用下发生破碎；单元 B、单元 C、单元 D 分别在 78 μs、110 μs、220 μs 时刻开始出现损伤，到达 300 μs 时，损伤基本保持不变，单元 B 的损伤值为 0.68，单元 C 的损伤值为 0.27，单元 D 的损伤值为 0.1，单元 E 并未发生损伤。根据图 5.9（c）可知，线装药密度为 300 g/m时，单元 A 在 52 μs 时刻开始出现损伤，当到达 210 μs 时，损伤值为 1。单元 B、单元 C、单元 D、单元 E 分别在 210 μs、225 μs、245 μs、215 μs 时刻开始出现损伤，到达 300 μs 时，损伤值基本保持不变，单元 B 的损伤值为 0.81，单元 C 的损伤值为 0.4，单元 D 的损伤值为 0.2，单元 E 的损伤值为 0.1。由 5 个特征单元的损伤值可以看出，当线装药密度为 200 g/m 时。围岩的炮孔与水袋的损伤值相差过大，当线装药密度为 300 g/m 时，两者之间的损伤范围相差最小，炸药的能量利用率最高，结合损伤云图，选择线装药密度为 300 g/m 作为本次模拟的最优值。

5.4　炮孔间距优化

5.4.1　数值模型

为了研究炮孔间距对围岩损伤范围的影响，建立了三维双孔柱状装药数值模型。根据文献［144］，在隧道工程中，Ⅴ级围岩的炮孔间距推荐值为 60 cm。双孔间距设置为 60 cm、70 cm、80 cm、90 cm。根据现场实际情况，炮孔直径为 40 mm,药卷直径为 25 mm，轴向装药密度为 1. 8，炮孔深度为 400 cm，孔底预留 50 cm 保护层，模型外尺寸为 200 cm×300 cm×450 cm（长×宽×高）。除了模型上部采用自由边界外，其他面均为无反射边界，采用六面体映射网格划分，4 种工况孔口均采用炮泥填塞，水间隔装药，物理模型如图 5. 10 所示。为了得到较好的爆破效果，炸药、堵塞及水袋附近的单元网格划分较小，而较远部分的网格划分较大，如图 5. 11 所示。模型共划分 343020 个单元，363730 个节点。

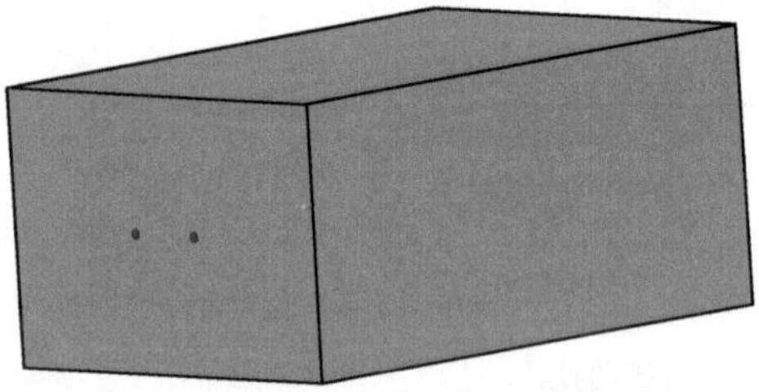

图 5. 10　数值模型图

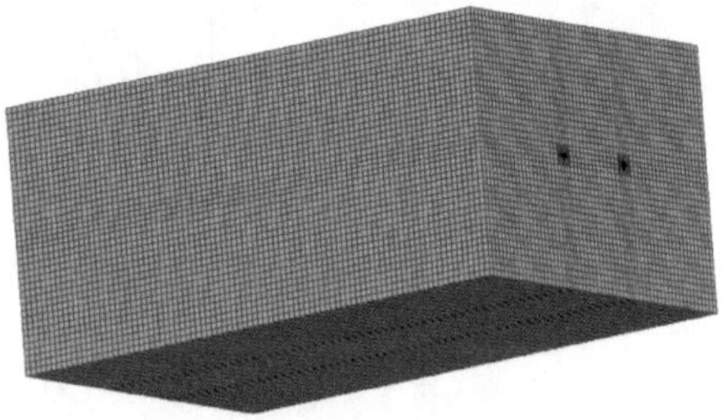

图 5. 11　网格划分

5.4.2　结果分析

为了节省篇幅，以炮孔间距为 80 cm 为例，研究围岩损伤演化规律，如图 5. 12 和图 5. 13 所示，选取模型截面 $Y=100$ cm 及截面 $Z=360$ cm 进行分析。可以看出，在 50 μs 左右时，药卷附近的围岩首先达到破坏条件，产生损伤。随后，损伤在轴向呈椭球状向四周扩散，在径向呈柱状向四周扩展。在 200 μs 左右时，同一炮孔内的损伤逐渐连通；在 600 μs 范围内，在应力波的作用下，围岩的损伤以炮孔为中心呈椭球形状向外扩展；在 800 μs 左右时，在应力波的叠加作用下，炮孔连心线附近率先产生损伤，形成径向拉伸裂纹，且损伤逐渐扩展；在 1000 μs 时，围岩损伤范围基本稳定，损伤范围不再变化。

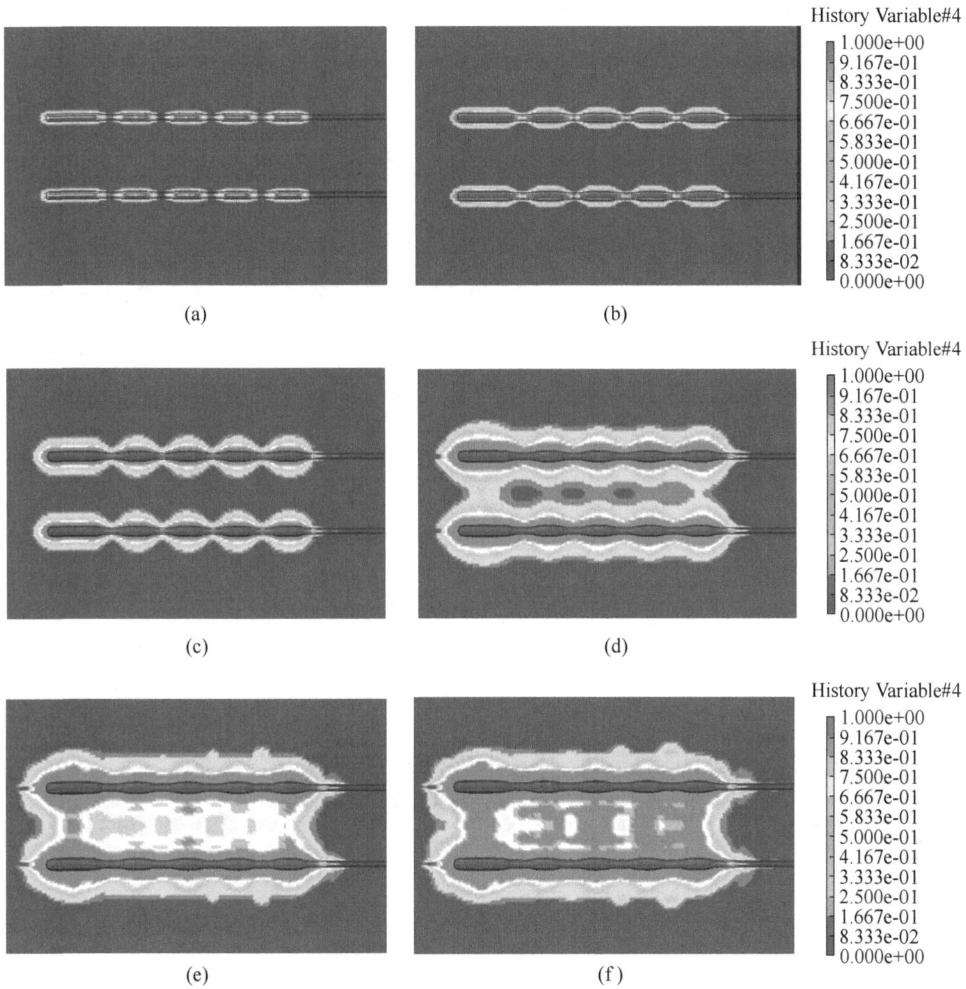

图 5.12 损伤随时间的演化情况（$Y=100$ cm）

（a）50 μs；（b）200 μs；（c）400 μs；（d）600 μs；（e）800 μs；（f）1000 μs

炮孔之间的损伤特征是光面爆破能否爆破成功的关键，因此需要对不同炮孔间距的损伤云图进行对比分析，如图 5.14 所示，由图可知，当孔间距为 60 cm 时，围岩的损伤程度过大，且炮孔间岩体被完全破坏，说明炮孔间距过小，炸药爆炸释放的能量过多；当孔间距为 70 cm 时，围岩的损伤显著降低，但是炮孔间的岩石被过度粉碎；当孔间距为 80 cm 时，可以发现，炮孔之间出现了少部分黄色区域，说明炮孔之间的岩石并未过度粉碎，且对于围岩的损伤较低，此时的爆破效果较好；当炮孔间距为 90 cm 时，此时，由于炮孔间距过大导致爆炸应力波在炮孔连心线附近产生的拉应力小于岩石的抗拉强度，炮孔间未能形成贯通裂缝，在实际工程中，此部分的岩石不能发生崩落。综上，选择炮孔间距为 70～90 cm。

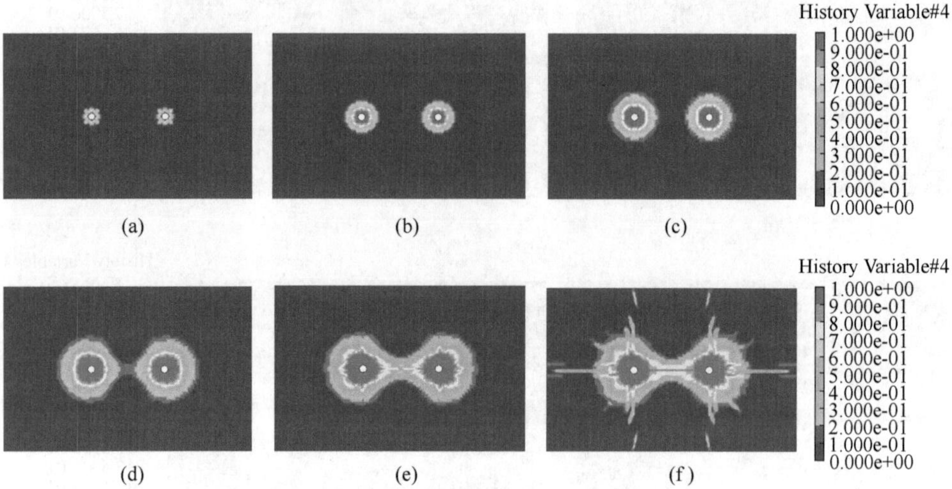

图 5. 13　损伤随时间的演化情况（$Z=360$ cm）

（a）50 μs；（b）200 μs；（c）400 μs；（d）600 μs；（e）800 μs；（f）1000 μs

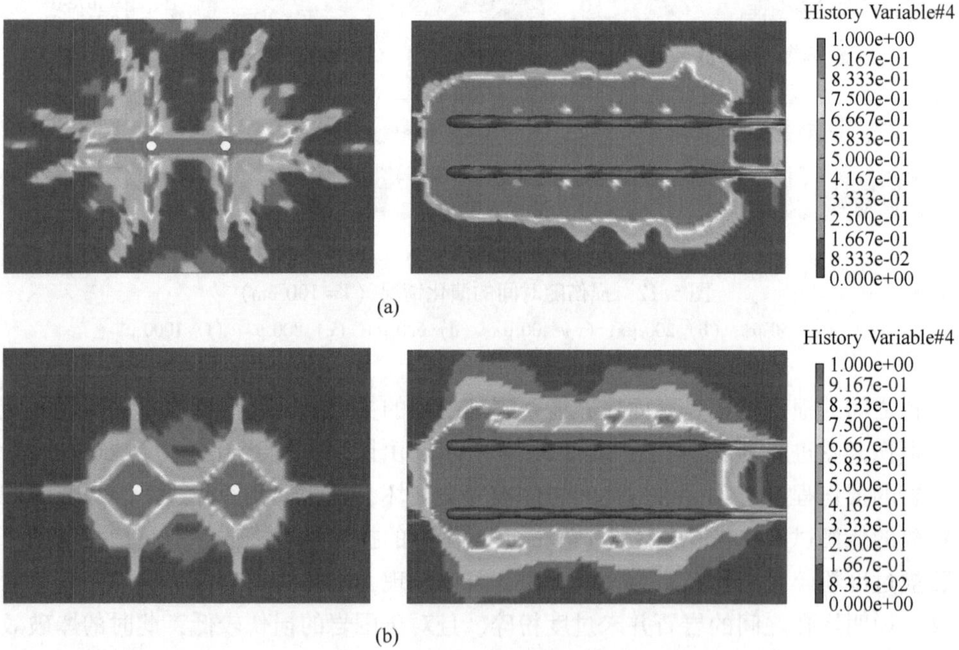

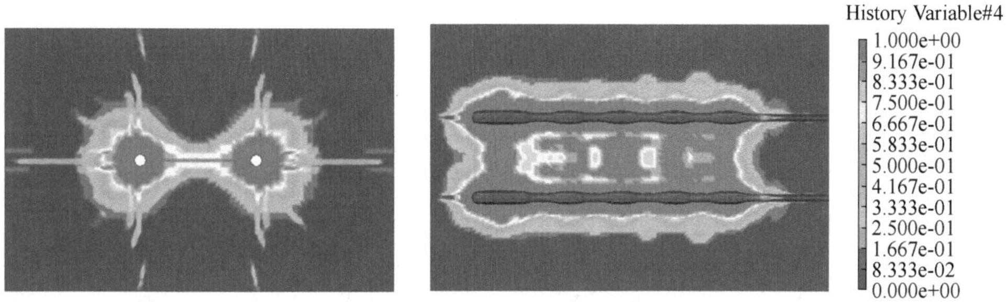

(c)

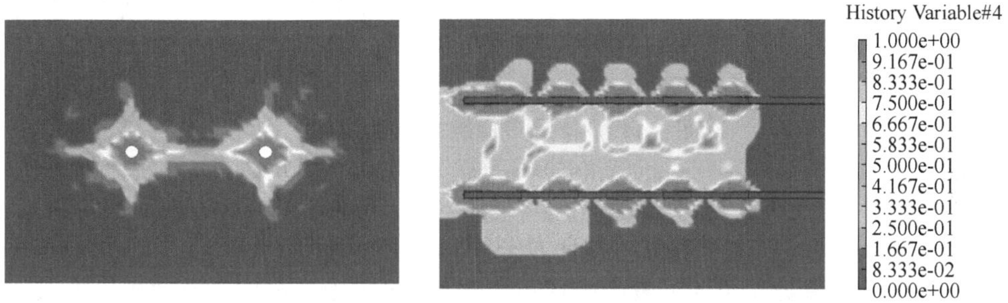

(d)

图 5.14　不同孔间距损伤云图

(a) e=60 cm；(b) e=70 cm；(c) e=80 cm；(d) e=90 cm

爆破时岩石受到的应力十分复杂，围岩受多种应力的共同作用，只用单一应力状态很难以描述，因此选择 Von-Mises 有效应力描述围岩的受力情况，当有效应力大于岩石的抗拉强度时，表明岩石发生破坏。选定两个炮孔间的 A、B、C、D、E 5 个代表性单元作为研究对象，如图 5.15 所示。可以发现炮孔单元的有效应力总体的变化趋势大致相同，以单元 A 为例，当炮孔间距为分别为 60 cm、

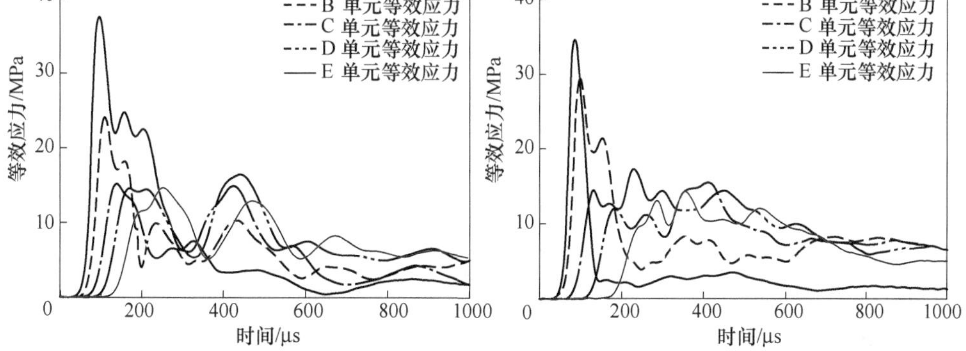

(a)　(b)

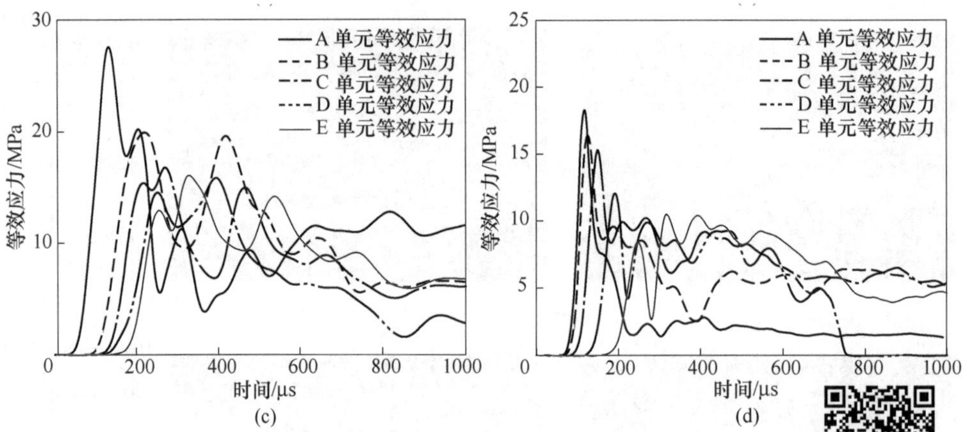

图 5.15　不同炮孔间距有效应力曲线

（a）$E=60$ cm；（b）$E=70$ cm；（c）$E=80$ cm；（d）$E=90$ cm

扫码见图

70 cm、80 cm 时，单元有效应力分别为 38 MPa、35 MPa、28 MPa，大于岩石的单轴抗压强度，说明 A 单元处发生破坏；当炮孔间距为 90 cm 时，有效应力为 18.6 MPa，小于岩石的单轴抗压强度，该点未发生破坏；当炮孔间距不变时，以炮孔间距为 60 cm 为例，A、B、C、D、E 5 个单元的有效应力分别为 38 MPa、24 MPa、15 MPa、14.5 MPa、14.3 MPa，可知随着爆心距的增大，有效应力值逐渐降低。

5.5　光爆层厚度优化

5.5.1　数值模型

周边孔的爆破效果很大程度受到光爆层厚度的影响，厚度较大时会造成孔间岩石提前贯通，其他位置的岩体破坏不彻底，出现大块率高、出碴困难等问题；厚度较小时周边孔的爆破能量会发生逸散，造成炮孔孔间不能有效贯通，从而引起围岩的超欠挖。

根据地质资料可知，勐省隧道围岩大多为Ⅳ级围岩，通过文献［145］可知，Ⅳ级围岩的光面爆破厚度为 60 cm，因此本节选取基准参考数值为 60 cm，由于水压爆破的能量率高于常规爆破，因此选择光爆层厚度为60 cm、70 cm 和 80 cm。不同光爆层厚度数值计算模型如图 5.16 所示，模型中炮孔直径为 0.4 cm，长度为 400 cm，炮孔间距为 60 cm，围岩轴向深度为 450 cm，数值模型 X、Y 方向的尺寸为 300 cm×200 cm×450 cm（长×宽×高）。采用六面体映射网格对整体模型进行划分，网格尺寸为 5 mm，单元数量为 104200 个，节点数量为 118063 个，如

图 5. 17 所示。模型底部自由面及孔口边界定义为自由边界，其余面均设为无反射边界，设置计算时间为 2000 μs，采用的单位制为 g-cm-μs。

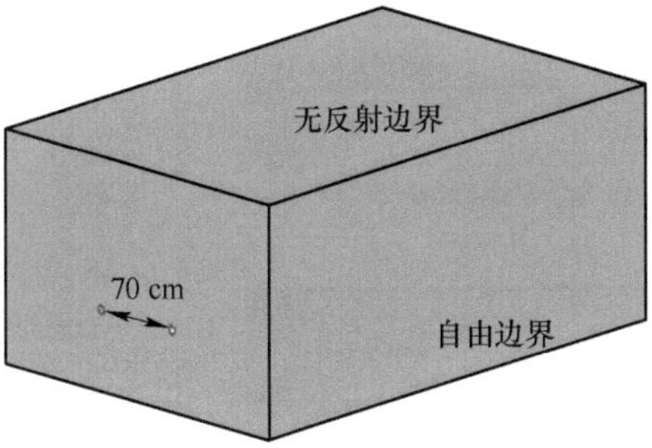

图 5. 16 模型示意图

图 5. 17 网格划分

5. 5. 2 结果分析

为了节省篇幅，仅以光爆层厚度为 70 cm 为例，研究损伤随时间的演化过程，对模型截面 $Y=100$ cm 及 $Z=360$ cm 进行分析，如图 5. 18 和图 5. 19 所示。在 50 μs 时，炮孔周围出现应力，但是并未发生损伤；在 200 μs 时，炮孔附近的岩石开始被压碎，损伤以炮孔为中心呈椭圆形向四周扩散；在 400 μs 时，炮孔的轴向损伤相互贯通；600 μs 时损伤向着自由面方向扩展；在 800 μs 时，损伤与自由面相互贯通，由于炮孔底部加强装药，因此炮孔底部的裂隙密度大于其余装药段；在 800 μs 后，损伤继续发育，裂纹的数量逐渐增多；到 1000 μs 时，损伤不再扩展，损伤范围不再变化。

从图 5. 18 和图 5. 19 中可以发现，光面爆破中处于被爆侧岩体损伤裂隙较多，说明被爆侧岩体发生破碎；被保护围岩的损伤裂隙较少，说明水压光面爆破对于围岩的保护是有效的，因此进一步优化光面爆破的方案是可行的。

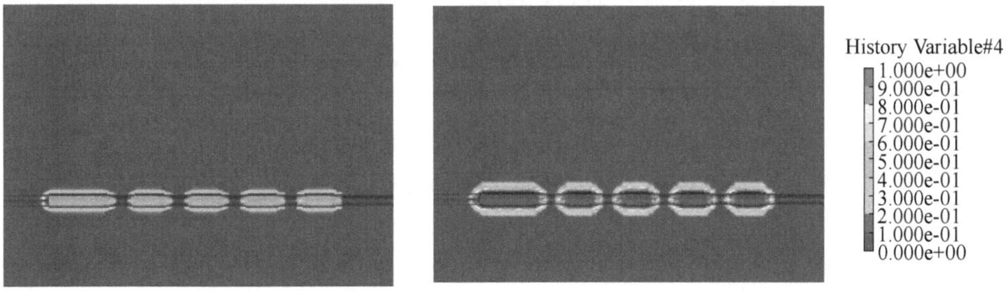

(a) (b)

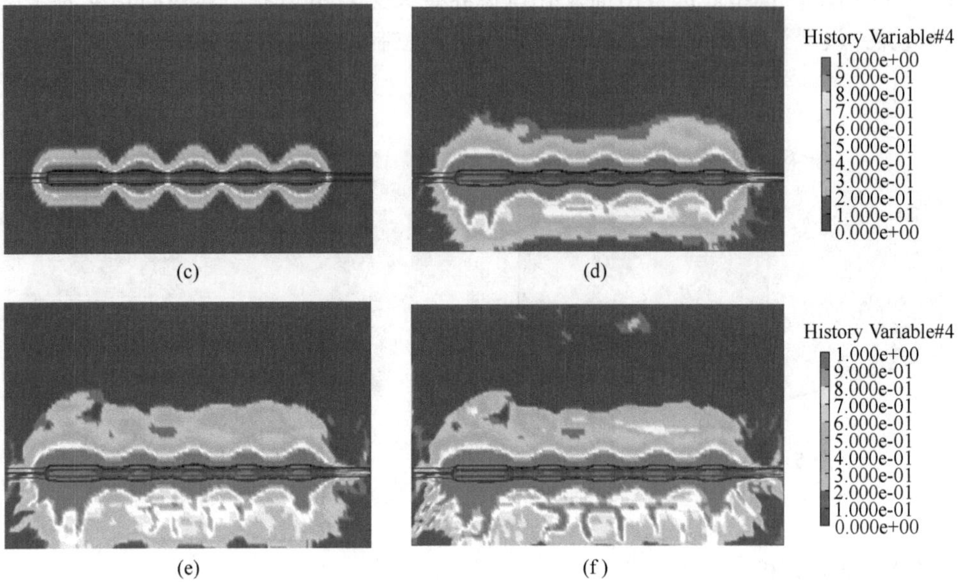

图 5.18　损伤随时间的变化（$Y=100$ cm）

（a）50 μs；（b）200 μs；（c）400 μs；（d）600 μs；（e）800 μs；（f）1000 μs

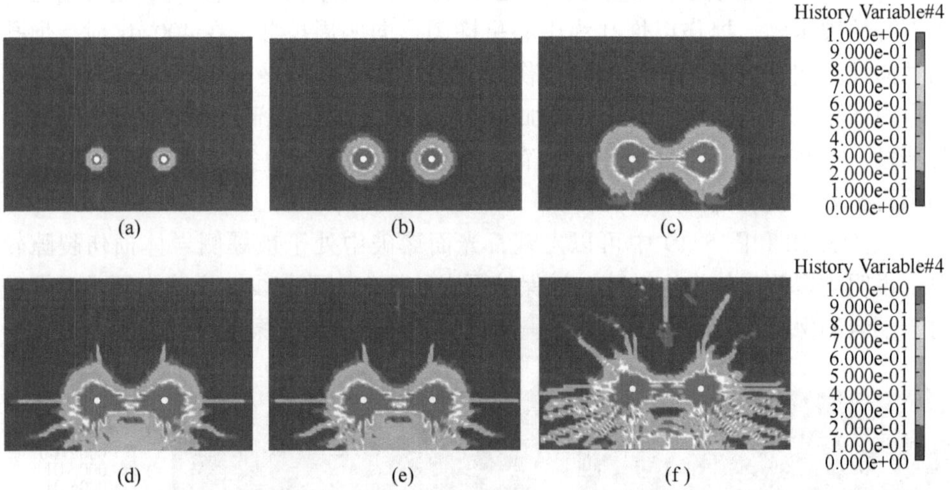

图 5.19　损伤随时间的变化（$Z=360$ cm）

（a）10 μs；（b）200 μs；（c）400 μs；（d）600 μs；（e）800 μs；（f）1000 μs

研究了光爆层厚度 W 为 60 cm、70 cm、80 cm 的数值模型，模型在 1000 μs 时的损伤云图如图 5.20 所示。由损伤演化云图可以看出，当光爆层厚度为 60 cm 和 70 cm 时，被爆侧岩体产生大量裂隙，裂隙与自由面贯通，岩体被破碎成许多块。从纵向来看，相比于 $W=70$ cm 时，$W=60$ cm 时围岩的粉碎区半径更大，被爆侧岩体的裂纹数量多。当光爆层厚度为 80 cm 时，被爆侧围岩未发生大面积损伤，说明当光爆层厚度为 80 cm 时，被爆侧围岩不会发生崩落。因此基于数值模拟选择光爆层厚度范围在 60～80 cm。

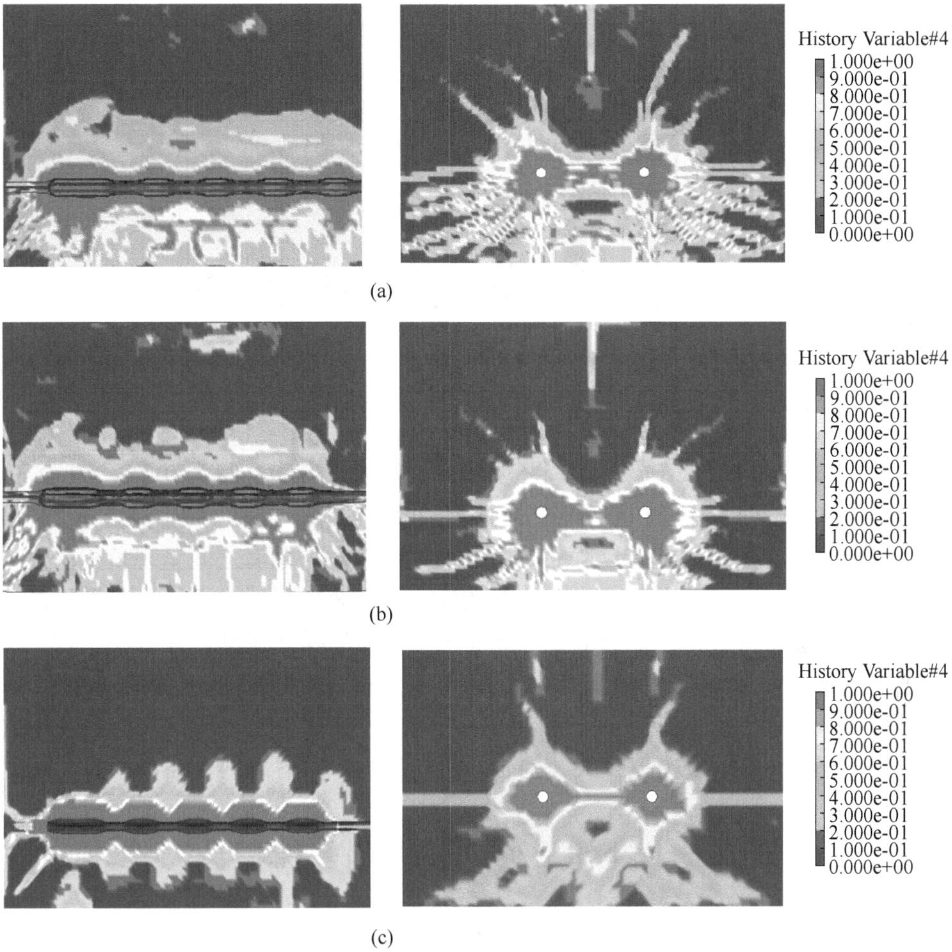

图 5.20 不同光爆层厚度下围岩的损伤云图

（a）$W=60$ cm；（b）$W=70$ cm；（c）$W=80$ cm

当应力波到达自由界面将会形成反射拉伸波，相比入射波而言，反射拉伸波对岩石破坏更加剧烈。光爆层厚度的大小会影响入射波和反射波在围岩中的作用时间，即随着光爆层厚度的减小，入射波在围岩内的作用时间将会降低，反射波作用在围岩内的时间会增大，对于被保护围岩来说是有害的。在炮孔中心轴线上选取距离炮孔底部 0.5 m，1.0 m，1.5 m，2.0 m、3.0 m、3.5 m 处的单元，提取各单元有效应力峰值，研究有效应力与爆心距之间的关系，如图 5. 21 所示。

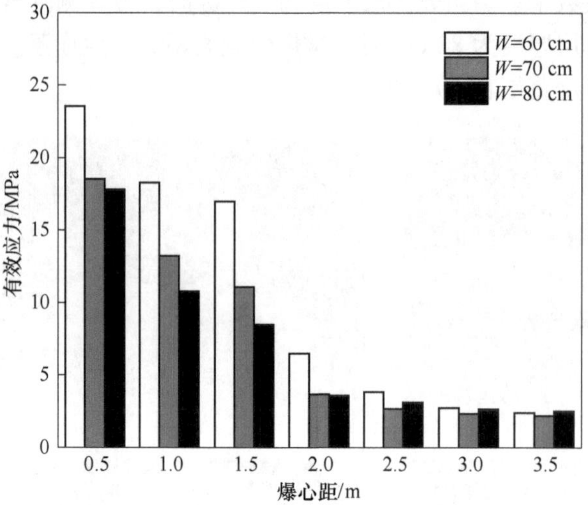

图 5. 21　不同爆心距有效应力变化关系

由图 5. 21 可知，以光爆层厚度为 70 cm 为例，当爆心距为 0. 5 m、1. 0 m、1. 5 m、2. 0 m 时，有效应力值分别为 26. 2 MPa、17. 3 MPa、13. 8 MPa、7. 8 MPa。说明有效应力随着爆心距的增大而逐渐减小，两者之间呈现负相关。当爆心距为 2. 5 m、3. 0 m、3. 5 m 时，有效应力为 3. 8 MPa 左右，不同光爆层的有效应力值基本保持不变，说明围岩在此范围内仅发生弹性振动，并未发生较大的损伤，符合应力波传播规律。当爆心距为 0. 5 m，光爆层厚度分别为 60 cm、70 cm、80 cm 时，有效应力值分别为 26. 2 MPa、17. 8 MPa、16. 8 MPa，说明光爆层厚度越小，有效应力值越大，围岩的损伤越大，两者之间存在负相关关系。

5. 6　本 章 小 结

本章首先通过室内试验对岩石的 RHT 本构参数进行了合理的选取，基于 RHT 本构参数研究了水压光面爆破中线装药密度、炮孔间距及光爆层厚度，得到了以下结论：

（1）对数值模拟所用到的岩石、炸药、空气本构模型及状态方程进行了选择和介绍。基于室内试验对此次岩石所采用的 RHT 本构部分参数进行计算求解，对白云质灰岩 RHT 模型参数进行了标定。

（2）通过对不同线装药密度对光面爆破效果影响的模拟分析可知，在当线装药密度为 200 g/m、250 g/m 时，围岩炮孔附近的损伤过大，而水介质部分的损伤过小，严重影响了围岩的半孔率；线装药密度为 300 g/m 时，炸药与水袋部分的损伤分布均匀，围岩的半孔率较好，为后期喷射混凝土及支护节约了时间与成本。综上，基于数值模拟选择线装药密度为300 g/m。

（3）通过对不同周边孔间距对光面爆破效果影响的模拟分析可知，当孔间距为60 cm、70 cm时，围岩的损伤程度过大，围岩的损伤显著降低，但是炮孔间的岩石被过度粉碎；当孔间距为80 cm时，炮孔之间的岩石并未完全粉碎，且对于围岩的损伤较低；当炮孔间距为90 cm时，炮孔间未能形成贯通裂缝。综上，选择炮孔间距为70~90 cm。

（4）通过对不同光爆层厚度对光面爆破效果影响的模拟分析可知，当光爆层厚度为60 cm、70 cm时，被爆侧岩体产生大量裂隙，岩体被破碎成诸多块。光爆层厚度为60 cm时，围岩的粉碎区半径及裂纹的数量大于光爆层厚度为70 cm时；当光爆层厚度为80 cm时，被爆侧围岩未发生大面积损伤。综上，基于数值模拟选择光爆层厚度范围在60~80 cm。

6 切缝聚能药包的爆破作用机理

为了满足隧道掘进爆破后岩体破裂面光滑平整、无明显超欠挖的要求，采用切缝药包定向断裂控制爆破技术实现开挖断面成型是可行的。切缝聚能药包具有良好的能量集中和定向爆破作用，而且加工方便、操作便捷，爆破效果和经济效果显著，已在爆破工程中得到了广泛的应用。但是目前对切缝药包的使用多依赖经验或效仿，对切缝药包定向断裂的机理不甚明了，本章借助动态焦散线设备对聚能药包的作用机理进行试验分析。

6.1 动态焦散试验系统及原理

6.1.1 爆破加载数字激光动态焦散试验系统

试验采用昆明理工大学的透射式动态焦散线试验系统，如图 6.1 所示。通过高速摄影仪拍摄记录爆炸发生过程中的裂纹扩展情况。

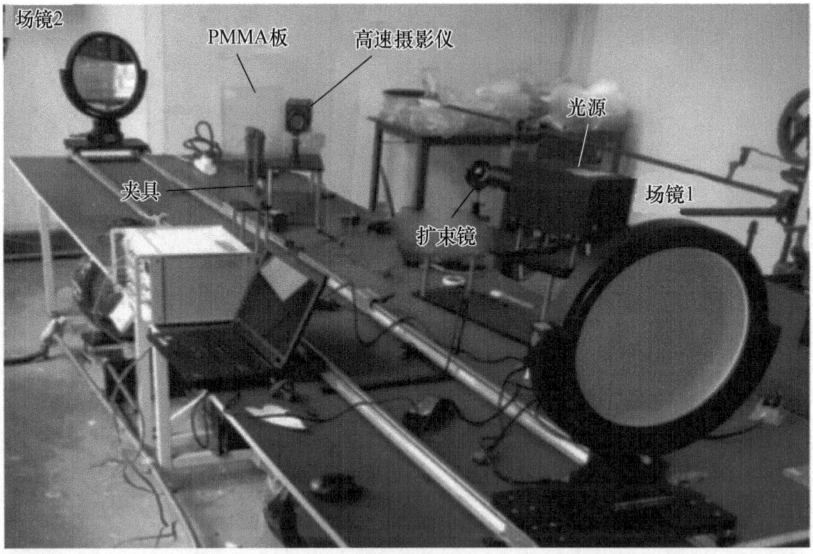

图 6.1 透射式数字激光动态焦散试验系统

图 6.2 为试验系统光路图，试验系统由光源、扩束镜、场镜、高速相机等组

成。整个光路图主要由光源激发出稳定高亮度的光，在经过扩束镜和场镜 2 后，变为平行光透射过试件，而后进入场镜 1 汇聚进入数码高速相机，通过设定高速摄影仪的拍摄记录速度，对爆破加载致使试件破坏的过程进行记录，得到焦散斑的动态变化过程。

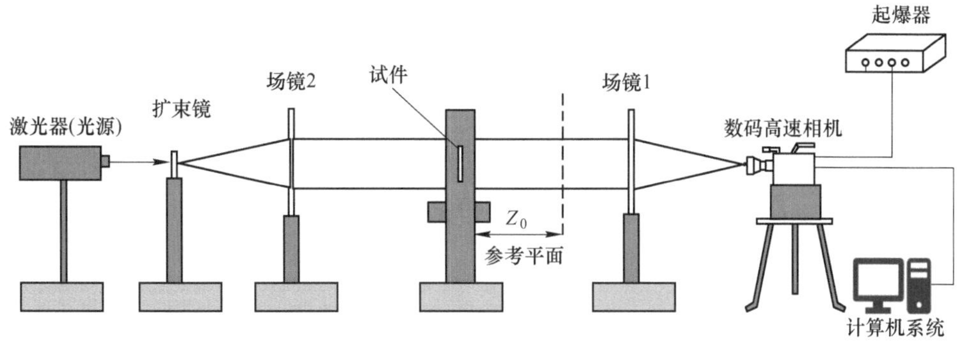

图 6.2　透射式焦散线试验系统光路图

试验设备选用 Fastcam-SA5（16G）型彩色高速相机，其光源选用相机提供的光源，试验用炸药选择叠氮化铅，其相关参数见表 6.1。

表 6.1　叠氮化铅相关参数

爆热/kJ · kg^{-1}	爆温/℃	爆速/m · s^{-1}	密度/g · cm^{-3}
1524	3050	4478	4.71

试验过程考虑到了爆炸振动对试验结果的影响。为此，作者团队设计了一个特殊的夹具，以保证试验过程中尽可能少地受到振动的影响，该夹具包括 3 个主要部分：底座、支架和堵头，如图 6.3 所示。

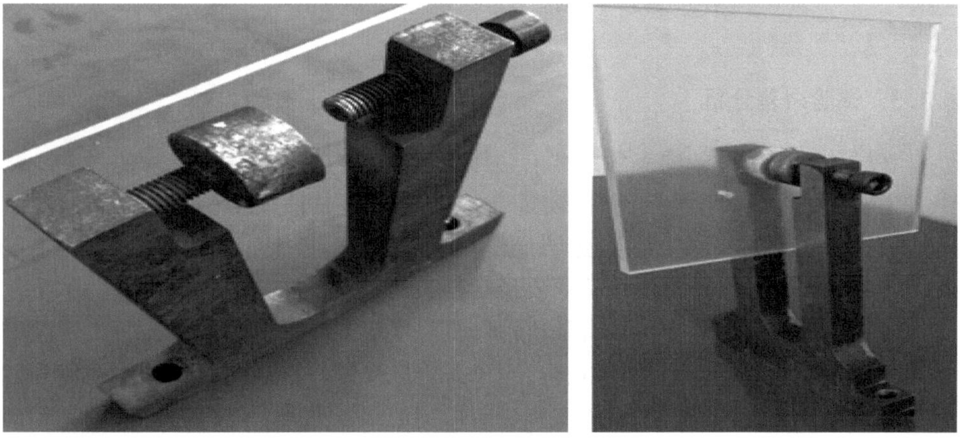

图 6.3　焦散试验试件夹具

6.1.2　试验原理

光源经过扩束镜、场镜之后形成平行光，穿过试件后被高速摄影仪捕捉。图 6.4 为动态焦散试验原理示意图，当试件受到爆破载荷的作用，其内部产生裂纹，发生破坏，在破坏过程中，裂纹的尖端会产生高应力场，使得光线在经过试件时的透射率、折射率发生变化，导致裂纹尖端发生强烈的光线偏转或汇聚（裂纹尖端应力集中），在参考平面上形成阴影区，其中阴影区即为焦散斑。焦散斑的形状和大小表征了裂纹扩展过程中，裂纹尖端应力强度因子大小及其受力大小和应力集中强度，在此过程中焦散斑被成像记录在高速摄影仪中[146]，后期通过测量焦散斑直径 D 计算裂纹的动态断裂参数。

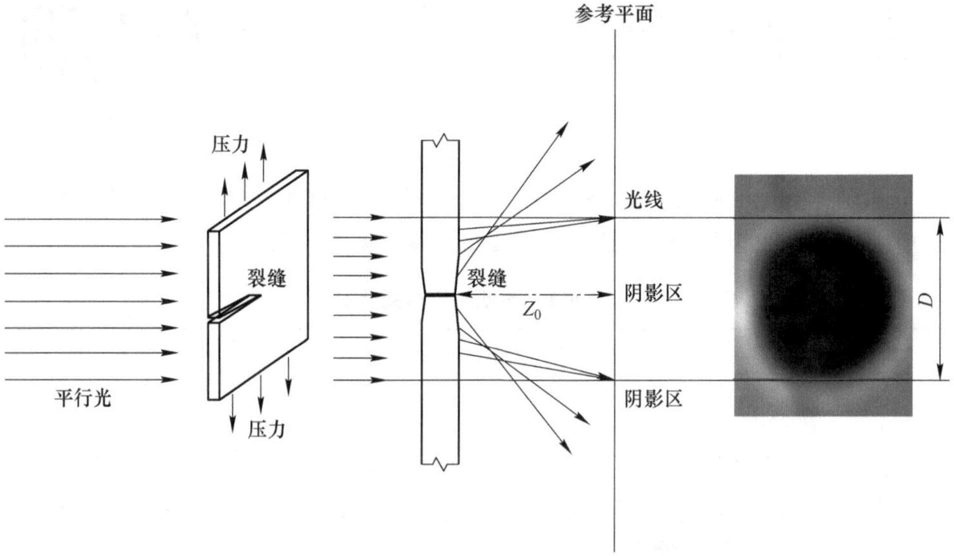

图 6.4　动态焦散线方法原理示意图

6.1.3　试验误差分析

在试验过程中误差的来源主要有以下几个方面：（1）测量带来的误差，测量参考平面 Z_0 带来的误差，测量仪器误差等；（2）试件加工带来的误差，在试件中打孔，导致试件原生裂隙发育，影响对焦散斑直径大小的测量；（3）爆破加载带来的误差，在称量叠氮化铅质量时带来的误差，同时尽管每次装药尽量保持一致性，但炸药爆炸爆速具有随机性，受温度等外界环境的影响，每次试验的爆速可能会有所差别，因此在试验过程中，难以保证每次试验药包与炮孔壁间隙的距离均保持一致，最后在试验过程中应可能地保证夹具上的螺母每次拧到相同位置，以减小堵头施加在试件上的压力值的误差范围；（4）光线带来的误差，当光源和试件中心部位及高速摄影仪中心部位的主光轴不在一条直线上时，光线轻微的斜射，也会带来一定程度焦散斑成像上的误差。

综上所述，在开展切缝药包动态焦散线试验的过程中，要做好对试验系统的校对准确，保证试件的加工精细，同时在测量方面使用先进合理的测量技术手段，提高试验数据的精度，降低计算得到的应力强度因子的相对误差，使得结果可靠性强。试验过程中焦散斑直径 D 较小，是试验中误差来源最主要也是最关键的因素。

6.2 径向不耦合装药的动态焦散试验

6.2.1 试验设计及操作流程

基于 PMMA 板和岩石的动态断裂特性具有较高的相似性，其材料力学各向同性且透明度高便于观察等优点，试验采用 PMMA 板作为试件材料，其相关的动态力学参数见表 6.2。

表 6.2 PMMA 动态力学参数

参数	弹性模量 /$GN \cdot m^{-2}$	纵波速度 /$km \cdot s^{-1}$	横波速度 /$km \cdot s^{-1}$	泊松比	应力光学常数 /$\mu m^2 \cdot N^{-1}$
数值	4.5	2.32	1.26	0.31	88

一般的周边孔爆破，炮孔壁与药柱壁之间会留有空气间隙。在现场的切缝药包聚能控制爆破试验中，周边孔的控制爆破切缝管外壁与炮孔内壁留有一定的空气间隙。当采用适合的不耦合装药时，爆炸应力波的初始峰值降低，爆生气体的准静态作用加强，持续作用时间延长，在使用切缝药包时其聚能作用和“气楔”作用得到强化，提高了能量的利用率[147-152]。简而言之，径向不耦合系数就是炮孔直径与装药直径的比值，在本书中用 K 表示，计算公式如下：

$$K = D_h / D_e \tag{6.1}$$

式中 D_h——炮孔直径，mm；

D_e——装药药包直径，mm。

图 6.5 为设计的试件及切缝药包结构参数图，试件的几何尺寸为 300 mm×300 mm（长×宽）、板厚 5 mm，切缝管为硬质阻燃 PVC 材料，参数见表 6.3；切缝药包直径 $d=7$ mm，切缝管壁厚 1 mm，开口宽度为 1 mm，在试件中心设置炮孔直径 D 分别为 13 mm、12 mm、10 mm、9 mm、8 mm。不耦合系数 K 分别为 $K_0=1.86$、$K_1=1.71$、$K_2=1.42$、$K_3=1.28$、$K_4=1.14$。

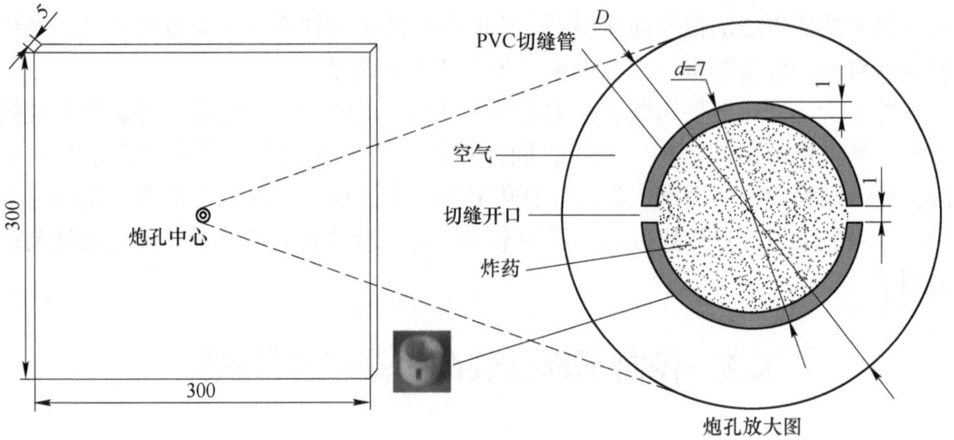

图 6.5　PMMA 板试件及切缝药包结构示意图（单位：mm）

表 6.3　硬质阻燃 PVC 材料参数

密度/kg · m^{-3}	熔点/℃	弹性模量/MPa	抗拉强度/MPa
1380	212	2900～3400	50～80

试验炸药选用叠氮化铅，一次起爆的装药量均为 100 mg，共设计 5 组方案，每组方案有 3 个试件，分别记为：S_{13-X}，S_{12-X}，S_{10-X}，S_{9-X}，S_{8-X}（$X=1\sim3$）。在起爆前预先开启高速摄影仪，以保证对试验过程的完整记录。试验过程中，在炮孔的一侧粘贴透明胶，尽量使得切缝药包位于炮孔中心，防止偏心装药，减少试验误差，确保切缝管开口方向水平。

将切缝药包放置于 PMMA 玻璃板中，如图 6.6 所示。

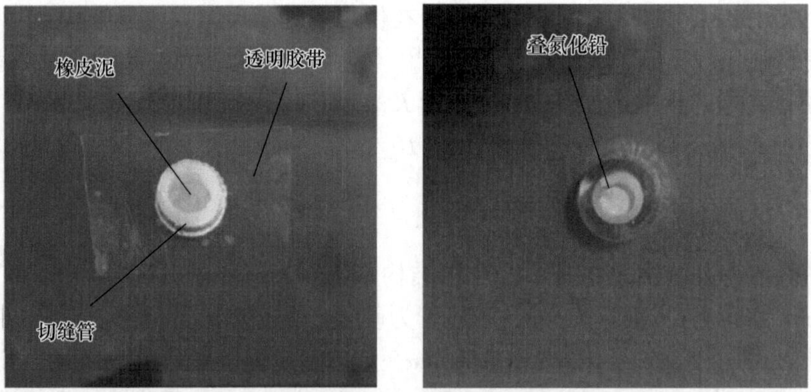

图 6.6　切缝药包在 PMMA 板中放置位置

径向不耦合装药的切缝药包动态焦散试验操作步骤如下：（1）用红色橡皮泥在 PMMA 板背后预填充，进行堵塞，防止炸药泄漏；（2）将切缝管放置在炮孔内红色橡皮泥上固定，确保切缝管在炮孔中心位置；（3）为防止叠氮化铅沿着切缝开口方向溢出，使用一根与切缝管内径相同的杆，将保鲜膜引入切缝管内，沿切缝方向贴合切缝管内壁；（4）将保鲜膜在爆破孔周围修剪整齐；（5）装入 100 mg 的叠氮化铅炸药；（6）将起爆点放入炮孔内，连接导线；（7）打开高速摄像机，设置好拍摄的间隔时间；（8）爆破孔两端使用带橡胶圈的夹具，防止气体过早逸出；（9）引爆的同时打开高速摄像机，记录引爆后的裂纹扩展过程。

6.2.2 动焦散试验结果

由于切缝药包的两开口角度呈 180°，左右两侧切缝开口水平，具有对称性，在同一试件左右两侧裂纹的扩展结果高度相似，因此本节主要分析了左侧裂纹在起爆后，爆生裂纹“起裂—扩展—止裂”的动态断裂力学特征的分析。图 6.7 是切缝药包爆破破坏后的部分试件。由图 6.7 可知，爆破后，在切缝药包开口方向的试件中左右侧将产生两条较长的裂纹，定义为主裂纹（M）；同时将会在炮孔

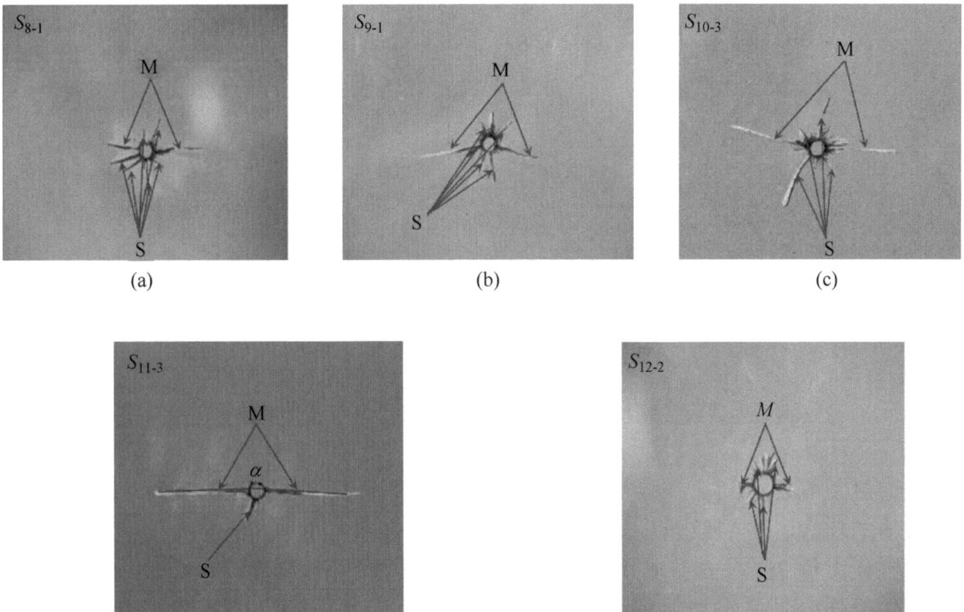

图 6.7 试件破坏后的图片

（a）$K_4=1.14$；（b）$K_3=1.28$；（c）$K_2=1.42$；（d）$K_1=1.71$；（e）$K_0=1.86$

的周围随机产生不规律的较短纹，定义为次裂纹（S）；左、右主裂纹之间会形成夹角 α，α 越接近于 180°，定向断裂控制爆破效果越佳。主裂纹长度、周围短裂纹数量及左右主裂纹夹角角度的试验结果统计见表 6.4。

表 6.4　试验结果统计

炮孔直径/mm	径向不耦合系数/K	主裂纹长度/cm		次裂纹数量	α/(°)
		左	右		
13	1.86	4.2	4.1	4	171
12	1.71	8.1	8.2	1	178
10	1.42	7.1	6.9	4	170
9	1.28	6.5	5.9	5	168
8	1.14	6.1	5.8	6	169

利用表 6.4 的数据绘制主裂纹长度、次裂纹数量与径向不耦合系数的点线图，如图 6.8 所示。

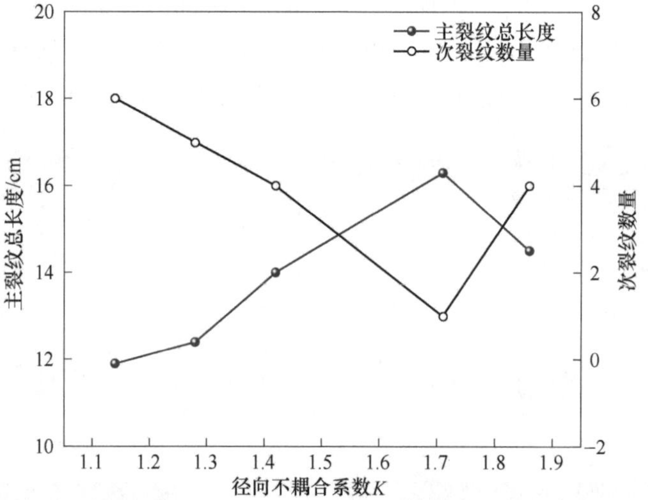

图 6.8　主裂纹扩展总长度、次裂纹数量随径向不耦合系数变化关系图

通过图 6.8 可知，在炸药提供能量一定的情况下，主裂纹的长度随着不耦合系数值的增大，主裂纹长度逐渐增加，在不耦合系数为 1.71 的时候，主裂纹长度达到最大值 16.3 cm；非切缝方向次裂纹数量在逐渐降低，在 $K_1 = 1.71$ 时，次裂纹数量最少 1 条，在 $K_0 = 1.86$ 时次裂纹数量反弹增多达到 4 条，主裂纹扩展长度缩短到 8.3 cm。表明在炸药提供能量一定、其他条件相同的情况下，存在一个最佳的径向不耦合系数值，使得切缝聚能药包的定向断裂控制爆破效果达到最佳。

对最大径向不耦合系数和最小不耦合系数展开分析可以发现，当 $K_0=1.86$ 时，切缝聚能药包定向断裂控制爆破效果较差，说明在此不耦合系数条件下，药包起爆后由于切缝管与炮孔壁之间的空气间隙过大，在切缝管贴合炮孔壁的过程中，切缝管开口角度过大，爆炸应力波作用在炮孔壁的接触面积大，导致次裂纹发育，同时，爆生气体在切缝方向的准静态作用降低，致使主裂纹 Z 扩展距离短。炸药能量被周围的孔壁消耗，在切缝方向的能量聚集少，导致爆破效果差，次裂纹发育。当 $K_4=1.14$ 时，$\alpha=169°$，裂纹扩展长度为 11.9 cm，产生次裂纹 6 条，径向不耦合系数过小，切缝药包外壁与炮孔壁之间的空气间隙过小时，起爆后能量推动切缝药包外壁与炮孔壁立即贴合，切缝管开口宽度变化小，爆生气体在切缝药包开口方向炮孔壁的持续作用时间短，在切缝方向的聚能效应弱，致使左右两条主裂纹扩展的方向不在一条水平线上，定向控制爆破效果不理想，同时大量能量被切缝管和炮孔壁的组合体消耗，产生的次裂纹数量较多。反之当 $K_1=1.71$ 时，$\alpha=178°$，左、右主裂纹近似水平直线，产生的主裂纹的长度达到 16.3 cm，同时产生的次裂纹的数量最少仅 1 条，效果最优。

结合图 6.9 径向不耦合系数为 1.71 时的焦散斑图，可以发现，起爆后，爆轰波首先出现，之后在爆生气体和爆轰波的共同作用推动裂纹朝左、右两端水平扩展，由于切缝管受到爆生气体作用，其外壁在被挤压到与炮孔壁贴合期间存在一个缓冲蓄能的过程，延长了爆生气体的准静态作用时间，同时切缝管开口大小变化适度，受开口限制，其在切缝方向的聚能效应更明显，左、右主裂纹的夹角更趋向于水平。结合图 6.9 的焦散斑图可以发现，在裂纹尖端形成了较强的应力集中现象（焦散斑直径较大），在切缝方向形成较长的主裂纹。在能量守恒和切缝管的保护作用下，降低了炸药能量作用在非切缝方向的炮孔壁上的影响，从而减少次裂纹的产生。

6.2.3 爆生裂纹动态断裂参数确定方法

通过高速摄影仪获得裂纹扩展过程中的焦散斑图，测量图 6.9 中焦散斑直径的大小，利用式（6.2）、式（6.3）及式（6.4）、式（6.5）计算裂纹扩展的总长度、速度及裂纹尖端的动态应力强度因子。

6.2.3.1 裂纹扩展的总长度和速度

对于裂纹扩展速度和加速度的计算，目前主要采用 Takahashi 和 Arakawa 提出的数据拟合法，即通过对整裂纹焦散斑扩展过程进行测算，分别得到相同时间间隔裂纹扩展长度及焦散斑直径变化情况[153-155]。在数据模拟方法中计算裂纹扩展速度和加速度，主要就是将裂纹长度 $L(t)$ 进行拟合，将其合成为时间 t 的 9 次多项式，具体的方法如下。

将爆破过程中高速摄影仪拍摄的裂纹“起裂—扩展—止裂”照片，导入

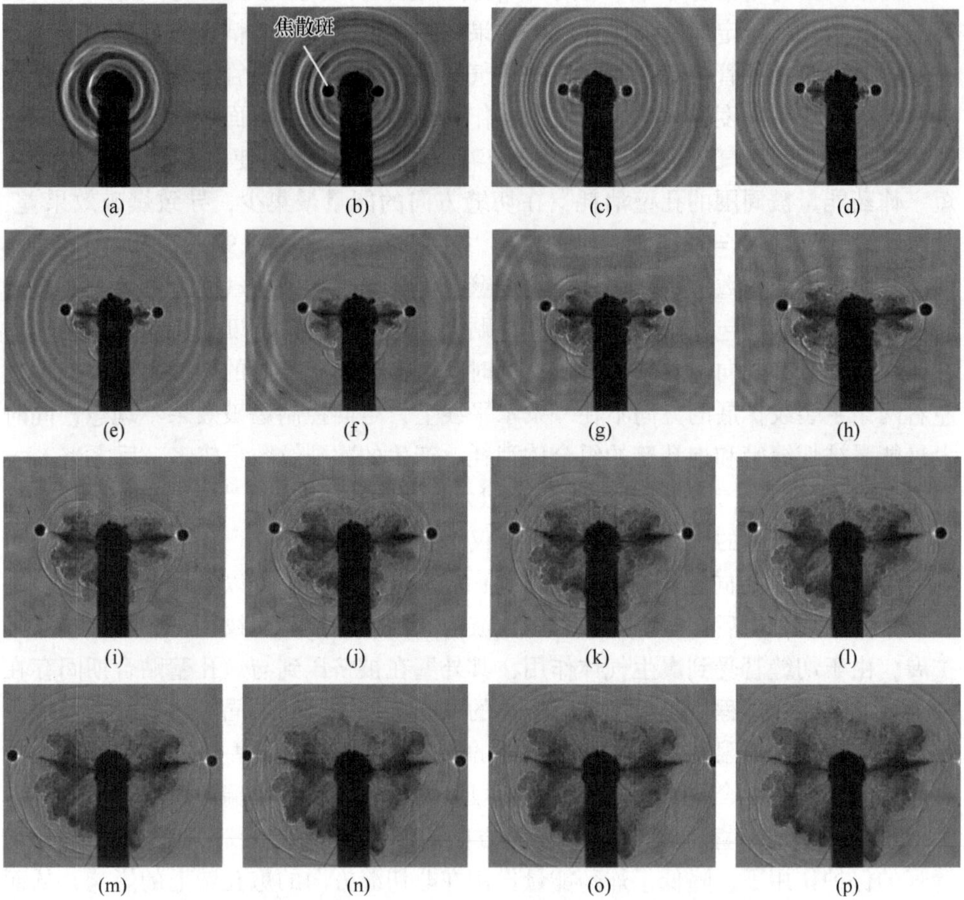

图 6.9　裂纹扩展随时间变化的焦散斑图片（$K_1=1.71$）

（a）$t=10$ μs；（b）$t=30$ μs；（c）$t=50$ μs；（d）$t=70$ μs；（e）$t=90$ μs；（f）$t=110$ μs；（g）$t=130$ μs；（h）$t=150$ μs；（i）$t=170$ μs；（j）$t=190$ μs；（k）$t=210$ μs；（l）$t=230$ μs；（m）$t=250$ μs；（n）$t=270$ μs；（o）$t=290$ μs；（p）$t=310$ μs

CAD 中，以实际测量的最终裂纹扩展长度为基准，在 CAD 中与最后一张裂纹扩展的照片进行比例换算，可依次确定相同时间间隔裂纹尖端的位移距离。

采用数据拟合方法来计算真实的裂纹长度 $L(t)$：

$$L(t)=\sum_{i=0}^{9} l_i t^i \tag{6.2}$$

式中　t——时间；

　　l_i——系数，可利用最小二乘法原理得出。

裂纹扩展的速度 v 可通过 $L(t)$ 对时间 t 的一次求导而得：

$$v = \sum_{i=0}^{9} i(t) \tag{6.3}$$

6.2.3.2 动态应力强度因子

在裂纹动态断裂扩展的过程中，由于在裂纹尖端有较强的应力场，导致试件表面发生变化，光线透射过试件时，不能垂直穿过，而是发生偏移，因此在这一部分会形成焦散斑，焦散斑直径的大小表征了裂纹尖端受力情况，并由此得到试件内应力的分布情况，进而对裂纹尖端扩展情况进行定量描述[74-78]。其中裂纹尖端动态应力强度因子可由下式确定：

$$K_1^d = \frac{2\sqrt{2\pi}}{3g^{\frac{5}{2}} z_0 c d_{\text{eff}}} D_{\max}^{\frac{5}{2}} \tag{6.4}$$

$$K_2^d = \mu K_1^d \tag{6.5}$$

式中 K_1^d——裂纹尖端扩展的 I 型动态应力强度因子；

K_2^d——裂纹尖端扩展的 II 型动态应力强度因子；

$D_{\max}$——焦散斑的最大直径；

z_0——参考平面到物体平面的距离，取 1000 mm；

d_{eff}——试件的有效厚度，取 5 mm；

c——材料的应力光学常数，取 $0.88\times10^{-10}\ \text{m}^2/\text{N}$；

μ——应力强度因子比例系数；

g——应力强度数值因子，取 3.17。

6.3 爆生裂纹动态断裂效应分析

对数据计算处理之后，得到在空气介质下，5 种不耦合系数的左侧主裂纹动态强度因子 K_1^d、裂纹尖端扩展位置 d、裂纹扩展速度 v 随时间 t 的变化曲线。图 6.10 为 5 种径向不耦合系数下左侧主裂纹扩展速度、距离与时间的变化曲线图。

起爆后，在爆炸应力波作用下介质起裂，形成初始裂纹，而后在爆炸应力波和爆生气体“气楔”作用下，共同推动裂纹持续扩展。通过图 6.10 可以看出，在整体上裂纹扩展速度呈现出振荡衰减的趋势，裂纹扩展距离呈现出缓倾斜上升趋势，之后趋于水平，位移不发生变化，裂纹止裂。$K_2 = 1.71$ 时的位移时间曲线和速度时间曲线整体在另外 4 种不耦合系数曲线的上方，即其扩展速度和扩展距离均大于其他不耦合系数下裂纹扩展速度和距离，表明 $K_2 = 1.71$ 时，可以最大限度地保证主裂纹扩展距离、扩展速度，不耦合系数过大或者过小均会抑制或影响主裂纹的扩展。这主要是由于不耦合装药可以降低爆炸应力波的初始峰值，不耦合系数为 1.71 时，可以使炮孔壁受到爆轰波的初始峰值降低，增强爆生气体

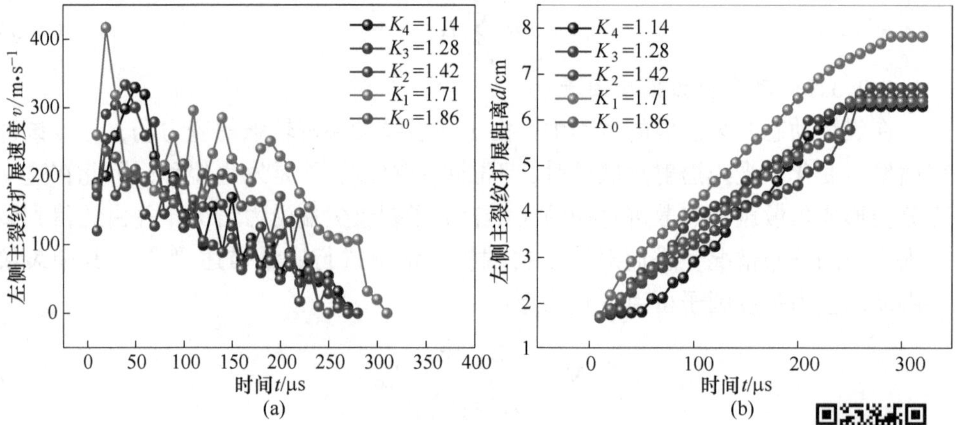

扫码见图

图 6.10　左侧主裂纹扩展速度、距离随时间变化图

(a) 左侧主裂纹扩展速度时间变化点线图；

(b) 左侧主裂纹扩展距离时间变化点线图

的准静态作用，延长爆生气体在炮孔内的作用时间，裂纹在扩展过程中受到“气楔”作用，扩展更迅速。在 $t=100\sim150$ μs 时，v 达到第二次峰值，通过图 6.9 可以看出在此时间段里，应力波与裂纹扩展尖端叠加，在爆轰应力波和爆生气体的耦合作用下，推动裂纹的扩展速度达到第二次峰值，但低于第一次峰值，之后振荡下降至裂纹止裂。

图 6.11 为 5 个不同径向不耦合系数下左侧主裂纹尖端动态应力强度因子随时间变化的关系图，由图可知，整体上裂纹尖端的动态应力强度因子随时间呈现出振荡衰减变化趋势。当 $K_0=1.86$ 时，裂纹尖端的动态应力强度因子峰值远低于前 4 种情况下的峰值。$K=1.14$、1.28 时裂纹尖端的动态应力强度因子峰值逐步增大，但初始值即为其最大动态应力强度因子峰值。当 $K_1=1.42$、1.71 时，裂纹尖端的动态应力强度因子由初始值 1.3 MPa · $m^{1/2}$增加到最大峰值 2.1 MPa · $m^{1/2}$、1.4 MPa · $m^{1/2}$增加到最大峰值 2.6 MPa · $m^{1/2}$，存在一个从初始值上升到峰值的过程，即不耦合系数为 1.42、1.71 时，炮孔壁与切缝药包之间的空气间隙形成适度的缓冲空间，使爆炸应力波的初始峰值降低，爆生气体的准静态作用得到加强。当径向不耦合系数过大时，药包与炮孔内壁的空气间隙过大，炸药能量一定的情况下，不能很好地对介质形成破坏，能量更多被扩展过中的空气、切缝管和切缝管与炮孔壁形成的组合体消耗，得不到充分利用。当径向不耦合系数过小时，爆炸冲击波推动切缝管作用在炮孔壁的空气间隙小，爆炸应力波作用大，反之爆生气体的作用小，进而形成更多的压碎区，爆生裂纹得不到充分的扩展。由焦散图 6.9 可以看出，爆炸应力波在 PMMA 介质中以“波浪形”传播，在爆炸应力波和爆生气体的相互影响下，裂纹尖端的焦散斑直径忽大忽小，K_1^d振

荡衰减，直至裂纹止裂。在 $t=50\sim150$ μs 时，5 条曲线都达到第二次较大值，$K=1.71$、1.42 时达到第二次峰值 1.8 MPa · $m^{1/2}$、1.4 MPa · $m^{1/2}$ 的时间为 110 μs、100 μs，当 $K=1.86$、1.28、1.14 时到达第二次峰值远低于第一次峰值且小于 1.8 MPa · $m^{1/2}$，第二次峰值的时间分别为 60 μs、60 μs、50 μs。表明在 $K=1.71$、1.42 时，第二次峰值的数值更大，炸药能量在切缝方向利用更加充分，相较于其他条件下，爆生气体持续推动裂纹扩展的时间更长。通过上述分析可知，在 K 为 1.42~1.71 时的不耦合系数也能得到较好的爆破效果。当不耦合系数过大或者过小时，其裂纹尖端的应力动态强度因子峰值较小，切缝聚能管不能起到很好的聚能爆破效果。结合焦散斑图 6.9，不耦合系数 $K_1=1.71$，在 $t=110$ μs 时，应力波与裂纹扩展尖端重合，反映出在爆炸应力波与爆生气体共同作用下，动态应力强度因子达到的第二次峰值。

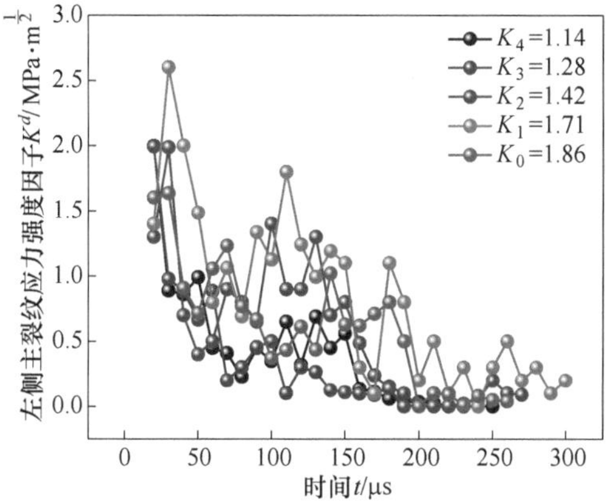

图 6.11 左侧主裂纹尖端的应力强度因子随时间变化关系图

扫码见图

6.4 损伤破坏的分形分析

6.4.1 图像预处理

利用 MATLAB 软件对爆破后 PMMA 板进行二值化处理，得到如图 6.12 所示二值化图像。通过对图像选取阈值，小于阈值的转换为白色，大于阈值的灰度转换为黑色，即二值化处理[156-158]。

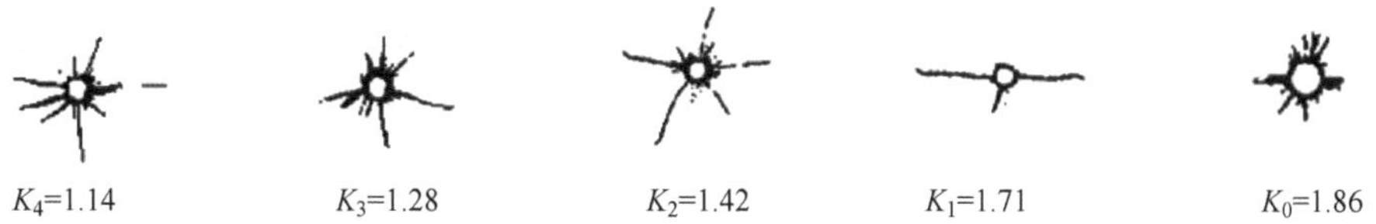

图 6.12 试件破坏后的二值图

本节主要写明了 $K_4=1.14$ 时的爆破爆生裂纹分区的划分，其他二值化图像的划分步骤相同。如图 6.13 所示，虚线部分将整个图在爆破作用圈基础上划分为 3 个部分，即裂纹密集区（Ⅰ）、裂纹过渡区（Ⅱ）和裂纹稀疏区（Ⅲ），按照点划线部分将图划分为 4 个部分，其中 1、3 部分为非切缝方向，2、4 部分为切缝方向的裂纹扩展。利用 MATLAB 软件计算不同区域的分形维数。

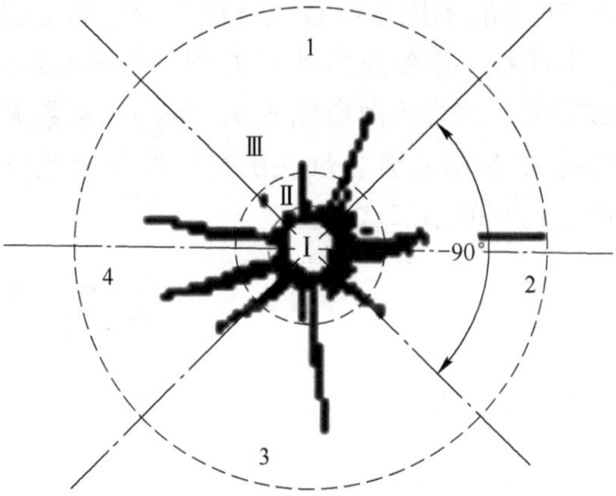

图 6.13　$K_4=1.14$ 时爆生裂纹分区划分图

图 6.14 表示在径向不耦合系数 $K_4=1.14$ 时，在图 6.13 中详细划分后的不同区域爆生裂纹场示意图。

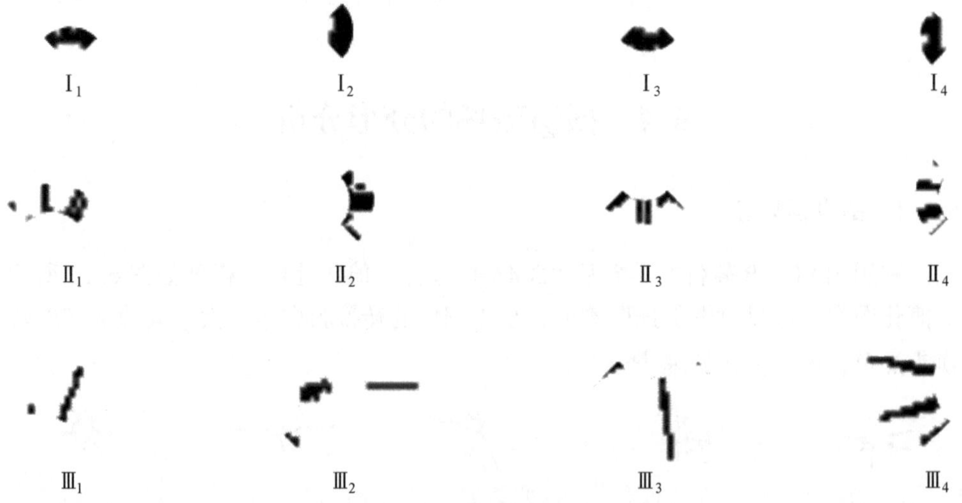

图 6.14　$K_4=1.14$ 的爆破裂纹场分区结果示意图

6.4.2 分形维数

当前，对分形维数的计算主要采用的方法有以下几种：相似维数，信息维数，关联维数，Hausdorff 维数，计盒维数等，由于计盒维数的计算过程简单，能够直观明显地反映出研究区内目标物的占有程度，所以计盒维数在分形研究的领域中得到广泛的应用。

计盒维数的计算如下：

$$N_{\delta}(F) = \inf\left\{M:\ F \subset \bigcup_{i=1}^{M} B(x_i,\ \delta)\right\} \tag{6.6}$$

式中 F——R^n 中的任意非空有界子集；

R——像素总数；

n——像素的灰度值；

$N_{\delta}(F)$ ——以直径最大为 δ 的闭球去覆盖 F 时所需闭球的最小数目。

则 F 的盒维数定义为

$$D = \lim_{\delta \to 0} \frac{\ln N_{\delta}(F)}{-\ln \delta} \tag{6.7}$$

式中 D——该区域裂纹场的计盒维数。

将上述计算方法，在 MATLAB 中编程，对爆生裂纹的二值图进行网格划分和统计，计算各区域的计盒维数值。在计算前，验证编写程序的可靠性，将任意已知理论分形维数值为 1.354 的二值化图像导入 MATLAB 编写的程序计算，得到该图形的分形维数为 1.352，计算得相对误差为 1.12%，验证了程序的准确性和可靠性。

6.4.3 裂纹计盒维数计算

爆炸过程中，炸药产生的能量不仅造成新裂纹的形成和扩展，同时也使得在 PMMA 板中的原生裂隙发育。致使爆后的 PMMA 板上的裂纹宽度变大，裂纹扩展充分，导致板损伤面积较爆前显著增加。因此，在分形理论的研究基础上，用计盒维数计算爆破区域内爆生裂纹的分形维数，进而确定爆破过程对不同分区内介质的爆破损伤程度。在爆破分区的不同区域范围内，爆生裂纹覆盖的面积是不同的，导致覆盖区域内的像素变化，对应地表征出不同的分形维数和损伤程度。采用盒子覆盖法，如图 6.15 所示，对不同区域爆生裂纹覆盖像素数利用 MATLAB 软件计算爆生裂纹的分形维数。在计算过程中，“盒子”尺寸越小，计算所得的结果精度越高。

当 $K_4 = 1.14$，将上述裂纹扩展分区的二值图导入 MATLAB 程序运算，得到不同区域的计盒维数见表 6.5，并对计盒维数进行线性拟合，得到的拟合曲线相

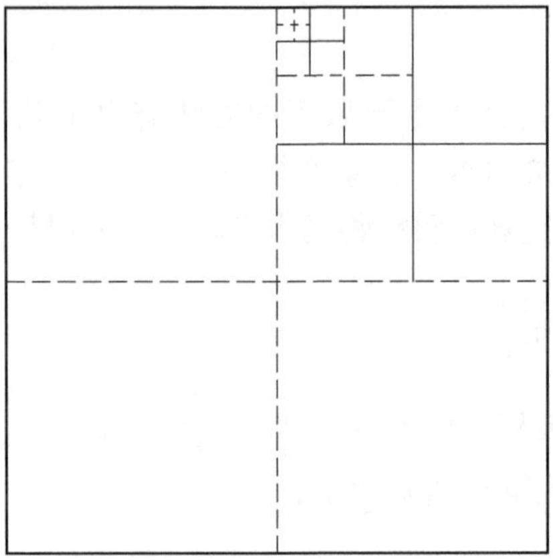

图 6.15　覆盖盒子划分示意图

关系数大于0.98，表明所获数据线性关系良好。对Ⅰ区、Ⅱ区、Ⅲ区内4个方向裂纹求分形维数，如图6.16所示。从图6.16可以看到，在Ⅰ、Ⅱ、Ⅲ区范围内4个方向的分形维数大致相同，即$Ⅰ_1$~$Ⅰ_4$范围的分形维数值大致相同，同理$Ⅱ_1$~$Ⅱ_4$、$Ⅲ_1$~$Ⅲ_4$范围内的分形维数的数值是大致相同的，但是随着裂纹距离炮源中心越来越远，能量一定的情况下，导致炮孔周围爆生裂纹的盒维数值呈降低的趋势，表面盒维数的变化与爆破破碎能量的大小具有相关性。在宏观方面的表现为，仅在爆源Ⅰ区，炸药爆炸作用的能量大，导致爆生裂纹发育，对介质的损伤程度大，随爆炸能量在传播过程中逐渐衰减，在Ⅱ区爆生裂纹变得稀疏，最后在Ⅲ区爆生裂纹极少，介质受到的破坏降低，相应地表征爆破区域计盒维数的降低，也反映出介质受到的爆破损伤程度在逐渐降低。

表 6.5　K_4=1.14 时计盒维数值

分区	Ⅰ区				Ⅱ区				Ⅲ区			
	1	2	3	4	1	2	3	4	1	2	3	4
计盒维数	1.881	1.902	1.898	1.894	1.522	1.613	1.591	1.559	1.032	1.087	1.186	1.059

爆破近源区Ⅰ的分形维数拟合曲线图如图6.16（a）所示，从图中可以看出，在一个区域内不同方向的分形维数值大致相同，其中$Ⅰ_1$~$Ⅰ_4$区域的盒维数值分别为1.881、1.902、1.898、1.894，整体的盒维数值大，爆生裂纹密集，这一结论符合爆破近区介质破坏程度大的常识。图6.16（b）、图6.16（c）分别为区域Ⅱ、Ⅲ中爆生裂纹的盒维数拟合曲线。在区域Ⅱ中，$Ⅱ_1$~$Ⅱ_4$的盒维数值分别为1.522、1.613、1.591、1.559，较爆破Ⅰ区的平均盒维数降低了17%，同时爆破区域Ⅰ的裂纹密集程度远大于爆破区域Ⅱ，说明区域Ⅱ破坏程度低。相较

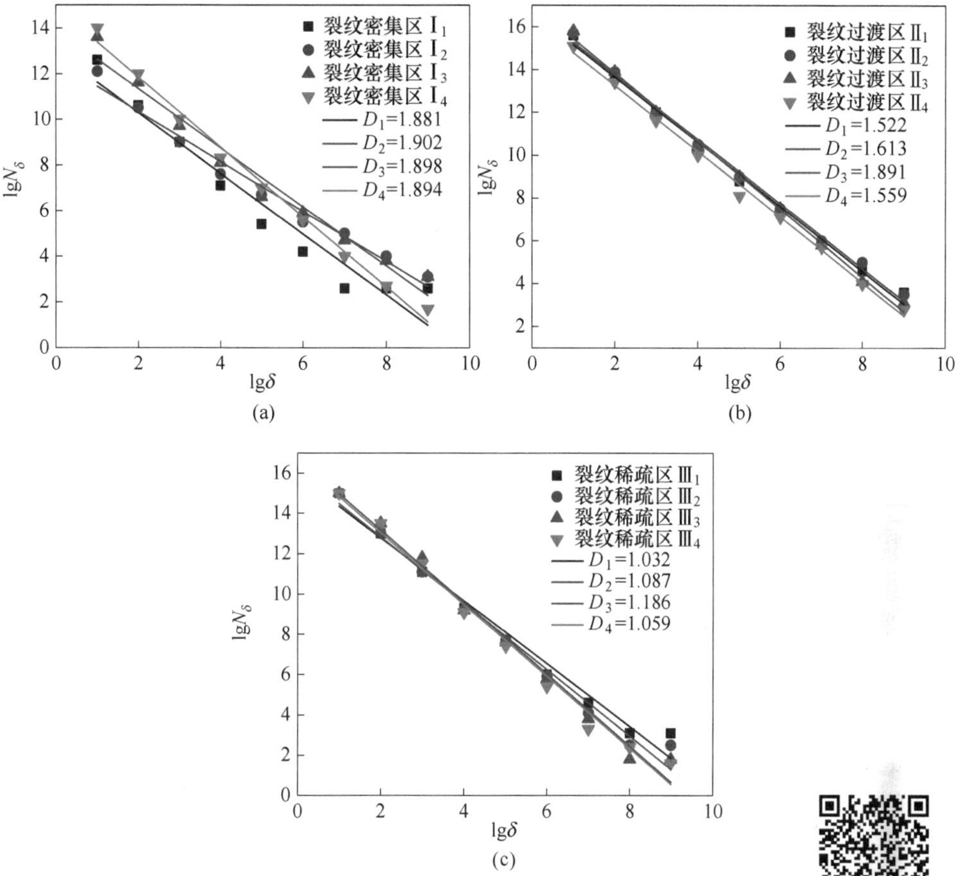

图 6.16 $K_4=1.14$ 时爆破Ⅰ、Ⅱ、Ⅲ区爆生裂纹盒维数拟合曲线

(a) Ⅰ区；(b) Ⅱ区；(c) Ⅲ区

扫码见图

于爆破区域Ⅰ、Ⅱ，爆破区域Ⅲ的破坏程度最低，裂纹的扩展出现一定的随机性。

重复上述盒维数计算步骤，得到不同不耦合系数下不同区域的计盒维数平均值统计见表 6.6，得到如图 6.17 所示的盒维数值与径向不耦合系数间的关系。

表 6.6 计盒维数统计

区域	K				
	1.14	1.28	1.42	1.71	1.86
Ⅰ	1.894	1.902	1.901	1.812	1.801
Ⅱ	1.571	1.523	1.432	1.1	0.9
Ⅲ	1.091	1.075	0.895	0.553	0

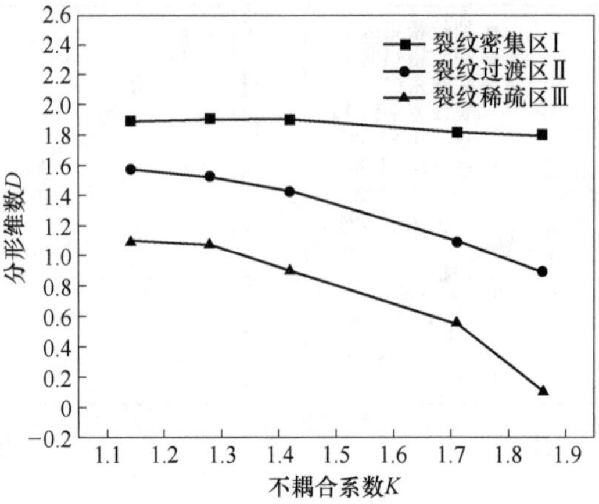

图 6.17　各区域分形维数随径向不耦合系数变化关系图

由图 6.17 可知，随着径向不耦合系数的变大，区域Ⅱ、Ⅲ的盒维数值整体呈现出降低的趋势，区域Ⅰ由于靠近爆源，整体的盒维数值大，变化率小，区域Ⅱ、Ⅲ的盒维数值随着不耦合系数的增大，盒维数值变小，变化率相对较大，在爆源能量一定的情况下，区域Ⅱ、Ⅲ受到破坏的程度大小与径向不耦合系数值的选取相关性较大。

6.4.4　爆破损伤分区判别

爆破损伤是指介质爆破过程中，造成介质的力学性能进一步劣化，强度下降，最终破坏的过程[159]。利用 ω 来表征材料的损伤程度，定义损伤变量 $\omega \in [0,\ 1]$，当 $\omega = 0$ 时，介质没有损伤；当 $\omega = 1$ 时介质已完全破坏，ω 越接近 1，介质受损伤程度越大[159-160]。随着爆炸应力波和爆生气体的作用，介质内部裂隙不断扩大，内部裂纹增多，相应的分形维数增大，介质受损伤程度增大，利用分形维数去定量分析介质受损伤程度。由此得到，试件爆破后，介质损伤 ω 与试件分形维数 D 的关系如下

$$\omega = \frac{D_t - D_0}{D_t^{\max} - D_0} \tag{6.8}$$

式中　D_t——爆炸后介质损伤面积的分形维数；

$D_t^{\max}$——介质达到最大损伤面积时的分形维数，二维问题取 2，三维问题取 3；

D_0——爆炸前介质内部初始损伤面积的分形维数，取 0。

通过式（6.7）计算可得，当 $K_4 = 1.14$ 时爆破Ⅰ区各部分爆生裂纹的损伤变量分别为 0.9418，0.9712，0.9502，0.9621，计算区域Ⅰ平均损伤度为 0.9563，

Ⅰ区的爆生裂纹密集，分形维数大，计算得到介质的受损伤程度大，表明爆破近区介质破坏程度较大，即与爆破压碎区范围的认识是一致的。根据上文定义可求得各二值图中各区域的损伤变量，并求区域的损伤变量平均值，统计得到的不耦合系数对应的不同区域的损伤变量见表6.7。

表6.7 损伤变量统计表

分区	K				
	1.14	1.28	1.42	1.71	1.86
Ⅰ	0.9563	0.9512	0.9556	0.9429	0.9565
Ⅱ	0.4231	0.3996	0.3864	0.35	0.389
Ⅲ	0.0965	0.0856	0.07985	0.0231	0

对表6.7中各区域平均损伤度画点线图，如图6.18所示，可以看出爆破Ⅰ区，爆破Ⅱ区，爆破Ⅲ区平均损伤变量依次减小。通过计算得到爆破Ⅱ区裂纹的平均损伤程度较爆破Ⅰ区降低了60%，爆破Ⅲ区裂纹的平均损伤程度较Ⅰ区、Ⅱ区分别降低了94%、85%。

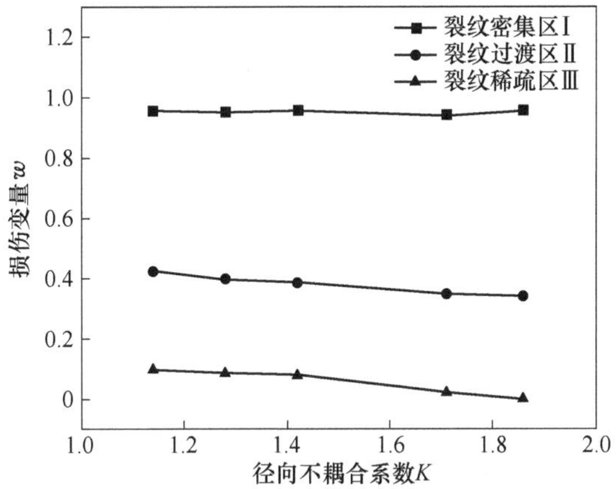

图6.18 各区域损伤变量随径向不耦合系数变化关系图

由图6.18可以看出，随着径向不耦合系数的增大，整体上爆破损伤呈现下降的趋势。在径向不耦合系数为1.71时，爆破区域Ⅱ、Ⅲ的损伤变量存在小幅度的上升，主要是由于切缝方向炸药聚能效应明显，介质破坏面积大，损伤变量增大。为进一步研究切缝管在切缝方向的聚能效应，在非切缝方向的护壁作用，开展径向不耦合系数为1.71时常规装药爆破和切缝药包爆破损伤分析。

6.4.5 常规装药爆破与切缝药包爆破损伤对比分析

选取最佳的径向不耦合系数 $K_1=1.71$，使用切缝药包和常规装药两种方式在

PMMA 板中爆破后的效果如图 6. 19 所示。

在径向不耦合系数均为 1. 71 的切缝药包和常规装药爆破后，计算得到各分区的不同损伤程度见表 6. 8。

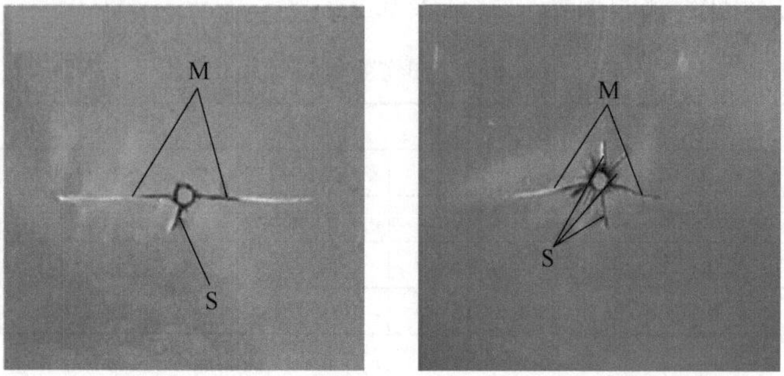

(a)　　(b)

图 6. 19　不同装药结构下试件破坏结果图

(a) 切缝药包爆破；(b) 常规装药爆破

表 6. 8　常规装药和切缝药包爆破后炮孔周围不同区域的损伤程度

名称	爆破Ⅰ区				爆破Ⅱ区				爆破Ⅲ区			
	1	2	3	4	1	2	3	4	1	2	3	4
C_b	0. 97	0. 94	0. 98	0. 95	0. 86	0. 88	0. 84	0. 85	0. 21	0. 25	0. 55	0. 53
Q_b	0. 96	0. 95	0. 97	0. 95	0. 02	0. 48	0. 46	0. 42	0	0. 58	0	0. 59

注：C_b、Q_b分别表示常规装药和切缝药包爆破。

综合图 6. 19、表 6. 8 可以看出，常规装药爆破后爆破区域Ⅰ、Ⅱ、Ⅲ的整体损伤程度比切缝药包爆破后对介质的损伤程度大 35%。但是与常规装药爆破相比，切缝药包在切缝方向的损伤程度大于这一区域内的常规装药爆破后的损伤程度，大 40%，在非切缝方向小于常规装药爆破后的损伤程度，小 35%。在切缝药包爆破后，切缝方向区域 2、4 的平均损伤程度 0. 67、0. 65 大于非切缝方向区域 1、3 的平均损伤程度 0. 32、0. 47，损伤程度分别下降了 53%、28%，这主要是由于在采用切缝药包爆破时，炸药提供的能量一定，切缝方向的聚能效应使得切缝方向裂纹扩展更充分，介质受损伤程度更大，反之一定程度地抑制了非切缝方向上次裂纹的扩展，减少了非切缝方向的次裂纹数量，从而减少了非切缝方向爆破区域 1、3 损伤度，有效地保护了非切缝方向的爆破介质。

6. 5　切缝药包爆破机理

切缝药包爆破过程可划分为 3 个主要阶段：首先炸药起爆形成冲击波，在冲击波作用于炮孔壁之前；其次是爆炸冲击波作用于炮孔壁，致使初始裂纹形成阶段，在此阶段，爆轰产物也会与切缝管相互作用；最后就是裂纹在爆生气体推动作用下持续扩展，在此阶段切缝管壁与炮孔内壁贴合，在高温高压的作用下，管壁破坏。初始裂纹持续扩展，形成裂缝。

6.5.1 切缝管对能量传播过程的影响分析

切缝药包主要是通过在药包外包裹一层切缝管，当切缝管材质不同时，包裹在内部的药包爆速受到较大影响，通过收集各种切缝管材料的切缝药包爆破试验结果，得到不同切缝管材质下的炸药爆速统计表，见表 6.9。

表 6.9 不同切缝管材质对炸药爆速的影响

炸药种类	密度/g·m^{-3}	不同约束条件下的爆速/m·s^{-1}		
		PVC 管约束	纸管约束	铁管约束
铵油炸药	0.9~1	3600	3100	3800
铵木油炸药	0.9~1	3508	3305	3770
1 号岩石乳化炸药	0.9~1	3700	3381	3812

通过表 6.9 可以看出，在采用柱状装药结构时，相同装药长度和相同不耦合系数的条件下，药包外壳的约束会在一定程度上提高炸药的爆速，且当外壳强度更高时，其约束作用要大于强度较低的外壳，这主要是由于切缝管的存在降低了炸药爆炸后能量在径向方向的膨胀损失，同时使得能量在切缝方向汇聚，材料强度越高，约束能力越强，侧向膨胀损失的能量越少，在切缝方向能量汇聚的效果越好。常规装药爆破与切缝药包爆破时，炮孔内压力分布图如图 6.20 所示。

(a) (b)

图 6.20 不同装药结构爆后炮孔内压力分布示意图

(a) 常规装药爆破；(b) 切缝药包爆破

根据爆炸冲击波传播理论，当冲击波在不同波阻抗的介质中传播时，在接触面处爆炸冲击波会发生反射与透射等现象。基于上述理论，在切缝药包爆炸时，由于炸药、切缝管和空气三者的波阻抗有差异，所以在爆炸冲击波传播过程中，会在切缝管界面发生反射和透射现象，之后部分冲击波穿过切缝管材质进入空气介质，并最终作用在炮孔壁上，发生第二次反射与透射。如图 6.21 所示，冲击波作用于切缝管 M 处时，部分波发生反射，这部分波为反射波；部分冲击波透过切缝管 M 透射进入介质 2 中，形成透射波。

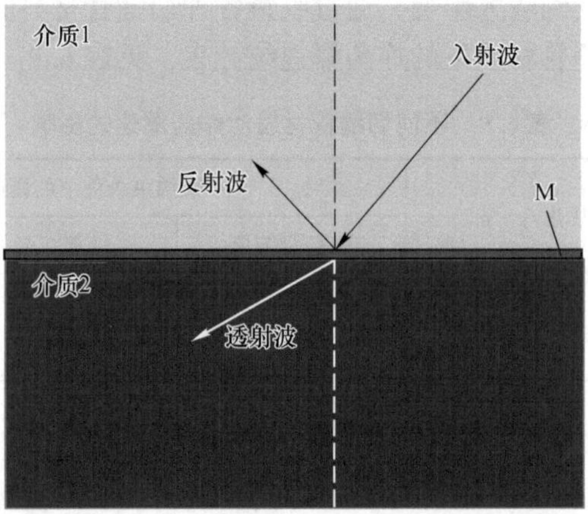

图 6.21　爆炸冲击波在切缝管中的传播示意图

初步讨论爆炸冲击波在切缝管界面的反射与透射规律，以爆炸冲击波正入射为例进行分析。假设有入射波从介质 1 以一定角度穿过界面进入介质 2，由于介质 1 和介质 2 的波阻抗存在差异，因此会在界面处发生冲击波的反射和透射现象，形成的反射波和透射波能量的强度主要取决于介质不同的波阻抗值。不同材料的波阻抗值计算主要是通过介质的密度 ρ_m 与材料中纵波速度 C_1 的乘积 $(\rho_m C_1)$。根据牛顿第三定律，在界面 M 两侧质点速度 v 和应力 σ 之间的关系应满足下式：

$$\begin{cases} v_T = v_I + v_R \\ \sigma_T = \sigma_I + \sigma_R \end{cases} \tag{6.9}$$

式中　v_I——入射波质点速度；

v_R——反射波质点速度；

v_T——透射波质点速度；

σ_I——入射波应力值；

σ_R——反射波应力值；

σ_T——透射波应力值。

根据冲击传播理论中波阵面上的守恒关系，将式（6.9）改写如下：

$$\begin{cases}\dfrac{\sigma_{\mathrm{T}}}{(\rho_{\mathrm{m}}C_1)_2}=\dfrac{\sigma_{\mathrm{I}}}{(\rho_{\mathrm{m}}C_1)_1}-\dfrac{\sigma_{\mathrm{R}}}{(\rho_{\mathrm{m}}C_1)_1}\\ \sigma_{\mathrm{T}}=\sigma_{\mathrm{I}}+\sigma_{\mathrm{R}}\end{cases}\tag{6.10}$$

对式（6.10）求解可得：

$$\begin{cases}\sigma_{\mathrm{R}}=F_{\mathrm{w}}\sigma_{\mathrm{I}}\\ v_{\mathrm{R}}=-F_{\mathrm{w}}v_{\mathrm{I}}\end{cases}\tag{6.11}$$

$$\begin{cases}\sigma_{\mathrm{T}}=T_{\mathrm{w}}\sigma_{\mathrm{I}}\\ v_{\mathrm{T}}=nT_{\mathrm{w}}v_{\mathrm{I}}\end{cases}\tag{6.12}$$

式中 F_{w}——反射系数；

T_{w}——透射系数；

n——波阵面前后两介质波阻抗的比值。

由于介质的反射系数和透射系数受波阵面前后两种介质的波阻抗的比值影响较大，其中反射系数、透射系数和波阻抗比值三者之间的关系如式（6.13）所示：

$$\begin{cases}n=(\rho_{\mathrm{m}}C_1)_1/(\rho_{\mathrm{m}}C_1)_2\\ F_{\mathrm{w}}=(1-n)/(1+n)\\ T_{\mathrm{w}}=2/(1+n)\end{cases}\tag{6.13}$$

显然有：

$$1+F_{\mathrm{w}}=T_{\mathrm{w}}\tag{6.14}$$

透射系数 T_{w}总是大于 0，即透射波和入射波同号，受到界面介质材料影响，介质波阻抗的变化会导致透射波的应力幅值变化。在界面处，部分入射波反射形成反射波，其中反射系数 F_{w}受到传播过程中介质 1 和介质 2 的波阻抗值影响较大。一般存在两种情况，正入射的应力波由相对“弱”材料传入“强”材料；由相对而言的“强”材料传入“弱”材料。这两种情况下，得到的透射波幅值也是不一样的，当应力波由“弱”材料传入“强”材料时，反射系数大于 0，反射波与入射波同号，此时透射系数大于 1，透射应力波得到增强，透射波的应力幅值大于入射波；反之应力波被削弱，透射波的应力幅值小于入射波。

如图 6.22 所示，切缝药包爆破冲击波在非切缝方向上受到切缝管介质影响。在 t_1时刻切缝药包爆炸，形成初始冲击波 P_1，在 t_2时刻冲击波传至切缝管界面，爆炸冲击波发生第一次反射和透射，部分冲击波能量（红色部分）反射回炮孔中心，其余部分冲击波形成透射波，进入切缝管，在这一过程中，炸药波阻抗小于切缝管波阻抗，由前面的理论分析得出在切缝管内的 P_2大于 P_1；至 t_3时刻，冲击波穿过切缝管材质入射进入空气，发生第二次冲击波的反射与透射现象，此时的 P_3小于 P_2也小于 P_1此时入射波为 P_2，透射进入空气的透射波压力为 P_3，此时与第一次冲击波的透射相反，切缝管壳波阻抗大于空气波阻抗，冲击波 P_2 由“强”材料介质传入“弱”材料介质，导致空气介质中透射波压力由 P_2 衰减为 P_3。综合上述分析可知，在非切缝方向，由于切缝管的存在，一部分爆炸冲击波能量反射回炮孔中心，另一部分冲击波能量透过切缝管入射进入空气介质中，导致最终作用于孔壁岩石的爆炸冲击波峰值降低，即切缝管的存在削弱了爆炸冲击波直接作用非切缝方向炮孔壁的作用。

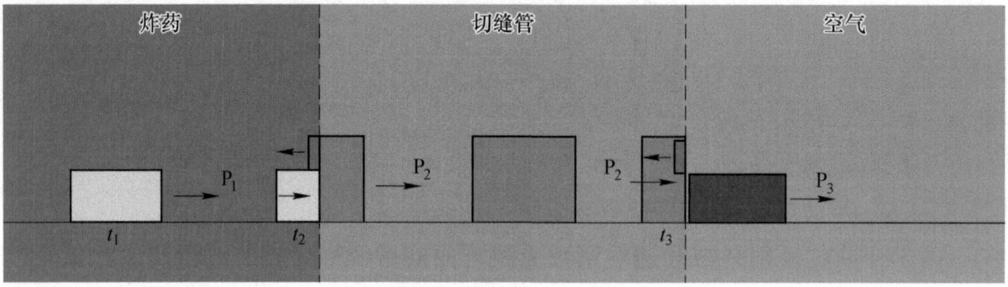

图 6.22　切缝药包爆炸冲击波在非切缝方向的传播过程

6.5.2　切缝药包的聚能效应

近年来切缝药包在切缝方向的聚能爆破效应受到许多学者的研究，本小节主要讨论切缝药包在爆破时，切缝管对爆炸冲击波和爆生气体在切缝开口方向聚能作用的影响。

如图 6.23 所示，在切缝药包起爆后，爆炸冲击波率先在切缝方向形成，之后，爆炸冲击波前沿在切缝方向传播，并在切缝管外壁绕流传播。两切缝方向冲击波相遇后，形成三波点，紧随初始前沿激波。由图 6.23 可以看出，绕射波在切缝方向的轮廓线跟随在冲击波之后，且其强度远低于切缝方向冲击波强度，在整体上绕射波呈现出“橄榄球”形态。由于切缝管的存在，爆破冲击波率先在切缝方向出现，同时在传播的过程中，切缝方向的冲击波强度是大于其他方向的。

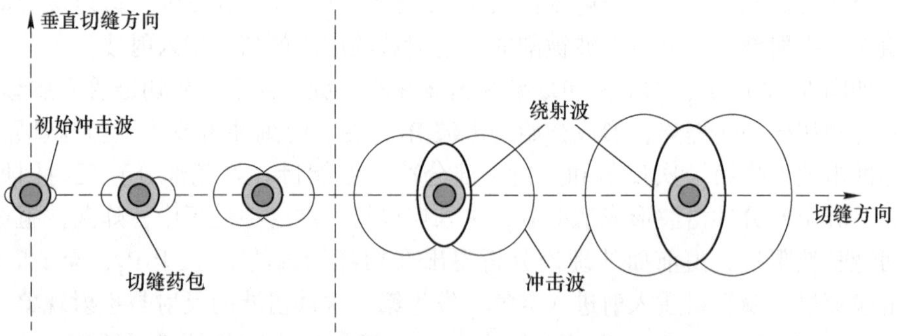

图 6.23　切缝药包爆炸应力波作用过程物理模型

爆生气体传播的物理模型如图 6.24 所示，爆炸冲击波在作用一定时间后，爆生气体开始逐渐显现作用，当爆生气体从初始阶段膨胀至某个极限体积时，此时爆生气体在炮孔内的膨胀扩展距离达到最大值，致使爆生气体开始“回缩”，受切缝管限制，回缩到炮孔内的爆生气体，沿着切缝方向开始扩展，在此过程中，前期一段时间内，切缝管内的爆破生气呈现出近似停滞不扩展的状态，随后沿着切缝开口方向加速扩展，并且沿着切缝方向呈“一”字形释放，加速裂纹的扩展。

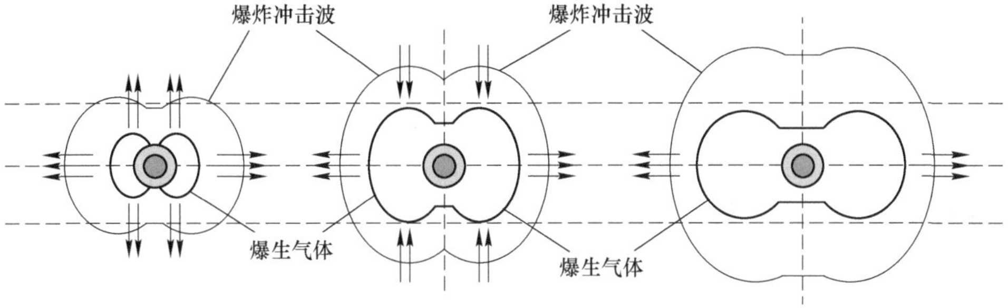

图 6.24 切缝药包爆生气体作用过程物理模型

同时大量的切缝药包爆破研究结果表明，采用切缝药包爆破时在切缝方向有明显聚能效应。如图 6.25 所示，由爆破后爆生产物在炮孔孔壁上的分布图可以看出，在采用常规柱状装药爆破时，爆炸产生的爆轰产物在炮孔内壁上的分布具有随机性和广泛性，相反，在采用切缝药包聚能爆破时，爆轰产物主要分布在切缝开口方向，爆轰产物在切缝方向有明显的聚集现象，在非切缝方向则没有[64]。

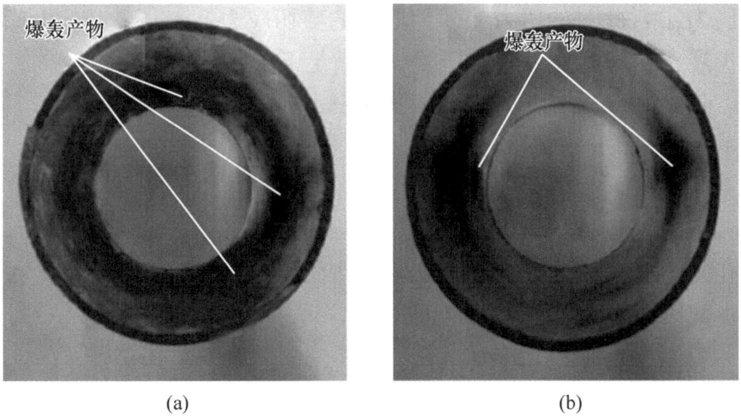

图 6.25 不同装药结构爆后爆轰产物分布图

（a）常规装药爆破；（b）切缝药包爆破

这一试验现象进一步说明，切缝药包爆破能使爆轰产物在炮孔中的分布形式发生改变，即加强炸药爆炸能量在切缝方向的作用，降低对非切缝炮孔壁的影响，达到在切缝方向定向释放能量的效果。

产生图 6.25 结果的原因主要是，相较于常规装药爆破，在采用切缝药包爆炸时，受到切缝管的限制作用，切缝方向爆轰产物能量流密度大且释放的范围小，炸药能量在切缝方向表现出明显的聚能效应。在切缝方向区域爆炸能量的传播不受任何阻力的影响，导致切缝方向的炮孔壁岩石直接受到爆轰产物的作用。而切缝以外的其他方向，切缝管对爆轰产物的飞散有阻碍作用，使得能量流向切缝方向进一步集中，一定程度加强了切缝方向的破坏作用。同时在非切缝方向，由于切缝管的存在，使得部分爆炸产生的能量被切缝管的位移和切缝管壳吸收，极大地降低了在非切缝方向炮孔壁受到的爆炸冲击波峰值，这样就大大地降低了这一区域内孔壁受到爆轰产物的冲击，对介质提供了一定的保护作用。

6.5.3 初始裂纹形成的力学分析

在使用切缝聚能药包定向断裂控制爆破时，初始裂纹的形成直接影响后续裂纹扩展的方向，对裂缝扩展成形的效果起着决定性的作用。

介质受到爆炸载荷的作用，发生断裂破坏，岩体内部的应力场会重新分布，导致相对均匀的应力分布状态转化为复杂的张开型脆性断裂破坏和拉伸应力破坏。切缝药包爆破造成孔壁开裂的主要有以下两个原因：一是拉应力引起的拉断破坏；二是在切缝方向和非切缝方向在孔壁上形成的压力差，引起径向剪应力，造成剪切破坏。基于爆炸力学和断裂力学理论，对切缝药包爆破的初始裂纹扩展特性进行研究分析，设切缝方向爆后炮孔壁的压力值为 p_2，在非切缝方向上炮孔壁的压力值为 p_1，此时的压力差即为形成的剪切应力 $\tau = p_2 - p_1$。由库仑定律可知，裂纹扩展，在炮孔处形成剪切裂纹应满足下式：

$$\tau = S_{sd} = \sigma \tan\varphi + C \tag{6.15}$$

式中 S_{sd}——岩石动态抗拉强度；

C——岩石内聚力；

φ——岩石摩擦角。

当炮孔内的岩体发生拉伸断裂破坏时，在切缝方向的岩体一定会首先发生断裂破坏，在此阶段岩石破裂需满足下式：

$$\sigma_\theta < S_{td} \tag{6.16}$$

式中 σ_θ——最大环向拉应力；

S_{td}——岩石动态单轴抗拉强度。

环向拉应力与孔壁压力关系满足下式：

$$\sigma_\theta = pu/(1-u) \tag{6.17}$$

式中 u——岩石泊松比；

p——岩石孔壁压力。

将式（6.17）代入式（6.16）中，计算得出切缝药包单孔爆破要形成初始的定向拉断裂缝时的孔壁压力 p 应满足如下条件：

$$p > S_{td}(1-u) \tag{6.18}$$

将式（6.17）代入式（6.15），可得切缝药包爆破时在炮孔壁上形成初始剪切裂缝时的孔壁压力 p 应满足如下条件：

$$p > (C-\tau)(1-u)/(u\tan\psi) \tag{6.19}$$

综合计算可得，切缝药包爆破时在切缝方向要形成较好的定向初始裂纹，只需要满足式（6.18）或式（6.19）即可。

对于初始裂纹形成和扩展长度的理论计算，在国内外文献中已有较多的成果，目前采用比较多公式如下：

$$a_0 = r_b\left[\sqrt{\frac{\mu p}{(1-\mu)S_{td}}} - 1\right] \tag{6.20}$$

式中 a_0——初始裂纹形成的最大长度；

r_b——炮孔半径。

6.5.4 裂纹扩展条件

根据岩石断裂力学理论，初始裂纹形成后，爆生气体推动裂纹持续扩展，其尖端处的应力强度因子 K_I为：

$$K_I = P_2 f\sqrt{\pi(r_b + a_L)} \tag{6.21}$$

式中 K_I——Ⅰ型裂纹扩展尖端应力强度因子；

f——应力强度因子修正系数，$f = f[(r_b + a_L)/r_b]r_b + a_L$，如图 6.26 所示[38]；

P_2——炮孔中的静态压力，MPa；

r_b——炮孔半径，mm；

a_L——初始裂纹长度，mm。

爆破后，初始裂纹形成，受到炮孔内炸药爆轰产物的作用，在满足 $K_I \geqslant K_{IC}$ 的情况下，裂纹持续扩展；相反，裂纹则停止扩展即止裂，其中 K_{IC}为岩石的断裂韧度。

通过查阅文献，长江科学院通过大量试验研究分析，得出岩石断裂韧度与其单轴抗拉强度之间的关系[39]，如下：

$$K_{IC} = 0.141\sigma_R^{1.15} \tag{6.22}$$

式中 σ_R——岩石的单轴抗压强度，MPa；

K_{IC}——断裂韧度，MPa · $m^{1/2}$。

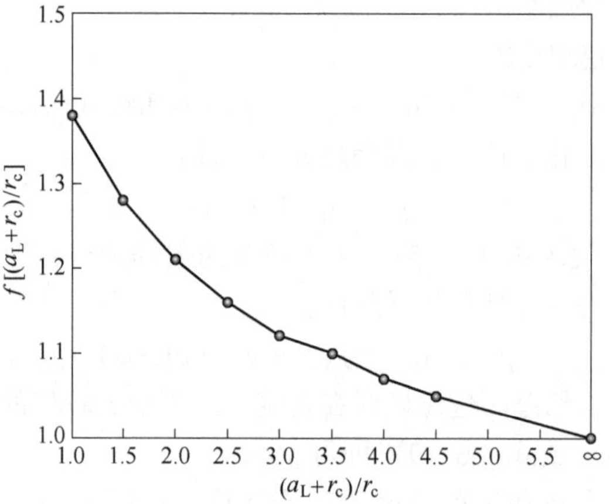

图 6.26　应力强度因子修正系数关系图

若满足式（6.23）则裂纹就能持续扩展：

$$p \geqslant \frac{K_{IC}}{f\sqrt{\pi(r_b + a_L)}} \tag{6.23}$$

反之，若满足式（6.24）：

$$p < \frac{K_{IC}}{f\sqrt{\pi(r_b + a_L)}} \tag{6.24}$$

则裂纹止裂。

6.6　切缝药包爆破作用效果影响因素分析

众多学者开展了关于切缝药包定向断裂控制爆破效果好坏的影响因素研究，研究得出，主要影响因素包括以下几类：切缝管材质、单孔的装药量、切缝开口宽度、径向不耦合系数等。同时，在实际运用切缝聚能药包定向断裂控制爆破技术时，要想得到较好的定向断裂控制爆破效果，必须考虑上述因素的影响，以下对这些主要影响因素逐个进行分析。

（1）切缝管材质。许多学者通过室内试验、模型试验及数值模拟等手段，开展了切缝管材质对切缝药包定向断裂控制爆破效果影响的研究，得到了许多相应的科研成果。当切缝管强度过高时，炸药爆炸产生的能量大部分被用于去推动和破坏切缝管，导致能量有效利用率低；反之当切缝管强度过低时，在爆破瞬间，切缝管被破坏，导致切缝管在切缝方向起不到有效地定向断裂控制爆破效果。杨仁树等人[161]基于动态焦散试验，开展了不同切缝管材质的试验，对比分析之后，得出不锈钢管材质的聚能效果最佳，其次为 PVC 管，有机玻璃管最差。从在非切缝方向对介质的保护作用考虑，塑性材料对爆破能量的吸收要强于脆性材料，综合切缝管应用的可行性和适用性，目前切缝管材质采用 PVC 管在现场应用是较优的选择。

（2）单孔装药量。单孔装药量过大时，切缝药包外壳不能起到有效的聚能效应，切缝管外壳失效，造成炮孔周围介质裂隙发育，损伤大；装药量过小时，炸药提供的能量不充分，也不能起到良好的爆破效果。杨仁树等人[162]基于动态焦散实验，开展了不同装药量的爆破试验，借助 MATLAB 程序计算了爆生裂纹分析维数，得到爆破粉碎区面积和裂纹的分形维数与装药量呈正相关。

（3）切缝开口宽度。切缝管开口宽度受径向不耦合系数影响动态变化。但在耦合装药情况下，对于切缝药包切缝宽度的理论计算，部分学者给出了一些方法。戴俊[40]基于理论分析，从两方面考虑，一方面在切缝方向实现对岩石定向断裂，另一方面在非切缝方向最大限度地降低爆炸冲击对被保留岩体的损伤，综上切缝宽度的取值范围应达到以下两个条件：1）作用在切缝方向上的爆炸荷载能很好地使炮孔壁起裂，形成较佳的初始导向裂纹；2）在非切缝方向上爆炸荷载对岩石所产生的拉应力小于其抗拉强度，岩体不发生破坏。合理切缝宽度的取值主要受径向不耦合系数、岩石性质和炸药性质的影响。一般采用 1 号岩石乳化炸药，炮孔直径在 40~45 mm 时，切缝宽度取 3~5 mm。

（4）径向不耦合系数。当爆破采用耦合装药时，无论是常规装药爆破还是切缝药包爆破，在炮孔壁周围都会产生许多随机的径向裂纹，得不到理想的爆破效果。所以在采用切缝药包爆破时，必须考虑径向不耦合系数对切缝药包定向断裂控制爆破效果的影响。径向不耦合系数取值过大或过小影响爆炸应力波作用在炮孔壁的峰值大小，和爆生气体的准静态作用时间，即影响定向断裂控制爆破效果。在众多学者开展关于径向不耦合系数的相关研究中，史国利等人[163]基于动态焦散试验，开展了不同不耦合系数下切缝药包爆破损伤分形研究，试验结果表明在不耦合系数为 1.67 时，切缝方向裂纹分形维数大，切缝方向的裂纹扩展长度最大，定向控制爆破效果最佳；叶志伟等人[164]提出一种小不耦合系数下爆破后孔壁压力峰值的计算方法，得出炮孔壁压力增大倍数随不耦合系数的增大呈线性增长；岳中文等人[165]研究了装药结构对切缝药包爆破效果的影响，对比分析了耦合装药和不耦合装药条件下的切缝药包爆破效果，得出后者能使爆炸冲击波作用于炮孔壁的初始峰值降低，爆生气体的准静态作用加强；蒲传金[166]通过建立模型试验，开展了不同径向不耦合系数的切缝药包爆破试验，试验结果得出最佳的取值范围为 1.4~2.2；姜琳琳[167]建立数值计算模型，研究了不同径向不耦合系数对爆生裂纹形成的影响，计算得出径向不耦合系数为 1.67 时，降低了爆炸应力波作用于炮孔壁的峰值，加强了爆生气体的准静态作用。当前研究成果表明，采用切缝药包光面爆破的合理径向不耦合系数取值范围为 1.4~2。

综合上述分析可知，周边孔在采用切缝药包聚能光面爆破时，在切缝方向能起到一定的聚能作用，同时在非切缝方向能对被保留岩体提供一定的“护壁”作用，但适宜的径向不耦合系数取值能进一步增强上述效果，降低爆炸应力波作用于炮孔壁的初始峰值，增强爆生气体在切缝方向的准静态作用，提高炸药爆炸的能量利用率。同时在把切缝管聚能药包的径向不耦合系数作为进一步的研究参数主要有以下几点原因：（1）在现场运用切缝药包聚能光面爆破时，单孔装药量在现场常规光面爆破的基础上减少一卷（300 g），药量在满足施工条件下，其光面爆破效果达到基本要求；切缝管开口宽度变化受不耦合系数的影响动态变化，主要还是取决于径向不耦合系数取值，现场的炮孔直径为 40~43 mm，故开口宽度固定在 3~5 mm；材质方面从经济实用的角度考虑，一般的切缝药包外壳采用塑性的 PVC 管。（2）适宜的径向不耦合系数可以减少爆炸应力波的作用范围，降低爆破后压碎区的范围，提高爆生气体的准静态作用。当径向不耦合系数过大或过小时，切缝聚能药包的定向断裂控制爆破也得不到较好的爆破效果。结合切缝管的聚能效应，适用的径向不耦合系数取值能进一步提高能量在切缝方向的利用率，降低在非切缝方向上对周围介质的损伤。

6.7　本 章 小 结

本章采用动态焦散试验系统，开展了不同径向不耦合系数的切缝药包爆破试验研究，分析了径向不耦合系数对裂纹扩展的影响，并基于 MATLAB 软件计算了爆破后介质损伤与径向不耦合系数的关系。主要研究内容包括试验系统、试验原理的介绍、试验设计、分形维数的计算、爆破损伤计算等。同时结合炸药爆轰理论分析了切缝管外壳对炸药爆轰的影响、切缝管作用下爆炸冲击波的传播规律，基于流体力学与爆炸动力学，对切缝管的聚能效应进行了初步探讨。之后，基于岩石断裂力学，阐述了切缝药包爆破过程中，初始裂纹形成机理和扩展条件，最后分析了影响切缝药包定向断裂控制爆破效果的主要因素。本章得出如下结论：

（1）切缝药包径向不耦合装药爆破试验研究表明，径向不耦合装药进一步降低了爆炸应力波作用于炮孔壁的峰值，加强了爆生气体对裂纹扩展的准静态作用，切缝方向裂纹在爆生气体作用下快速扩展，而抑制非切缝方向裂纹的扩展。

（2）径向不耦合系数对切缝聚能药包爆后爆生裂纹的扩展有显著的影响。在其他条件相同的情况下，存在一个最佳的径向不耦合系数值，能使切缝药包的定向断裂控制爆破效果达到最佳。动态焦散试验研究表明，在径向不耦合系数为 1.71 时，主裂纹扩展长度最大，达 16.3 cm，左右主裂纹扩展趋于水平，$\alpha=$

178°，次裂纹数量仅1条，裂纹扩展尖端的应力强度因子峰值最大，达2.6 MPa·$m^{1/2}$，切缝药包在切缝方向聚能效应明显，爆破效果最佳。

（3）径向不耦合系数对切缝药包爆破损伤具有显著的影响。整体上爆破损伤随着不耦合系数的增大而减小。但是在爆破近源区Ⅰ，爆破对介质的分形维数和爆破产生的损伤变化较小，在区域Ⅱ、Ⅲ范围内介质受到损伤的变化较大。

（4）在径向不耦合系数为1.71时，开展常规装药爆破和切缝药包爆破可知，在沿切缝方向产生的爆破损伤程度较常规装药爆破时相应区域的损伤程度增大40%，非切缝方向的爆破损伤程度显著降低35%，进一步说明适用的切缝聚能装药结构，能改变爆后炸药能量的分布情况，在切缝方向加强对介质致裂，起到聚能作用，在非切缝方向对介质有一定的保护作用。

（5）切缝管对炸药爆轰波传播过程的研究表明，切缝管限制了炸药爆轰产物在非切缝方向的传播和膨胀，使得爆轰波在切缝方向的传播获得更多的能量支持，进而提高了炸药的爆速。

（6）切缝药包聚能爆破机理研究表明：切缝药包爆破作用于炮孔壁的爆炸荷载较常规装药爆破相比会出现荷载重分布，炮孔壁上的压力相较于常规装药爆破，在切缝方向上有明显聚能效应，爆炸荷载也最大；减弱了爆轰产物与冲击波在非切缝方向上的能量，对非切缝方向介质有一定保护作用。明确了切缝聚能药包爆破技术相较于常规装药爆破在对介质定向断裂控制爆破的优势。

（7）基于断裂力学理论，推导分析了切缝药包爆破时初始裂纹形成—扩展—止裂的条件。

（8）影响切缝药包定向断裂控制爆破效果好坏的因素主要有径向不耦合系数、切缝开口宽度、切缝管材质、单孔装药量等，通过进一步的研究分析，得出径向不耦合系数对切缝药包定向断裂控制爆破效果影响最显著的结论。

7　切缝聚能水压光面爆破现场试验

7.1　切缝聚能光面爆破试验

勐省隧道底宽 12. 43 m、顶高 7. 41 m，采用非仰拱全断面开挖，断面周长为 46. 56 m，断面面积为 76. 35 m^2。现场打孔过程中使用 YT-28 气腿式凿岩机打孔，孔径为 40～43 mm，采用连续装药、孔底起爆的方式。常规爆破采用的药卷规格为 ϕ32 mm×300 mm，重 300 g；起爆器材使用毫秒延期导爆管雷管，并使用大功率起爆器。

常规爆破隧道断面共布置 125 个炮孔，分别为中心孔（1～2）、一阶掏槽孔（3～10）、二阶掏槽孔（11～20）、辅助孔（21～29）、内圈孔（30～37）、辅助孔（38～55）、外圈孔（56～71）、辅助孔（72～81）、周边孔（82～117）、底板孔（117～125）。整个断面炮孔布置图如图 7. 1 所示。

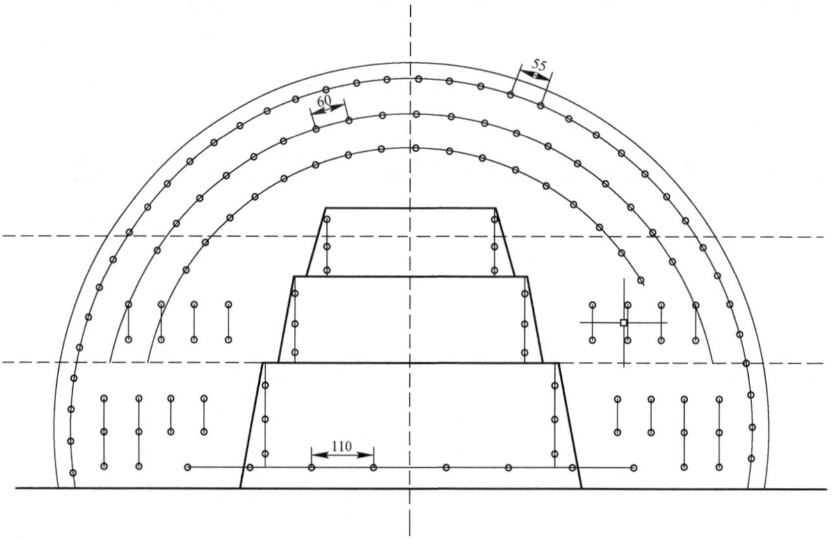

图 7. 1　现场爆破炮孔参数设计图（单位：cm）

表 7. 1 为常规爆破炮孔情况一览表。

表 7.1　常规爆破炮孔情况一览表

炮孔类型	炮孔深度/m	孔数/个	间距/cm	单孔装药量/kg	总用量/kg	雷管段别
周边孔	4	35	55	1.2	42	13
内、外圈孔	4	30	60	1.8	54	7、11
辅助孔	4	36	60	1.8	64.8	5
掏槽孔	4.5	16	45~60	3.3	52.8	1、3
底板孔	4.5	8	100~120	2.1	16.8	13
合计		125			230.4	

周边孔的常规光面爆破采用的空气间隔装药，径向不耦合系数为1.31，单孔装4卷1号岩石乳化炸药，导爆索传爆，装药结构如图7.2所示。

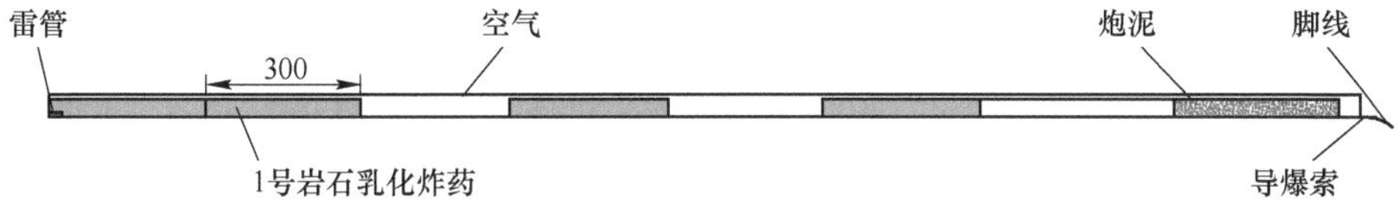

图 7.2　常规光面爆破周边孔装药结构示意图

爆破采用二阶二段楔形掏槽方式，设计开挖循环进尺4 m。现场开挖的方式为二台阶开挖，分为上导、下导，如图7.3所示。

图 7.3　现场开挖台阶图

试验是在常规爆破参数设计下，爆破开挖效果能达到基本要求的基础上开展的，主要针对周边孔，即只调整周边孔孔内的装药结构，其他孔内的爆破参数设计采用常规爆破参数，开展不同径向不耦合系数同断面切缝聚能药包光面爆破对比试验，对比分析常规光面爆破和切缝药包聚能光面爆破效果。确定出较佳的周边孔径向不耦合系数和切缝管参数，最后进行全断面周边孔光面爆破对比试验，得到适合的切缝聚能光面爆破装药结构。整个现场试验简易流程图如图 7.4 所示。

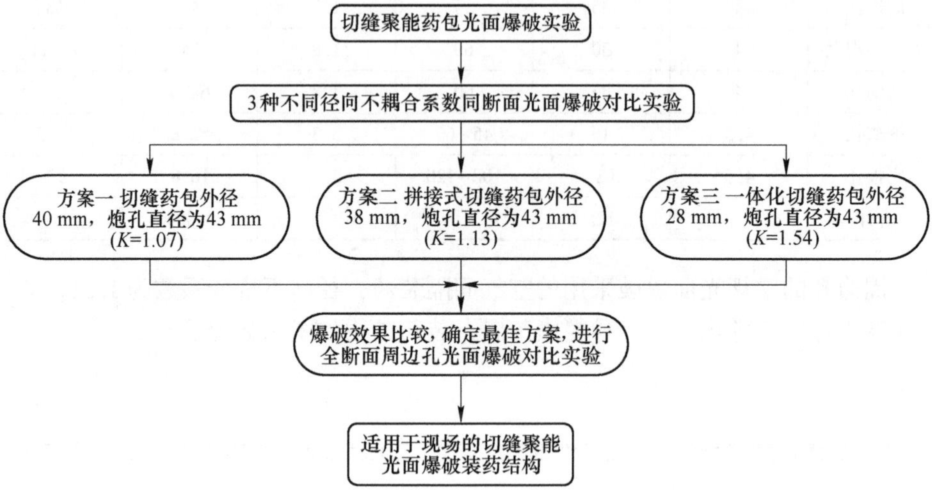

图 7.4　同断面切缝聚能药包光面爆破试验流程

周边孔同断面光面爆破试验方案设计见表 7.2。

表 7.2　边孔同断面切缝聚能药包光面爆破试验方案设计

方案	径向不耦合系数	周边孔单孔装药量/kg	周边孔孔距/cm	线装药密度/kg · m^{-1}	光爆层厚度/cm	填塞长度/cm	试验孔数/个
方案一	1.07	0.9	55	0.225	60	40	5
方案二	1.13	0.9	55	0.225	60	40	5
方案三	1.54	0.9	55	0.225	60	40	10

7.1.1　切缝聚能药包辅材的设计与制备

7.1.1.1　切缝药包设计与制备

A　方案一

方案一周边孔采用的药卷直径为 32 mm，单孔装药量为 900 g，周边孔光爆试验选用的切缝药包装药结构如图 7.5 所示，参数见表 7.3。

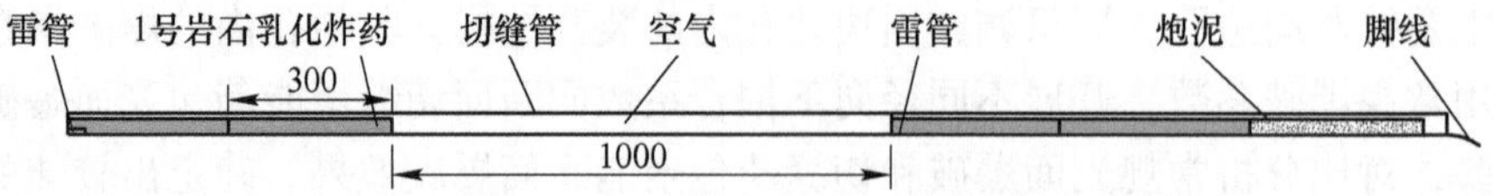

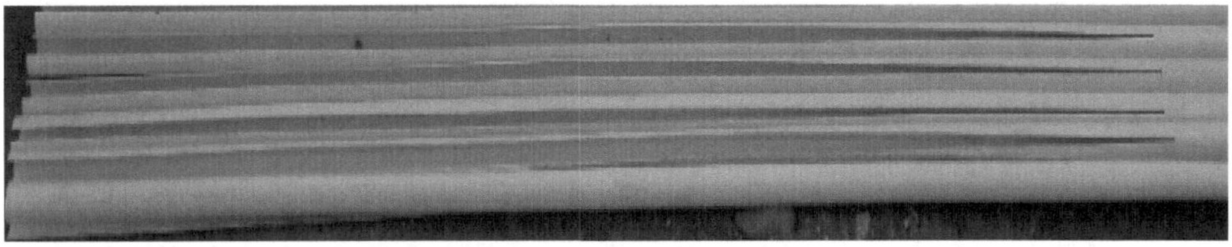

图 7.5 方案一切缝管（单位：mm）

表 7.3 方案一切缝管参数

外径/mm	内径/mm	壁厚/mm	切缝宽度/mm	长度/m
40	38	2	4	3.6

B 方案二

方案二周边孔药卷直径为 32 mm，单孔装药量为 900 g，采用拼接式的切缝管管材（便携），切缝管外径为 38 mm，炮孔直径为 43 mm，径向不耦合系数为 1.13。切缝管的设计图、实物图如图 7.6 和图 7.7 所示，参数见表 7.4。

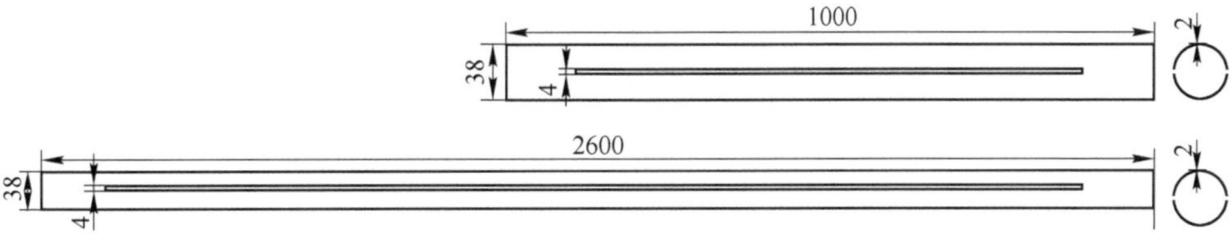

图 7.6 方案二切缝管设计图（单位：mm）

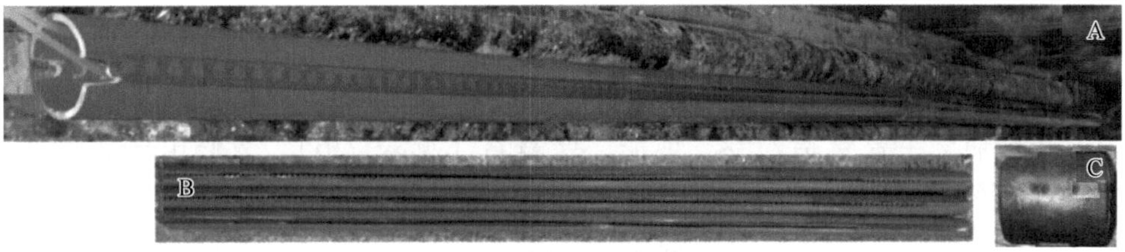

图 7.7 方案二切缝管

A—组装后的切缝管；B—切缝管；C—接头

表 7.4 方案二切缝管参数

外径/mm	内径/mm	壁厚/mm	长度/mm		切缝宽度/mm
			长管	短管	
38.5	34.5	2	1500	1000	4

周边孔炮孔内装药结构如图 7.8 所示，周边孔单孔 3 卷药，双发雷管起爆，采用炮泥填塞。

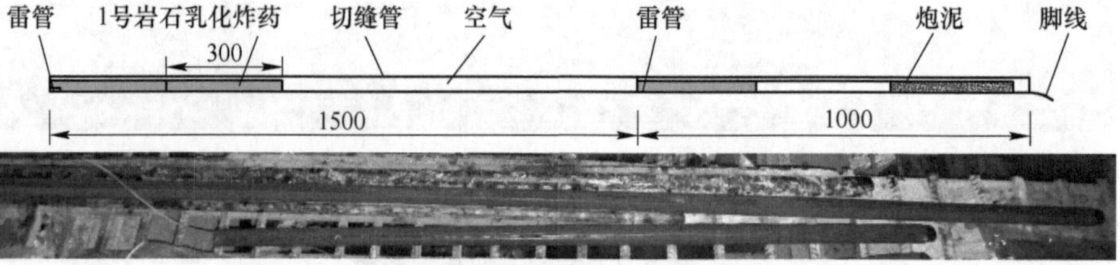

图 7.8 方案二装药结构示意图（单位：mm）

C 方案三

方案三周边孔采用药卷直径为 25 mm，单孔装药量为 900 g，切缝管设计图、完成后的实物图如图 7.9 所示，参数见表 7.5。

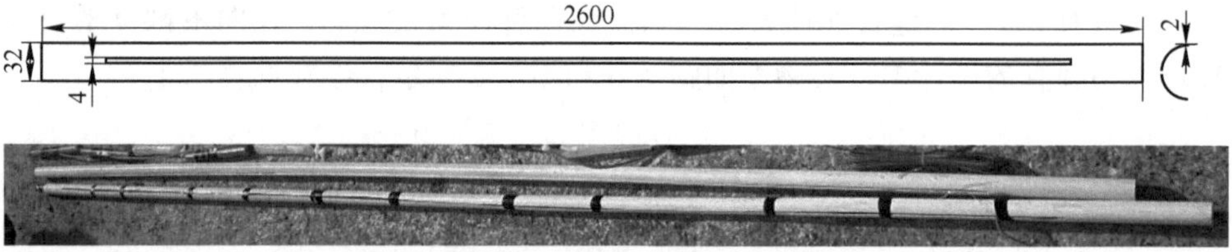

图 7.9 切缝管设计图、实物图（单位：mm）

表 7.5 方案三切缝管参数

名称	外径/mm	内径/mm	壁厚/mm	长度/mm	切缝开口宽度/mm
切缝管	28	25	1.5	2600	5

7.1.1.2 爆破辅材准备

爆破辅材主要包括药卷、炮泥、导爆索（见表 7.6）、数码电子雷管等。32 mm直径的 1 号岩石乳化炸药和直径 25 mm 的 1 号岩石乳化炸药见表 7.7。

表 7.6 导爆索参数

外径/mm	长度/m	爆速/$m \cdot s^{-1}$	图片
5.2~6.0	一般 50m/卷	不小于 5600	

表 7.7 1 号岩石乳化炸药相关参数

名称	直径/mm	单卷长度/mm	单卷质量/g	密度/g · cm^{-3}	爆速/m · s^{-1}
1 号岩石乳化炸药	32	300	300	1.05~1.25	3500~5000
1 号岩石乳化炸药	25	250	150	0.85~1.05	3000~3200

现场使用的数码电子雷管较之前使用的导爆管雷管延期时间更好控制，延期时间范围为 0~15000 ms，采用等间隔控制延期起爆时间，时间间隔为 150 ms。直径 25 mm 的 1 号岩石乳化炸药药卷和数码电子雷管如图 7.10 所示。

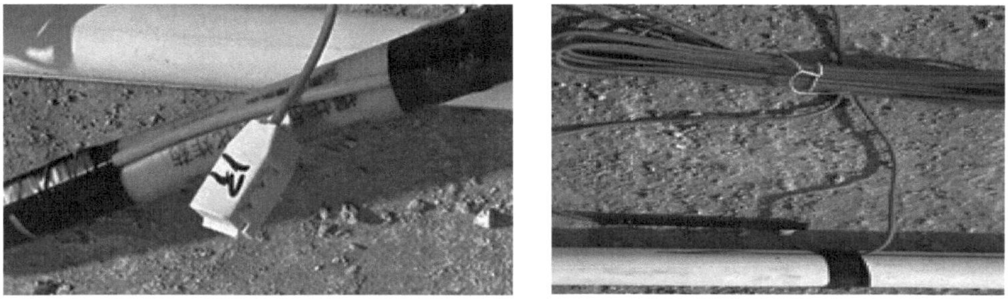

(a) (b)

图 7.10 小直径药卷及数码电子雷管

（a）直径 25 mm 的乳化炸药；（b）数码电子雷管

周边孔填塞采用的炮泥（直径为 38~39 mm）通过炮泥机制得，如图 7.11 所示。

(a) (b)

图 7.11 炮泥机制作炮泥

（a）成形的炮泥；（b）炮泥机

周边孔切缝聚能药包现场装药过程如图 7.12 所示。

图 7. 12　现场装药过程图

7. 1. 2　切缝聚能药包光面爆破试验

7. 1. 2. 1　常规装药与切缝药包装药光面爆破对比试验

方案一爆后效果如图 7. 13 所示，试验孔部分能清晰地看到存在 2 条半孔痕，形成的巷道壁面平整度较好，相反在图 7. 13 中右侧壁面超挖严重，壁面平整度低。

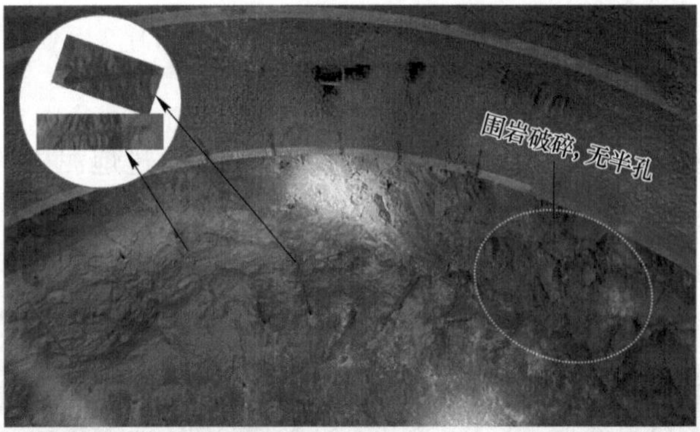

图 7. 13　方案一光面爆破效果图

通过图 7. 13 可以看出，在试验孔部分留下两条半孔痕，壁面的开挖平整度高，相反在对比孔部分，超挖严重，围岩受到的损伤大，光面爆破效果差。试验孔、对比孔的径向不耦合系数分别为 $K_{实} = 1.07$、$K_{对} = 1.31$，前者的径向不耦合系数较小，但仍然存在半孔痕，说明切缝管的存在，一定程度能实现对岩石的聚能定向断裂爆破效果，加强在切缝方向对岩体的致裂作用，同时削弱炸药能量对被保留岩体的损伤。在围岩性质较弱的情况下，试验孔的切缝聚能光面爆破效果相对常规光面爆破效果好，说明切缝聚能光面爆破技术在软弱围岩中应用的效果较好。

方案二爆破后的效果如图 7. 14 所示，在爆后的 30 min 进入隧道，在图 7. 14 中左侧试验孔部分能清晰看到存在 4 条半孔痕，同时形成的巷道壁面平整度较好，相对于使用切缝管辅材的巷隧道顶拱左部分，右壁面平整度较低。

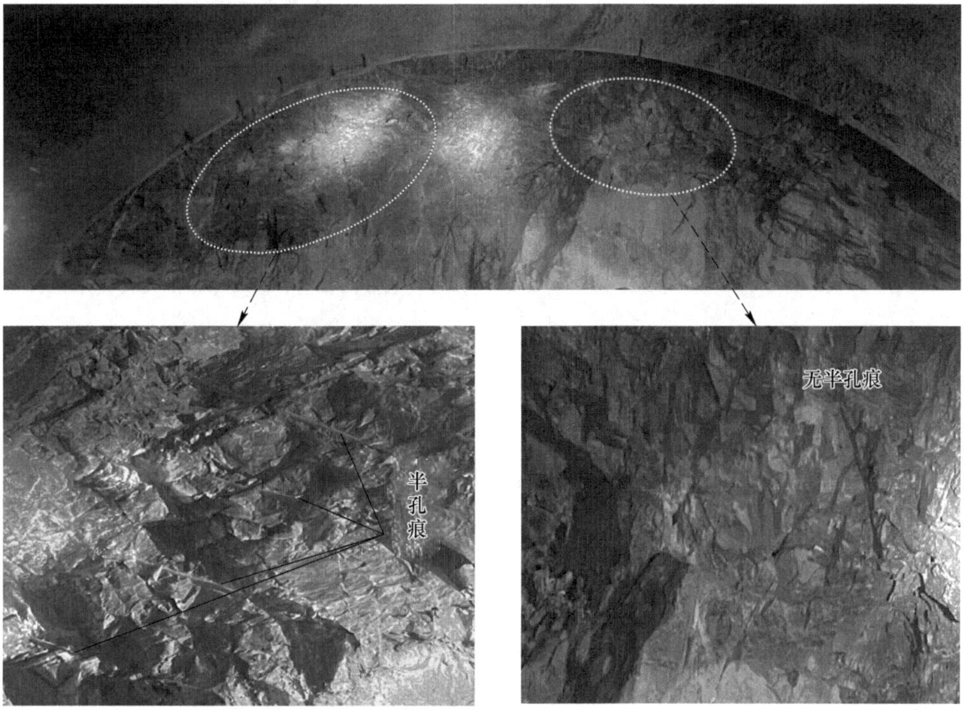

图 7. 14 方案二光面爆破效果图

试验孔的径向不耦合系数 $K=1.13$ 时，试验孔爆后留有 4 条半孔痕，壁面开挖平整度提高，相较于第一次，径向不耦合系数值增大，半孔率提高，说明在采用切缝聚能光面爆破时，适当地增加径向不耦合系数可以得到较好的光面爆破效果。同样，在不使用切缝药包聚能光面爆破时，周边孔的超挖严重，围岩损伤严重，围岩稳定性降低。

方案三爆破后的效果如图 7. 15 所示，在围岩破碎的情况下，试验孔部分能清晰看到存在 9 条半孔痕，半孔率达到 90%，形成的围岩壁面平整度较好，无超挖。

试验孔部分切缝聚能装药径向不耦合系数 $K=1.54$，相较于 $K=1.13$ 时，半孔痕条数增多，壁面开挖的平整度更高，在切缝方向即开挖轮廓线方向，能量更加集中，切缝药包聚能爆破效应更明显，同时在非切缝方向即被保护岩体面受到的能量作用小，壁面保留完整，岩体损伤小，相较于常规光面爆破，光面爆破效果得到极大改善。

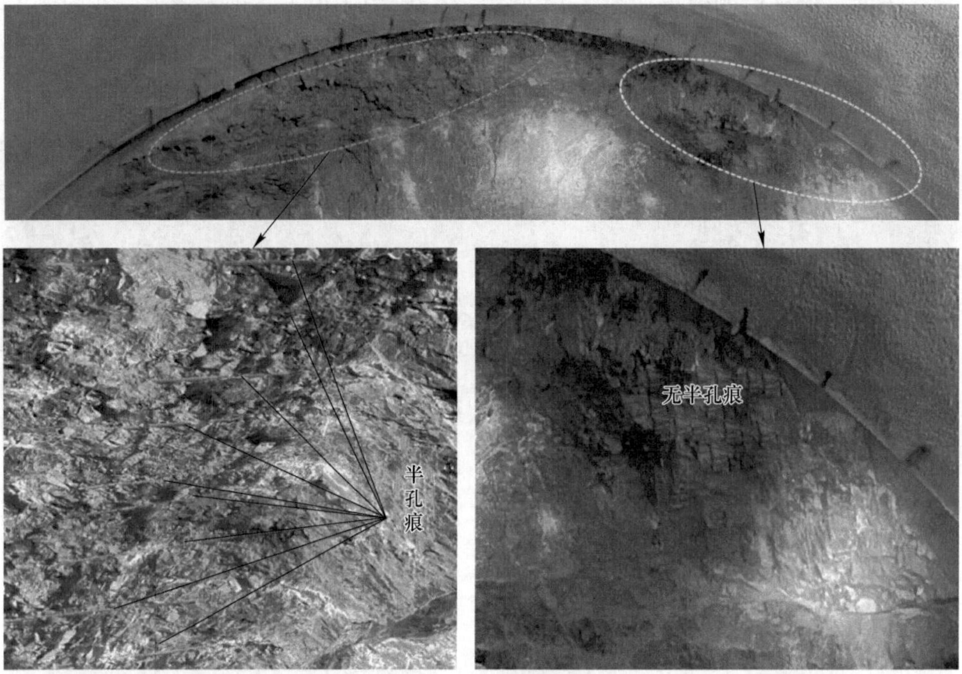

图 7.15　方案三光面爆破效果图

7.1.2.2　全断面周边孔切缝药包光面爆破对比试验

基于常规装药与切缝药包装药光面爆破对比试验，方案三的径向不耦合系数为 1.51 时切缝药包取得的光面爆破效果最佳。故开展周边孔径向不耦合系数为 1.54 的切缝聚能光面爆破和常规装药光面爆破。周边孔采用常规爆破参数设计情况下得到周边孔爆破效果如图 7.16 所示。

图 7.16　常规光面爆破效果图

由图 7.16 可知，隧道顶拱部分存在欠挖，顶拱右侧和左侧均出现超挖，整个壁面开挖参差不齐，半孔痕 0 条，半孔率为 0，一次爆破循环进尺 3.3 m，整体爆破效果差。常规爆破一次循环炸药使用量为 230.4 kg，开挖方量为 320～

330 m^3,炸药单耗为 0.72 ~0.70 kg/m^3。经现场测量周边孔的残孔深度 65~70 cm，如图 7.17 所示，炮孔利用率 82.5%。

图 7.17 常规爆破残孔长度测量图

全断面周边孔切缝聚能药包光面爆破试验的爆破地点为临沧市勐省隧道进口端左洞，掌子面桩号为 ZK393+723.404。试验地点在隧道加宽段，断面周长增大，周边孔为 35 个，孔距增大，现场测量周边孔孔距，由之前的 550~650 mm 增大到 700~1000 mm。每个试验孔装 6 卷小直径 1 号岩石乳化炸药，孔底两卷，单卷重 0.25 kg，采用单发数码电子雷管孔底起爆，导爆索传爆，炮泥填塞。周边孔孔内的装药结构如图 7.18 所示。

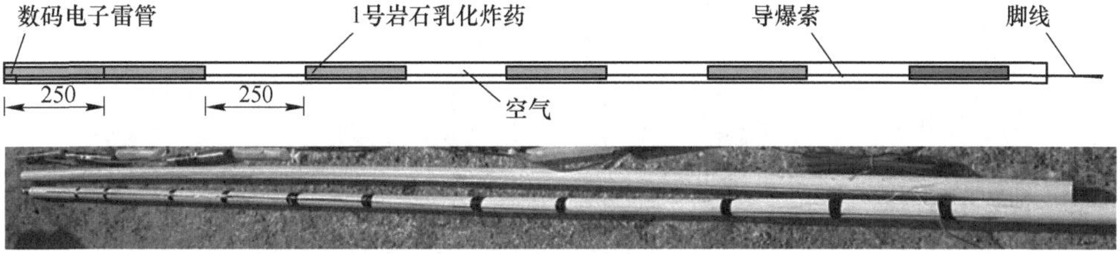

图 7.18 全断面周边孔切缝管内装药结构示意图（单位：mm）

切缝药包光面爆破周边孔现场布置图如图 7.19 所示。

图 7.19 全断面切缝聚能光面爆破周边孔爆前布置图

爆破后周边孔的切缝聚能光面爆破效果如图 7.20 所示。通过现场的统计分析，测量左帮底侧残孔深度为 30 cm，右帮未发现残孔，整个开挖的周边孔半孔痕有 19 条，壁面开挖较平整。

(a)

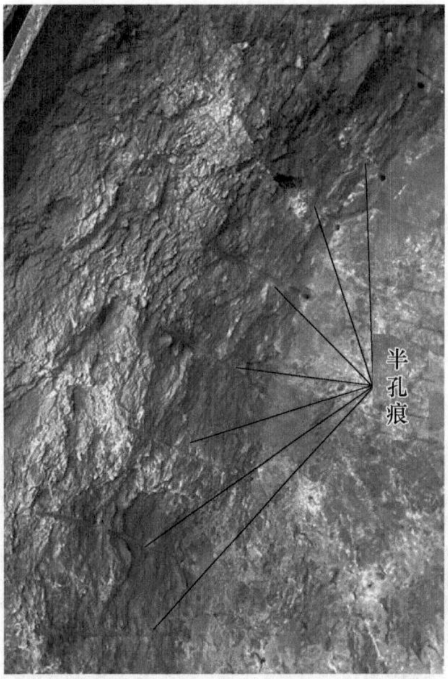

(b)　(c)

图 7.20　切缝药包光面爆破效果图

(a) 顶拱；(b) 左侧围岩；(c) 右侧围岩

周边孔在使用切缝聚能光面爆破时，试验孔部分整体壁面的开挖效果好，前期进行周边孔 3 种不同径向不耦合系数切缝聚能装药结构的同断面光面爆破试验，在周边孔切缝聚能装药结构径向不耦合系数为 1.54 时，光面爆破效果最佳。对比分析在此径向不耦合系数条件下使用切缝药包聚能光面爆破和常规装药爆破下的超欠挖量、每延米喷浆量，同时通过上述的全面周边孔爆破对比试验，对比分析切缝聚能药包定向断裂控制爆破技术相较于常规爆破技术手段的优势及其在现场应用的可行性。通过在现场收集相关爆破效果数据，对其进行分析，超欠挖情况如图 7.21 所示。

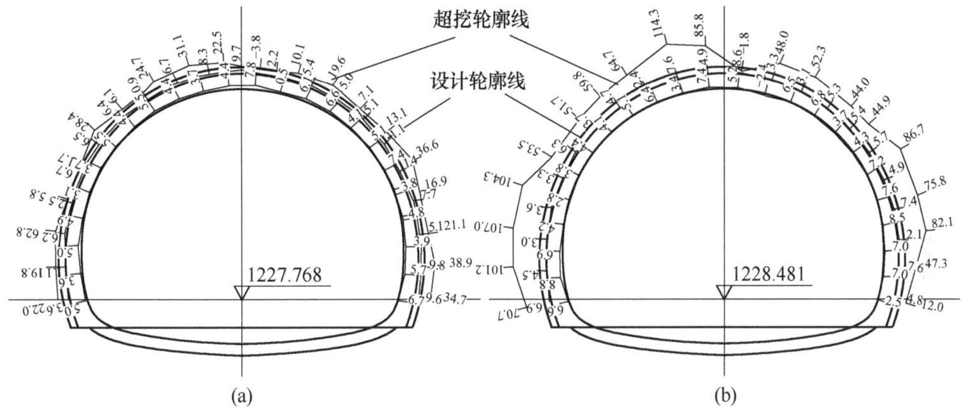

图 7.21 不同装药结构爆后超欠挖示意图（单位：cm）
（a）切缝聚能药包爆破；（b）常规装药爆破

利用现场断面仪，测得一次常规光面爆破超欠挖情况，如图 7.21（b）所示，超挖面积最大可达每延米 16.471 m^2，最大超挖 1.143 m，平均超挖 0.693 m。切缝聚能光面爆破的情况如图 7.21（a）所示，每延米超挖 2.508 m^2，最大超挖 0.253 m，平均超挖 0.084 m。通过现场统计得到在使用切缝药包控制爆破时，整个断面爆破消耗炸药 219.9 kg，一次爆破开挖爆炸 350~360 m^3，炸药单耗 0.61~0.62 kg/m^3。

通过表 7.8、表 7.9 可以看出，在周边孔中使用常规装药爆破时，平均爆破循环进尺 3.3 m，平均炮孔利用率为 82.5%，平均炸药单耗为 0.72 kg/m^3，顶拱部分平均半孔率基本为 0，平均超挖 693 mm，一个循环平均喷浆量 52.76 m^3需耗时 150 min；当周边孔中使用切缝药包聚能控制爆破时，平均爆破循环进尺 3.7 m，平均炮孔利用率为 92.5%，炸药单耗为 0.61 kg/m^3，顶拱部分平均半孔率为 93%，平均超挖 84 mm，一个循环喷浆量 41.36 m^3耗时 115 min。与周边孔常规装药爆破相比，当周边孔采用切缝聚能药包控制爆破时，平均爆破循环进尺提高 0.4 m，平均炮孔利用率提高 12%，平均炸药单耗降低 0.1 kg/m^3，平均超挖降低 80.7%，一个循环喷浆量降低 21.6%，一个循环喷浆时间缩短 35 min，周边孔孔距拉大 21.5%~35%。可见，相比于周边孔采用常规装药爆破，在周边孔采用切缝聚能装药爆破时，能够明显地降低周边孔单孔装药量，拉大周边孔间距，提高一次爆破循环进尺，提高炮孔利用率，减少超欠挖，提高围岩稳定性，减少一个循环喷浆量，缩短喷浆时间，提高隧道施工效率，周边孔使用切缝药包装药结构，不仅加快了隧道爆破掘进施工速度，还提高了隧道施工的安全性。

表 7.8 全断面周边孔爆破效果统计

名称	周边孔单孔装药量/kg	总装药量/kg	半孔痕/条	平均超欠挖/mm	顶拱部分半孔痕率/%
常规爆破	1.2	230.4	0	+693	0
切缝药包爆破	0.9	219.9	19	+134	93

注："+" 表示超挖。

表 7.9 爆破效果统计表

名称	一次爆破进尺/m	炮孔利用率/%	炸药单耗/kg · m^{-3}	喷浆量/m^{3} · m^{-1}	喷浆时间/min	周边孔孔距/cm
常规爆破	3.3	82.5	0.72~0.7	52.76	150	55~65
切缝药包爆破	3.7	92.5	0.62~0.61	41.36	115	70~100

产生上述结果的原因主要是，整个勐省隧道的围岩性质差，岩石破碎，节理、层理发育，钻爆掘进施工的过程中，大部分炸药的能量被岩石或岩石间的裂隙吸收消耗，周边孔孔内炸药的能量不能充分有效地作用在开挖轮廓面沿线方向，造成隧道超欠挖严重，而在采用切缝药包爆破时，药包的切缝开口方向主要沿着隧道开挖的轮廓线布置，爆破时能量主要聚集在切缝方向，在切缝方向的岩石受到应力集中效应，岩体起裂扩展最后贯通，形成较完整的开挖壁面。

7.1.3 切缝药包现场爆破结论

在勐省隧道开展了切缝聚能药包光面爆破的现场应用研究，首先进行了同断面周边孔不同径向不耦合系数的切缝聚能光面爆破试验，基于爆破效果的比较，选择周边孔切缝聚能装药结构的径向不耦合系数 $K=1.54$，进行全断面周边孔切缝聚能光面爆破对比试验。经过统计，对比分析了全断面常规装药光面爆破和切缝聚能光面爆破的试验结果，结论如下：

(1) 与周边孔采用常规装药光面爆破相比，当周边孔采用切缝聚能光面爆破时，隧道的一次爆破循环由 3.3 m 提高到 3.7 m，进尺提高 0.4 m，炮孔利用率提高 12%。

(2) 当采用切缝聚能药包光面爆破时，光面爆破效果明显提高，半孔痕由 0 条增加到 19 条，顶拱半孔率由 0 增加到 93%，平均超挖由 693 mm 降低到 134 mm,降低 80.7%。

(3) 当周边孔采用切缝聚能光面爆破时，与周边孔采用常规装药光面爆破时相比，周边孔单孔药量由 1200 g 降低至 900 g，一次循环炸药单耗由 0.72 kg/m^3降低至0.61 kg/m^3，降低0.1 kg/m^3；周边孔孔距由55~65 cm 拉大到 70~100 cm,拉大 21.5%~35%，在降低周边孔单孔装药的同时，拉大周边孔孔距，切缝聚能药包光面爆破效果具有明显提高，表明切缝聚能药包爆破提高了炸药爆炸能量在切缝方向的利用率，加强了炸药爆炸能量在隧道轮廓线方向对岩体的致裂作用。

(4) 当采用切缝聚能药包光面爆破时，一个循环喷浆量由 52.76 m^3/m 降低到 41.36 m^3/m，降低 21.6%，喷浆时间缩短 35 min。

采用切缝聚能装药结构，周边孔光面爆破开挖质量显著提高，降低了施工成本，加快了隧道掘进速度。表明切缝聚能光面爆破技术在面临隧道围岩破碎时，相较于常规爆破具有显著的优势。

7.2 切缝聚能水压爆破试验

7.2.1 现场粉尘分布情况

在隧道钻爆掘进作业时，炸药爆炸释放大量的能量使得岩石破碎。在此过程中，爆破振动及爆炸破岩过程中会产生和带来大量的粉尘，粉尘伴随气流释放出来，在通风条件较差的情况下，粉尘长时间滞留在空气中；同时爆炸冲击波使地面堆积的粉尘及掌子面附近黏附的粉尘获得一定的动能，从而飘浮在空气中。勐省隧道施工的通风方式为压入式通风，在衬砌台车的阻碍作用下，粉尘在掌子面与台车组成的空间内会出现循环涡旋流动现象，导致通风效果不佳，如图 7.22 所示。在现场实际爆破施工中，爆破施工工艺采用二阶二段楔形掏槽方式，下导的开挖面与上导（掌子面）相差 50~70 m，在掌子面部分爆破后，下导部分起爆，这就会使得地面大面积堆积的粉尘扬起，空气中的粉尘浓度超过警戒值。未起爆前地面堆积的粉尘如图 7.23 所示。

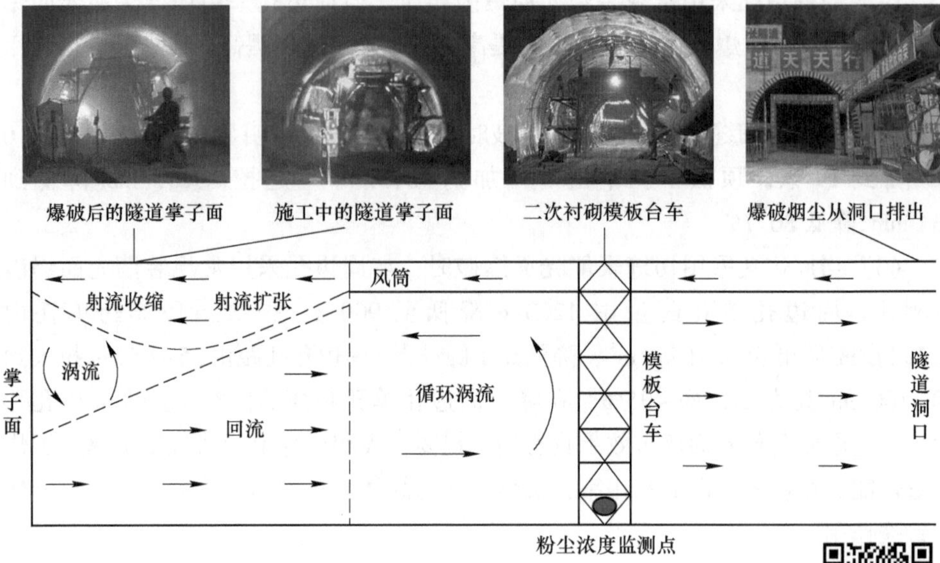

图 7.22 现场粉尘分布及通风示意图

扫码见图

图 7.23 现场粉尘堆积分布图

扫码见图

7.2.2 切缝聚能水压爆破试验过程

制作水袋，采用小直径水袋，水袋相关参数见表 7.10。

表 7.10 小直径水袋参数

名称	直径/mm	长度/mm	材质
水袋	25～28	200～230	PVC 膜

水袋制作过程如图 7.24 所示。

基于第 4 章的周边孔切缝聚能光面爆破装药结构将其中的空气间隔换成水介

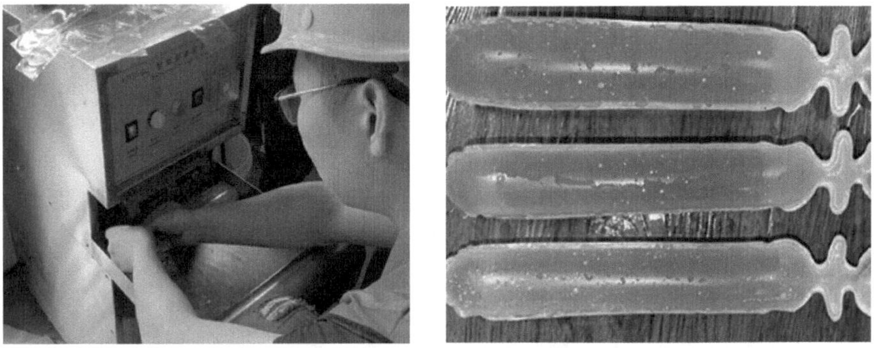

(a)　　(b)

图 7.24　水袋制作过程

（a）水袋制作机；（b）成形的水袋

质间隔，得到如图 7.25 所示的切缝聚能水压光面爆破装药结构，通过导爆索实现传爆不中断。在掏槽孔和辅助部分使用水袋填塞。

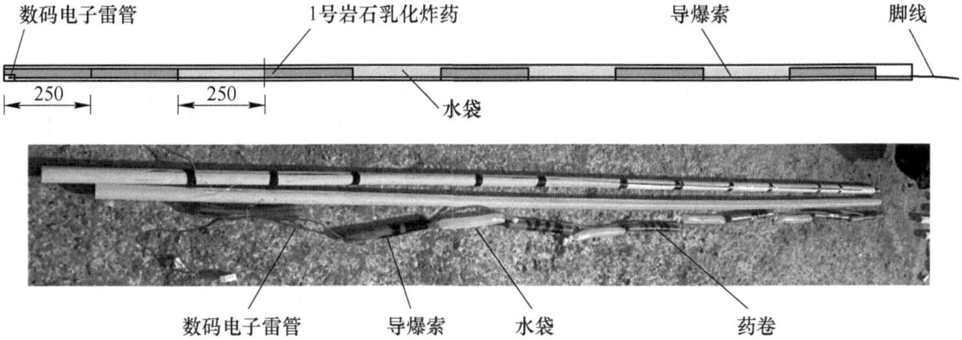

图 7.25　一体化切缝水压爆破装药结构示意图（单位：mm）

掏槽孔和辅助孔装药结构如图 7.26 所示，掏槽孔单孔装药 11 卷 3.3 kg，辅助孔单孔装药 6 卷 1.8 kg。

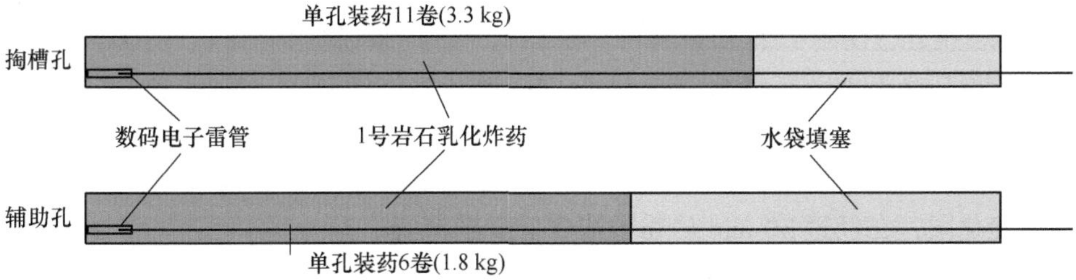

图 7.26　掏槽孔、辅助孔孔内装药结构示意图

7.3　切缝聚能水压爆破试验结果分析

7.3.1　爆破降尘效果

利用布置在距离掌子面 70~80 m 的监控设备，不同爆破工艺下爆后隧道内粉尘浓度随时间变化的情况如图 7.27、图 7.28 所示。

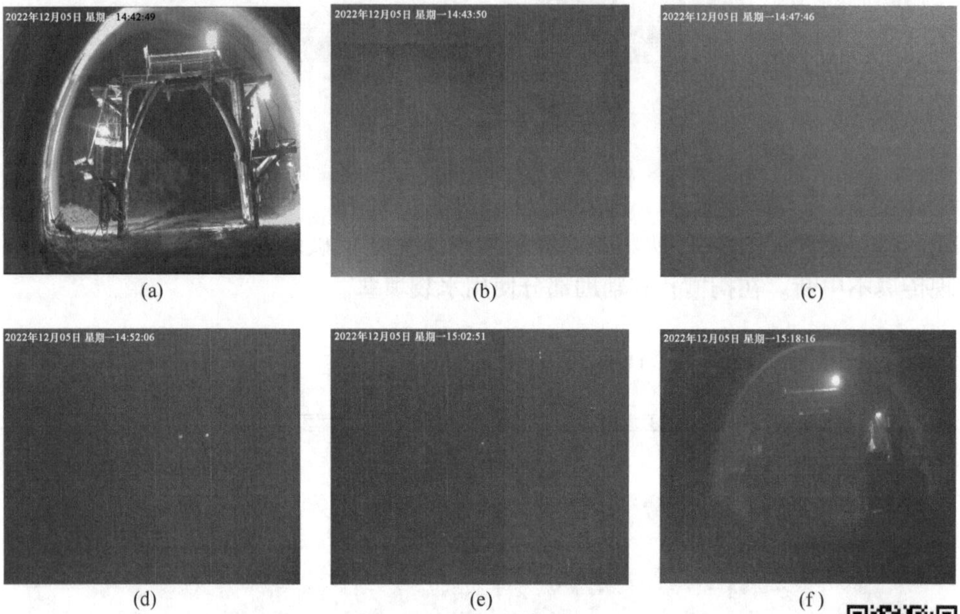

图 7.27　常规爆破后隧道内粉尘浓度随时间变化情况图

（a）爆前几秒；（b）爆后 1 min；（c）爆后 5 min；
（d）爆后 10 min；（e）爆后 20 min；（f）爆后 30 min

扫码见图

通过图 7.27 可以看出，在爆后 1 min 爆破粉尘充满整个施工作业面，通风机打开，掌子面粉尘浓度逐渐向支护台车扩散，在爆后第 5 min 的时候，隧道内充满粉尘，能见度基本为 0，图 7.27（d）为在第 10 min 时，开始出渣作业，期间粉尘浓度变化，由图 7.28 可以看出，在 5~10 min 时现场粉尘浓度超过 1000 mg/m^3，粉尘浓度居高不下，在爆后 20 min 粉尘浓度开始逐渐降低，降低速度较快，此时通风机功率最大，通风作用时间长，同时配合现场洒水车施工作业，极大地降低了隧道内的粉尘浓度，如图 7.27（f）所示，隧道掌子面逐渐清晰，结合粉尘浓度变化图，在经过 30 min 后粉尘浓度低于报警值。

如图 7.28 所示，在采用切缝水压光面爆破后，全断面使用水袋填塞的情况下，爆后 1 min 粉尘充满整个施工作业面，在图 7.27（c）~（d）这 5 min 内粉尘

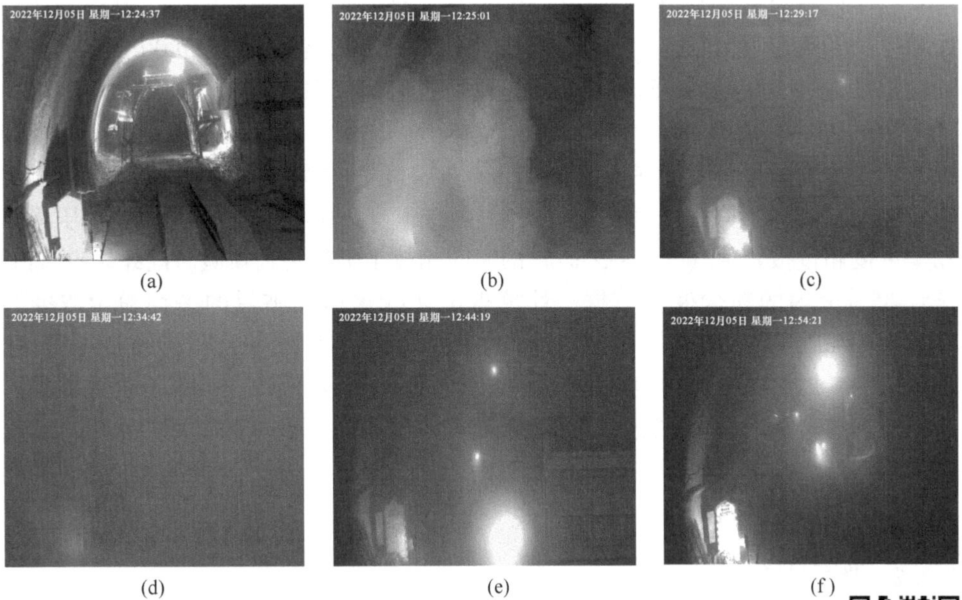

图 7.28 切缝聚能水压爆破后现场粉尘浓度随时间变化情况图

(a) 爆前几秒；(b) 爆后 1 min；(c) 爆后 5 min；

(d) 爆后 10 min；(e) 爆后 20 min；(f) 爆后 30 min

扫码见图

逐渐充满整个隧道距掌子面 50 m 的范围；在图 7.27 (d)~(e) 这 10 min 内，作业车辆逐渐进入施工，开始出渣，整个监控画面看出粉尘浓度较图 7.27 (e) 有所降低；在爆后 30 min，图 7.28 (f) 较图 7.27 (f) 清晰度提高，说明较常规爆破，水压爆破技术有一定程度的降尘作用。利用现场粉尘监测设备，提取爆破前 3 min 至爆后 35 min 粉尘浓度随时间变化曲线，如图 7.29 所示。

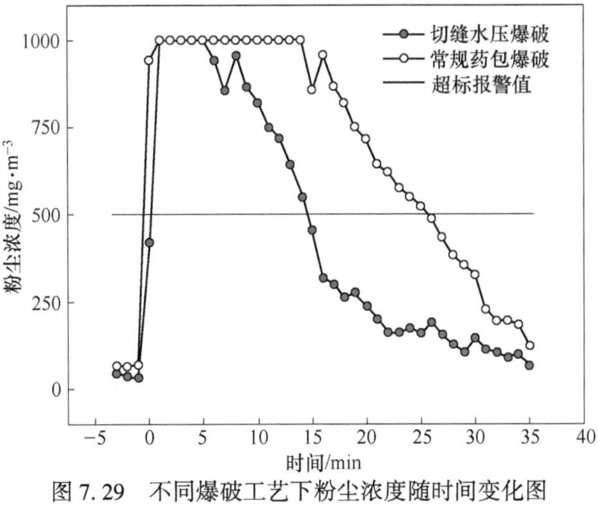

图 7.29 不同爆破工艺下粉尘浓度随时间变化图

粉尘监测点在距离掌子面 70~80 m 的二台位置，现场的粉尘监测仪器在粉尘浓度达到或超过 1000 mg/m^{3}后，仪器报警并记录数值恒定为 1000 mg/m^3，在粉尘浓度超过 500 mg/m^{3}时仪器报警。受粉尘监测仪精度限制，监测的粉尘浓度为 1/10~100 μm。通过图 7.29 可知，整体上，使用切缝水压药包爆破、常规爆破时粉尘浓度超过并维持在峰值 1000 mg/m^{3}的时间分别为 5 min、15 min，相比前者，粉尘浓度维持在峰值的时间减少 10 min；两种爆破工艺下，切缝水压爆破粉尘浓度超过报警值（500 mg/m^3）的时间相较于常规装药爆破时间缩短11 min；统计 35 min 内的粉尘变化数据，计算得出切缝水压爆破后的平均粉尘浓度为 457.4 mg/m^3，常规装药爆破后的平均粉尘浓度为 708.5 mg/m^3，超过报警值，前者较后者爆后的平均粉尘浓度降低 251.1 mg/m^3，降低约 35.4%。这主要是由于采用切缝聚能水压爆破技术后，爆破瞬间水袋中的水受炸药能量的作用，瞬间被雾化，形成水雾，飘浮在空气中，吸附粉尘，降落在地面，达到减少爆破瞬间空气中粉尘浓度的目的。

7.3.2　光面爆破效果

切缝水压聚能光面爆破效果如图 7.30 所示。

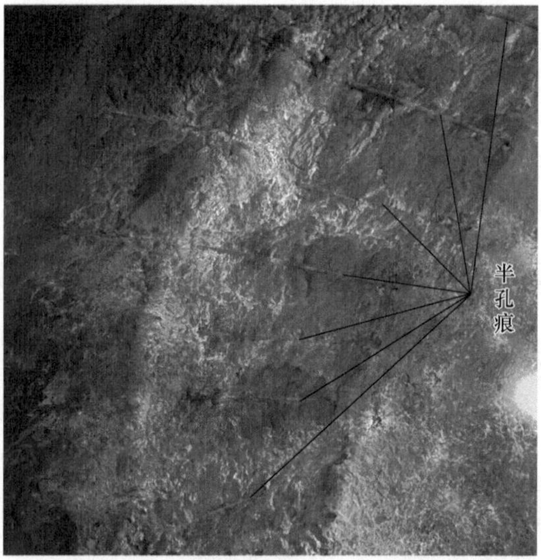

图 7.30　切缝聚能水压光面爆破效果图

扫码见图

从图 7.30 可以看出，周边孔光面爆破效果好，由于水的储能作用和缓冲作用，周边孔炮孔的间距较常规爆破从 55~60 cm 拉大到 70~100 cm，同时降低了爆炸应力波作用在炮孔壁上的应力峰值，缩小了爆炸压碎区范围，半孔率提高；受“水楔”效应的影响，加强了能量在切缝方向的作用，岩石裂纹断裂扩展更充分。整个轮廓开挖壁面平整，围岩受到的损伤小，围岩稳定性得到提高。统计试验结果见表 7.11。

表 7.11 切缝聚能水压光面爆破效果情况表

爆破技术	光面爆破效果			降尘效果		
	半孔率 /%	最大超挖 /cm	平均超挖 /cm	粉尘浓度维持峰值时间 /min	平均粉尘浓度 /mg · m^{-3}	超过报警值 (500 mg · m^{-3}) 的时间/min
Q_b	94	10	8	5	457.4	20
C_b	0	110	69	14	708.5	30

从表 7.11 可知，Q_b、C_b分别代表切缝聚能水压爆破和常规爆破技术，在周边孔采用切缝聚能水压控制爆破技术时，光面爆破效果得到极大的提高，最大超挖降低 91%，平均超挖降低 88%，光面爆破效果较显著。

7.3.3 效果分析

本章通过在切缝聚能管中轴向间隔加入水袋，形成一体化的切缝聚能水压光面爆破装药结构，同时对全断面的炮孔采用水袋填塞，开展现场水压爆破试验。试验结果表明：

（1）切缝聚能水压光面爆破有利于提高光面爆破效果，爆破后周边孔半孔率达到 94%，最大超挖降低 91%，平均超挖降低 88%，开挖的壁面平整度高，降低爆破对被保留岩体的损伤，提高围岩的稳定性。同时拉大了周边孔孔距，水介质的存在增加了炸药爆破能量的利用率，“水楔”效应进一步增强了裂纹扩展。

（2）水压爆破能有效地降低爆破过程粉尘浓度，较常规装药爆破相比，一次循环爆破 35 min 内的平均粉尘浓度降低 35.4%，粉尘浓度维持在峰值的时间缩短 11 min，粉尘浓度超过报警值的时间缩短 10 min，极大地改善施工环境，加快施工进度。

7.4 水压光面爆破试验

光面爆破参数需要合理确定，才能有效地形成光面裂缝。影响光面爆破效果的主要因素有：线装药密度、炮孔间距及光爆层厚度的大小。线装药密度对于爆破开挖轮廓线的平整度起到了决定性作用：线装药密度过小会导致孔间不能贯通；线装药密度过大孔内岩石过度破碎，造成炸药的浪费。炮孔间距对于被爆围岩是否崩落影响巨大：炮孔孔距过大，不能崩落围岩，进行二次爆破会严重影响施工进度；孔距过小，增加钻孔工作量，相应的炸药量增加，严重影响企业经济效益。光爆层影响爆破的块度大小：光爆层厚度过大，被曝侧围岩不能完全崩落，会严重威胁施工人员的安全，且需要进行二次爆破，极大地增大爆破成本；若光爆层厚度过小，当应力波到达自由面则会发生反射拉伸，严重威胁被保护围岩，极大增加后期支护成本。

7.4.1　常规光面爆破方案设计

掏槽孔如图 7.31 中的 1 号炮孔，作用是先在开挖面上炸出一个槽腔，为后续炮孔的爆破创造新的临空面。

辅助孔如图 7.31 中的 2 号炮孔，作用是扩大掏槽孔炸出的槽腔，为周边孔爆破创造临空面。

周边孔如图 7.31 中的 3 号、4 号、5 号炮孔，作用是炸出较平整隧道断面轮廓。

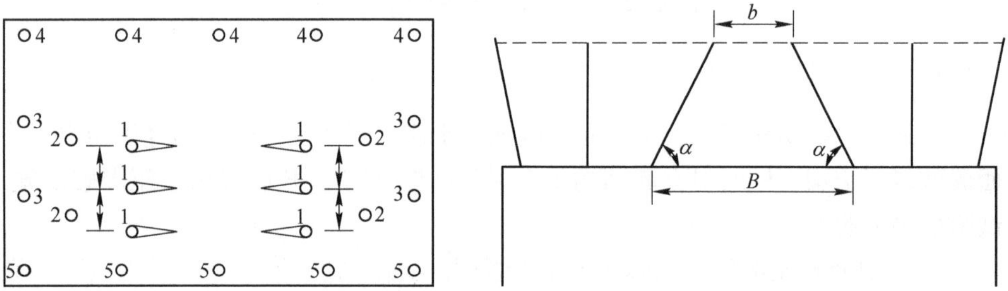

图 7.31　炮孔种类

1—掏槽孔；2—辅助孔；3—帮孔；4—顶孔；5—底孔

爆破的关键是掏槽孔和周边孔的爆破。

7.4.2　掏槽形式

爆破拟采用多阶多段楔形掏槽方式，设计开挖循环进尺 3.5 m。多阶多段掏槽爆破技术是从时空两个维度考虑，“时”为起爆时差，“空”即空间和位置，可以是新创造自由面，即炸药在掏槽区内的分布位置。

7.4.3　常规光面爆破方案设计

以勐省隧道Ⅳ级围岩为主，隧道底宽 12.43 m、顶高 7.41 m，断面周长为 46.56 m，断面面积为 76.35 m^2。水压光面爆破与常规光面爆破进行对比，常规光面爆破参数的选择主要来自理论计算及隧道现场的工程实践，水压光面爆破的孔网参数主要来自第 5 章数值模拟确定的光面爆破参数。钻孔施工图如图 7.32所示，常规爆破的炮孔参数如图 7.33 所示。

图 7.32 钻孔施工图

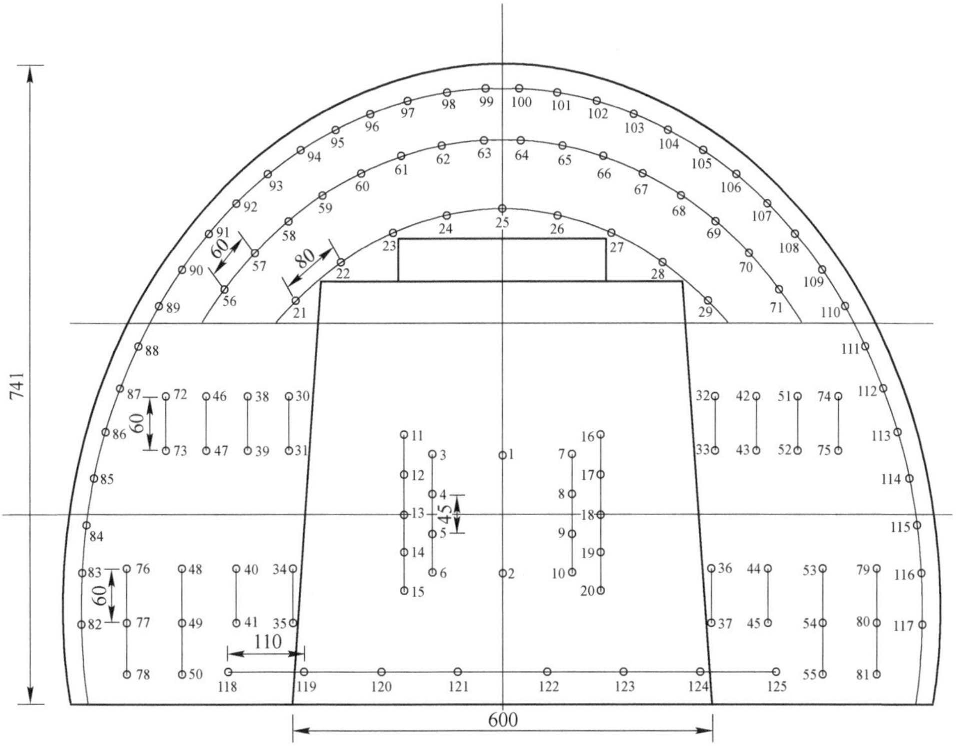

图 7.33 常规隧道掘进炮孔布置情况

具体爆破参数如下：

(1) 炮孔参数。常规光面爆破的周边孔孔数为 35 个（拱顶 15 个、左帮与右帮各 10 个)，掏槽孔数量为 16 个，辅助孔 36 个，内圈孔 30 个，底板孔 8 个，共计炮孔总数 125 个。炮孔的深度及炮孔间距见表 7.12。

表 7.12　常规隧道掘进爆破参数

炮孔类型		炮孔深度/mm	炮孔个数	炮孔间距/mm	孔径/mm
周边孔	顶拱	3500	15	500	40
	左帮		10		
	右帮		10		
内圈孔		3500	30	500	
辅助孔		3500	36	500~700	
掏槽孔		4500	16	450~600	
底板孔		4500	8	1000~1200	
合计			125		

(2) 装药量。常规光面爆破装药量见表 7.13，可知常规光面爆破周边孔装药总量 42 kg，单孔装药量为 1.2 kg；掏槽孔的总药量为 38.4 kg，辅助孔的装药量为 64.8 kg，内圈孔和底板孔的装药量分别为 54 kg、16.8 kg。

表 7.13　常规隧道掘进爆破装药量

炮孔类型	炮孔个数	单孔装药量/kg	总药量/kg
周边孔	35	1.20	42.0
内圈孔	30	1.80	54.0
辅助孔	36	1.80	64.8
掏槽孔	16	2.40	38.4
底板孔	8	2.10	16.8
合计	125		216

(3) 装药结构。常规隧道掘进爆破时，所有孔均采用连续不耦合装药，且不进行填塞。并且，使用导爆管雷管进行孔底起爆。装药结构图如图 7.34 所示。

7.4.4　水压光面爆破方案设计

水压光面爆破的孔网参数选择主要来自数值模拟研究，由第 5 章可知，选择的装药不耦合系数为 1.3，线装药密度为 300 g/m，炮孔间距为 80 cm，相比于常规光面爆破参数，炮孔孔距拉大了 30 cm。光爆层厚度为 70 cm，相对于常规光面爆破增大了 10 cm。水压光面爆破装药结构如图 7.35 所示。

具体爆破参数及要点如下。

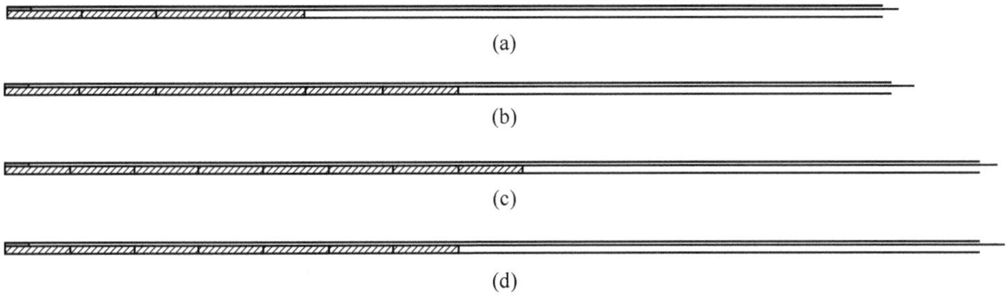

图 7.34 常规隧道掘进爆破装药结构

(a) 周边孔；(b) 内圈孔及辅助孔；(c) 掏槽孔；(d) 底板孔

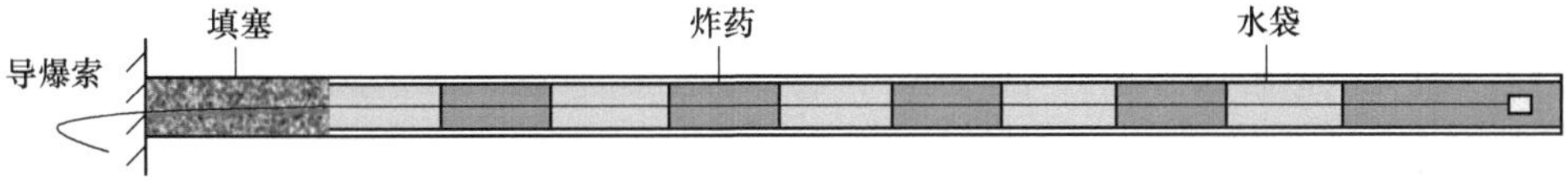

图 7.35 装药结构示意图

7.4.4.1 炮孔参数

在不采用切缝管的情况下，周边孔按照理论公式确定单孔装药量和孔间距，采用连续不耦合装药。其周边孔间距 a 的计算公式如下：

$$a = (2bP_2/S_t)^{1/\partial}\ d_b \tag{7.1}$$

$$b = \gamma/(1-\gamma) \tag{7.2}$$

$$P_2 = K_b S_c$$

式中 b——切向与径向应力的商；

γ——隧道围岩的泊松比，$\gamma = 0.25$；

P_2——作用在炮孔壁的冲击压力，$P_2 = 708$；

K_b——在体积应力下岩石抗压强度的增大系数，取 12；

S_c——单轴抗压强度，取 59 MPa；

S_t——岩石单轴抗拉强度，取 4.72 MPa；

∂——应力波衰减系数，$\partial = 2-b = 1.67$；

d_b——炮孔直径，取 40 mm。

将上述数据代入式（7.1）、式（7.2），计算得到 a = 633.96 mm，根据现场的情况取 650 mm。

设计聚能水压光面爆破隧道断面共布置 114 个炮孔。经过优化后，顶拱部分周边孔距 700 mm，左右帮墙部分周边孔孔距 900 mm。其余炮孔沿用目前现场施工队所使用的炮孔参数。在同一断面上同时使用常规光面爆破参数和水压光面爆破参数，尽量排除其他地质因素。现场爆破孔网参数如图 7.36 所示。水压光面

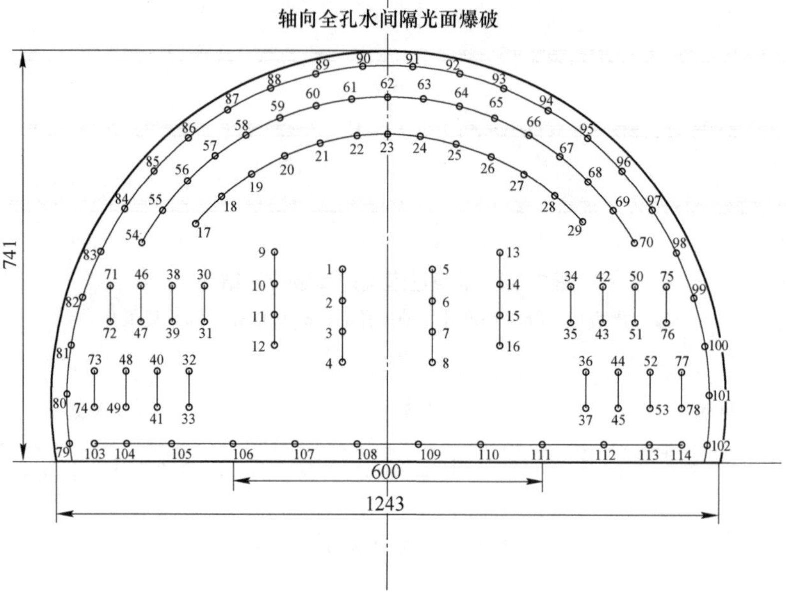

图 7.36　炮孔布置平面图（单位：cm）

爆破的周边孔孔数为 24 个（拱顶 10 个、左帮与右帮各 7 个），掏槽孔数量为 16 个，辅助孔 36 个，内圈孔 30 个，底板孔 8 个，共计炮孔总数 114 个。炮孔的深度及炮孔间距见表 7.14。

表 7.14　水压炮孔参数

炮孔类型		炮孔深度/mm	炮孔个数	炮孔间距/mm	孔径/mm
周边孔	顶拱	4000	10	800	40
	左帮		7	800	
	右帮		7	800	
内圈孔		3500	30	600	
辅助孔		3500	36	500~700	
掏槽孔		4500	16	450~600	
底板孔		4500	8	1000~1200	
合计			114		

7.4.4.2　装药量

周边孔常规装药量计算，单孔的线装药密度计算公式如下：

$$L_1 \leqslant 8K_b S_c\ (d_b/d_c)^6/(n\rho D_1^2) \tag{7.3}$$

式中 d_c——炸药直径，取 25 mm；

n——气体与炮孔壁碰撞时压力增大系数，$n=8\sim11$，取 10；

ρ——炸药密度，乳化炸药为 0.95~1.30 g/cm^3，取 1.20 g/cm^3；

D_1——爆速，一般取 4500 m/s。

换算成单孔装药量如下：

$$q = \pi d_c^2/(4L_1\rho L) \tag{7.4}$$

式中 L——炮孔深度，取 4000 mm。

联立式（7.3）、式（7.4）计算并进行优化后 q 取 0.9 kg。

其余炮孔仍使用直径为 32 mm 的 1 号岩石炸药，但单孔均减少 1 卷药。水压爆破装药量见表 7.15，可知水压光面爆破周边孔装药总量 21.6 kg，单孔装药量为 0.9 kg；掏槽孔的总药量为 33.6 kg，辅助孔的装药量为 54 kg，内圈孔和底板孔的装药量分别为 45 kg、14.4 kg。

表 7.15 水压爆破装药量

炮孔类型		炮孔个数	单孔装药量/kg	总药量/kg
周边孔	顶拱	10	0.9	21.6
	左帮	7		
	右帮	7		
内圈孔		30	1.50	45.0
辅助孔		36	1.50	54.0
掏槽孔		16	2.10	33.6
底板孔		8	1.80	14.4
合计		114		168.6

7.4.4.3 装药结构

对周边孔进行装药时，单孔装入 6 卷乳化炸药，装药长度为 1500 mm；使用水袋间隔并用导爆索连接，然后装入聚能管中组装成聚能药包；将聚能药包装入炮孔后，使用炮泥进行填塞。其余炮孔在连续不耦合装药的基础上采用炮泥进行填塞。装药结构图如图 7.37 所示。

7.4.4.4 起爆网路

设计勐省隧道全断面使用数码电子雷管起爆。首爆孔为一阶掏槽孔，延期 50 ms 后起爆；后爆孔等间隔 150 ms 起爆，以此类推。详细延期起爆时间设计见表 7.16，起爆网路如图 7.38 所示。

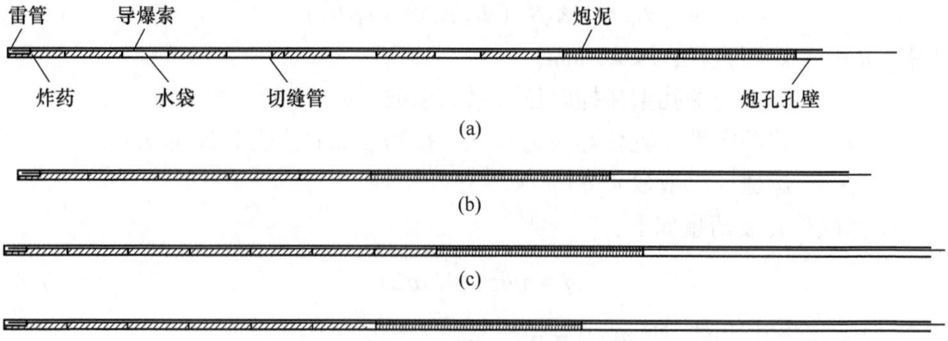

图 7.37　优化后装药结构

(a) 周边孔；(b) 内圈孔及辅助孔；(c) 掏槽孔；(d) 底板孔

表 7.16　延期起爆时间设计

名称	炮孔编号	延期时间/ms	名称	炮孔编号	延期时间/ms
一阶掏槽孔	1~8	50	外圈孔	46~55	500
二阶掏槽孔	9~16	200	辅助孔	56~72	650
辅助孔	17~29	350	辅助孔	73~82	800
内圈孔	30~37	350	周边孔	83~106	950
辅助孔	38~45	350	底板孔	107~114	1100

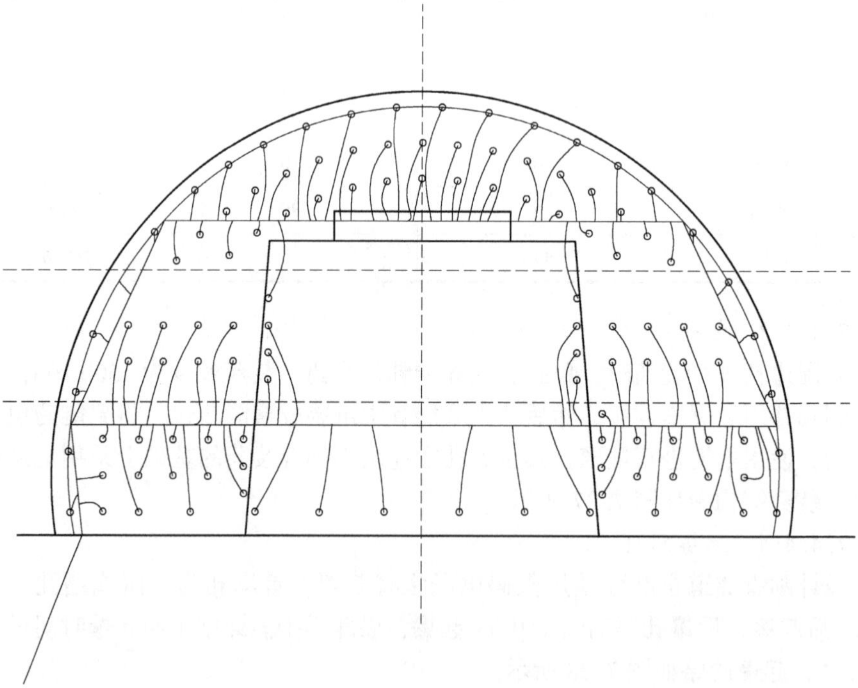

图 7.38　起爆网路图

7.4.4.5 水压光面爆破施工步骤

相比于常规光面爆破，水压爆破在工艺流程上需要在装药之前加工炮泥和水袋，并先在孔底放置两个药卷，然后依次放置水袋和炸药，如图 7.39 所示。在水袋和炸药放置完成后使用炮泥进行封堵，用木棍捣实，如图 7.40 所示。

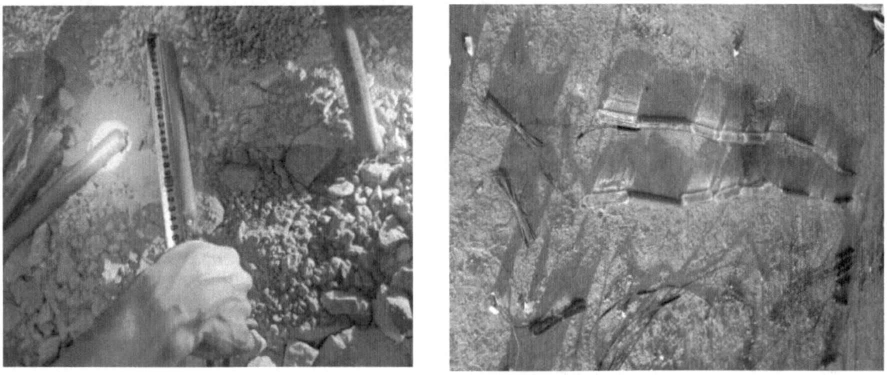

图 7.39 装药结构示意图

图 7.40 清孔及装药

7.4.4.6 水压光面爆破技术要点

水压爆破的关键点主要是水袋的制作与炮孔的有效封堵。水袋是由聚乙烯塑料制成，通过 KPS-60 型水袋自动封装机生产，水袋厚 0.8 mm 左右，炮孔直径为 40 mm，水袋直径为 30 mm，水袋长 200 mm 左右。炮泥采用 PNJ-A 型炮泥机制作而成，炮泥成型后要求软硬适中，表面光滑，炮泥以黏土为主，黏土、砂、粉煤灰、水的配比为 100∶6∶7∶15。经过人工拌匀，软化 1~2 h 后，装入炮泥机开始生产，将其制作成直径 32 mm、长 20~30 cm 的炮泥节装箱；制作好的炮泥采用塑料膜覆盖，如图 7.41~图 7.44 所示。

图 7.41　水袋制作

图 7.42　水袋实物图

图 7.43　炮泥制作机器

图 7.44　炮泥实物图

7.4.5　爆破参数优化对比分析

项目爆破试验里程范围内均为Ⅳ级和Ⅴ级围岩，针对Ⅳ级和Ⅴ级围岩优化前后的爆破参数对比数据见表 7.17。

表 7.17　优化前后参数对比

爆破技术	周边孔孔数/个	周边孔单孔药量/kg	周边孔总装药量/kg	全断面孔数/个	全断面总装药量/kg	平均循环进尺/m	爆破方量/m^3	一次掘进炸药单耗/$kg \cdot m^{-3}$
常规隧道掘进爆破技术	35	1.2	42.0	125	216	3.20	245.08	0.884
聚能水压光面爆破技术	24	0.9	21.6	114	168.6	3.56	271.81	0.620
下降比率/%	31.43	25	48.57	8.8	9.44			29.84

开展对现场爆破后粉尘浓度数据变化的统计分析。利用现场设备收集爆破前 15 min 至爆破后 45 min 内的现场粉尘浓度变化情况。整体上，使用聚能水压爆破时，粉尘浓度维持在峰值 1000 μg/m^{3}的时间为 5 min，相比传统爆破下的粉尘浓度在峰值的时间减少 10 min；前者维持在 500~1000 μg/m^{3}的时间相比后者的时间少 5 ~ 6 min。采用传统爆破在起爆后 45 min 内的平均粉尘浓度约为 547 μg/m^3，水压爆破时的平均粉尘浓度约为 460 μg/m^3，降低约 16%，整个周边孔 35 个，可大致推算在全断面填水袋后的粉尘浓度大约降低 57%。

7.4.6 爆破振动安全计算

爆破振动的测试原理是在爆破地点附近的保护对象安置传感器，对爆破振动进行监测，测出爆破振动值和主振频率大小，根据《爆破安全规程》（GB 6722—2014）规定的爆破振动安全允许标准见表 7.18，作出爆破振动监测评判结论。

表 7.18 爆破振动安全允许标准

序号	保护对象类别		安全允许质点振动速度 v/cm · s^{-1}		
			$f\leq 10$ Hz	$10\ \text{Hz}<f\leq 50\ \text{Hz}$	$f>50$ Hz
1	土窑洞、土坯房、毛石房屋		0.15~0.45	0.45~0.9	0.9~1.5
2	一般民用建筑物		1.5~2.0	2.0~2.5	2.5~3.0
3	工业和商业建筑物		2.5~3.5	3.5~4.5	4.2~5.0
4	一般古建筑与古迹		0.1~0.2	0.2~0.3	0.3~0.5
5	运行中的水电站及发电厂中心控制室设备		0.5~0.6	0.6~0.7	0.7~0.9
6	水工隧洞		7~8	8~10	10~15
7	交通拥翠乡爆破点		10~12	12~15	15~20
8	矿山巷道		15~18	18~25	20~30
9	永久性岩石高边坡		5~9	8~12	10~15
10	新浇大体积混凝土（C20）				
	龄期	初凝约 3 d	1.5~2.0	2.0~2.5	2.5~3.0
		3~7 d	3.0~4.0	4.0~5.0	5.0~7.0
		7~28 d	7.0~8.0	8.0~10.0	10.0~12

注：爆破振动监测应同时测定质点振动相互垂直的 3 个分量。

1. 表中质点振动速度为三个分量中的最大值，振动频率为主振频率。
2. 频率范围根据现场实测波形确定或按如下数据选取：硐室爆破 f 小于 20 Hz，露天深孔爆破 f 在 10~60 Hz 之间，露天浅孔爆破 f 在 40~100 Hz 之间；地下深孔爆破 f 在 30~100 Hz 之间，地下浅孔爆破 f 在 60~300 Hz 之间。

计算依据为萨道夫斯基振速表达式：

$$v = K\left(\frac{\sqrt[3]{Q}}{R}\right)^{a} \tag{7.5}$$

式中　R——爆破振动安全允许距离；

Q——炸药量，齐发爆破为总药量，延迟爆破为最大一段药量；

v——保护对象所在地质点振动安全允许速度；

K,a——与爆破点至计算保护对象间的地形、地质条件有关的系数和衰弱指数，根据经验取值（见表7.19）。

表7.19　K、a 值经验取值范围

岩性	K	a
坚硬岩石	50~150	1.3~1.5
中硬岩石	150~250	1.5~1.8
软岩石	250~300	1.8~2.0

7.5　爆破效果对比分析

为了尽可能地排除其他因素（地质条件、围岩性质）的干扰，在同一断面做了常规光面爆破与水压光面爆破试验，对比了3组优化前后的光面爆破效果，挑选了其中一组进行分析。水压爆破平均每循环进尺3.61 m，常规光面爆破平均每循环进尺3.46 m，相比较而言，水压爆破平均每循环增加进尺15 cm，并且爆破效果得到了极大的提高。首先最直观的就是半孔痕保留率提高了，光爆炮孔的半孔痕几乎都保留下来，如图7.45所示；其次通过测量人员对断面的扫描，断

(a)　　(b)

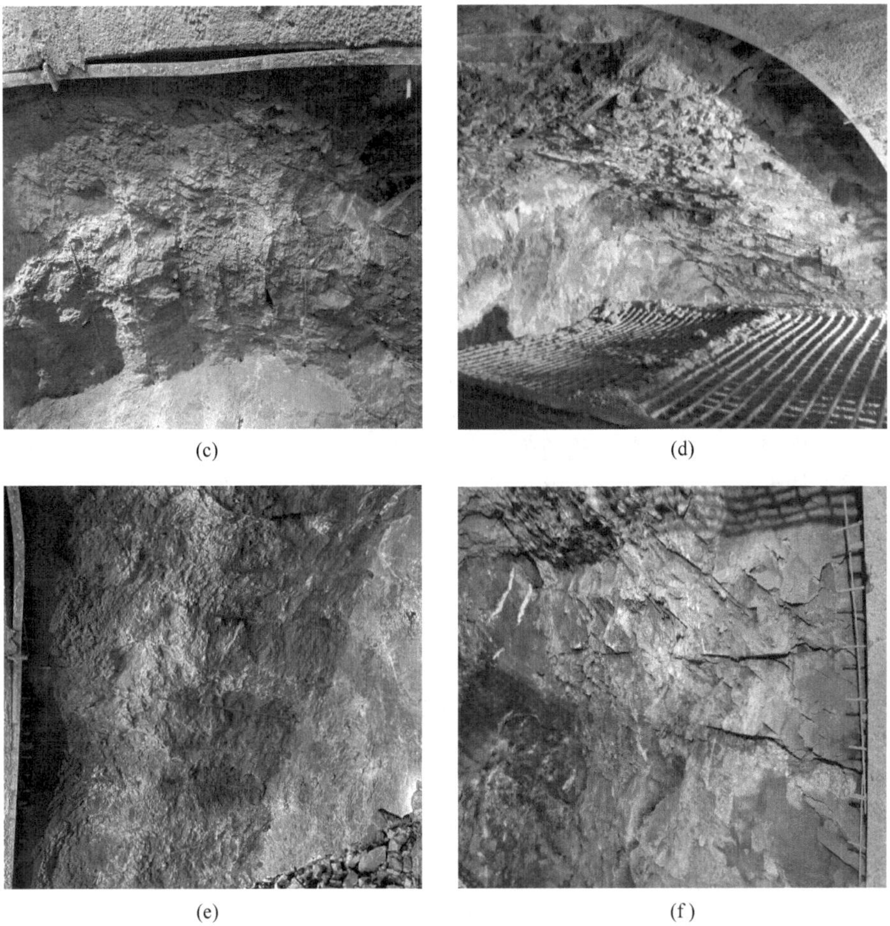

(c) (d) (e) (f)

图 7.45 爆破效果

(a) 第一组水压光面爆破；(b) 第一组常规光面爆破；(c) 第二组水压光面爆破；
(d) 第二组常规光面爆破；(e) 第三组水压光面爆破；(f) 第三组常规光面爆破

面平整度也得到很好的改观，几乎没有超欠挖，这为二次衬砌混凝土的节约提供了可靠保障，将具体试验数据记录于表 7.20。

表 7.20 对比试验记录表

爆破类型	编号	周边孔个数	炮孔利用率/%	半孔率/%	超欠挖/cm
常规光面爆破	1 右	16	85.5	80.2	17.2
	2 右	16	87.3	84.3	17.5
	3 右	16	90.7	82.6	16.2

续表 7.20

爆破类型	编号	周边孔个数	炮孔利用率/%	半孔率/%	超欠挖/cm
水压光面爆破	4 左	19	91.2	90.3	15.1
	5 左	19	93.6	92.5	14.5
	6 左	19	95.4	99.1	14.3

从表 7.20 中的数据可以看出，3 组现场试验水压光面爆破的炮孔数目为 16 个，常规爆破的炮孔数目有 19 个，常规光面爆破光爆炮孔的间距为 40～50 cm，而水压光面爆破的光爆炮孔间距则扩大到 80 cm，减少了光爆炮孔数量，缩短钻孔时间约 30 min，同时减少了对围压的影响。常规光面爆破半孔率 83%左右、超欠挖 17 cm 左右，而水压光面爆破的半孔率由常规光面爆破的 83%提高到 95%以上，超欠挖控制在 15 cm 以内，使轮廓面更加平顺整齐，超欠挖得到直接有效的控制。常规光面爆破常常出现超欠挖问题，偶尔会出现欠挖补炮情况，采用水压光面爆破技术后，超欠挖控制得到极大的改善，几乎不存在补炮的现象，为后续施工提供可靠保障。

7.6　本章小结

通过对现场试验结果分析总结，得出以下几个结论：

（1）在围岩性质较好时，使用切缝管或常规空气间隔装药拉长药柱，减少炸药用量，均能达到较好的爆破效果，但常规装药工序复杂；当围岩性质较差时，使用切缝管聚能控制爆破的光爆效果明显优于传统孔底装药爆破，开挖形成的壁面完整，超欠挖小。

（2）采用切缝管聚能水压光面控制爆破技术，周边孔单孔装药量至少减少 0.3 kg，整体炸药单耗约 0.53 kg/m^3，比全断面孔底装药施工的炸药单耗降低约 0.05 kg/m^3。

（3）装药长度拉长且可不用小孔，周边孔数减少 30%。

（3）切缝管装药更便捷，药卷在炮孔内位置的定位更准确，在使用水间隔装药结构时，切缝管对水袋保护更好，水袋不易破裂。

（4）现场采用的聚能水压切缝管结构如图 7.46 所示。

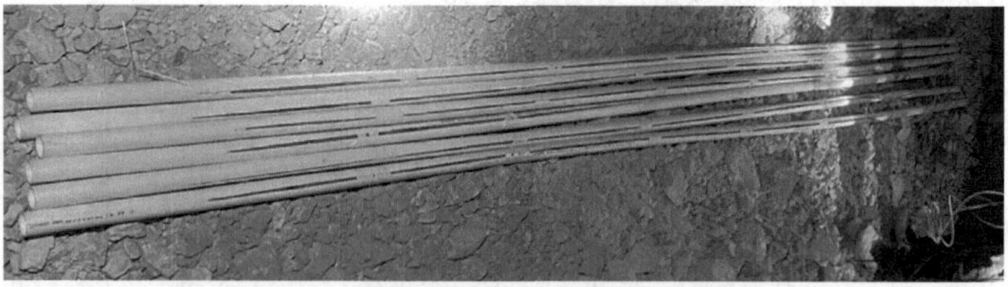

图 7.46　成型后的水压聚能切缝装药结构

8 隧道初期支护动态响应数值模拟分析

在实际工程中由于受到设备精度等因素的限制，无法对掌子面附近的危险部分进行监测，此时有限元模拟分析就显得尤为重要。为了分析初期支护结构对爆破循环扰动荷载的动态响应特征，使用 UG/NASTRAN 软件对隧道围岩及其初期支护在爆破冲击下的动态响应特征进行研究。

8.1 NASTRAN 的动力学研究

8.1.1 SOL103 实特征值分析

在 103 解算模块中，实特征值即为计算结构的固有模态。通过计算结构的固有模态，可以判定组件与其他结构之间的动态相互作用，若组件的固有频率与整体结构的某个固有频率相互接近，则组件在运转时可能导致结构的破坏。在 NASTRAN 中计算固有模态即实特征值时，若结构无阻尼且无载荷则选择的特征方程为：

$$([\boldsymbol{K}] - \omega^2[\boldsymbol{M}])\{\boldsymbol{\varphi}\} = 0 \tag{8.1}$$

式中 $[\boldsymbol{M}]$——质量矩阵；

$[\boldsymbol{K}]$——刚度矩阵；

ω——固有模态；

$\{\boldsymbol{\varphi}\}$——特征矢量。

在确定了单个模态对特定载荷的响应之后，才能根据应力及位移的实际值对各种工程设计进行决策。使用模态结果来确定受迫响应的方法被称作模态法或模态叠加法。

8.1.2 瞬态响应分析

瞬态响应是计算动态响应最常用的方法。在 NASTRAN 软件中，常用的计算瞬态响应的方法包括 SOL109 直接瞬态响应法和 SOL112 模态瞬态响应法。直接瞬态法是针对完全耦合的方程进行数值积分，模态瞬态法是利用机构的模态形状来计算动态响应，两者的区别见表 8.1。

表 8.1 模态响应法与直接响应法的不同

项　目	模态响应法	直接响应法
小模型		√
大模型	√	
较多的时间步	√	
较少的时间步		√
许多激励频率		√
正常阻尼		√
较高精度		√

根据工程实际，由于此次研究中的模型较大且需要的时间步较多，因此选用模态瞬态响应法对结构在爆破冲击下的动态响应进行计算。该方法利用结构的模态形状来减小尺寸，解除运动方程的耦合，并使数值积分更加有效。在进行计算时，首先将变量从物理坐标转化为模态坐标：

$$\{U(t)\} = [\boldsymbol{\varphi}] * \{\zeta(t)\} \tag{8.2}$$

模态形状 $[\boldsymbol{\varphi}]$ 用于根据与节点特性相反的模态特性来变换问题。在计算并使用所有模态时，式（8.2）表示相等；然而在实际计算中，很少会使用到全部模态，因此式（8.2）通常代表近似相等。当考虑阻尼时结构的运动方程为：

$$[\boldsymbol{M}]\{\ddot{U}(t)\} + [\boldsymbol{B}]\{\dot{U}\}(t) + [\boldsymbol{K}]\{U(t)\} = \{P(t)\} \tag{8.3}$$

其中 $[\boldsymbol{B}]$ 为阻尼矩阵，在不考虑阻尼的情况下运动方程可以化简为：

$$[\boldsymbol{M}]\{\ddot{U}(t)\} + [\boldsymbol{K}]\{U(t)\} = \{P(t)\} \tag{8.4}$$

将式（8.4）代入式（8.3）中，则式（8.3）变为：

$$[\boldsymbol{M}][\boldsymbol{\varphi}] * \{\ddot{\zeta}(t)\} + [\boldsymbol{K}][\boldsymbol{\varphi}] * \{\zeta(t)\} = \{P(t)\} \tag{8.5}$$

此时，运动方程通常是耦合的。若对运动方程进行去耦，则应对方程两侧同时乘以 $[\boldsymbol{\varphi}]^{\mathrm{T}}$，式（8.5）变为：

$$[\boldsymbol{\varphi}]^{\mathrm{T}}[\boldsymbol{M}][\boldsymbol{\varphi}] * \{\ddot{\zeta}(t)\} + [\boldsymbol{\varphi}]^{\mathrm{T}}[\boldsymbol{K}][\boldsymbol{\varphi}] * \{\zeta(t)\} = [\boldsymbol{\varphi}]^{\mathrm{T}}\{P(t)\} \tag{8.6}$$

式中　$[\boldsymbol{\varphi}]^{\mathrm{T}}[\boldsymbol{M}][\boldsymbol{\varphi}]$——模态质量矩阵；

$[\boldsymbol{\varphi}]^{\mathrm{T}}[\boldsymbol{K}][\boldsymbol{\varphi}]$——模态刚度矩阵；

$[\boldsymbol{\varphi}]^{\mathrm{T}}\{P(t)\}$——模态力矢量。

模态质量矩阵和刚度矩阵都是对角阵，由于这些矩阵都没有非对角相会与运动方程去耦合，并写成一系列的单自由度系统：

$$m_i \zeta_i(t) + k_i \zeta_i(t) = p_i(t) \tag{8.7}$$

式中　m_i——第 i 个模态的模态质量；

k_i ——第 i 个模态的模态刚度；

p_i ——第 i 个模态的模态力。

在计算出单个模态响应的 $\zeta_i(t)$ 之后，可以通过式（8.8）将物理响应转化为模态响应之和：

$$\{U(t)\} = [\boldsymbol{\varphi}] * \{\zeta(t)\} \tag{8.8}$$

8.1.3 初期支护响应经验公式

目前，研究隧道在爆破冲击下的动态响应的经验公式大多使用的是由苏联科学家萨道夫斯基总结的萨道夫斯基公式[168]：

$$v = KQ^M R^N \tag{8.9}$$

式（8.9）表达了隧道初期支护的振动速度与施工时装药量 Q(kg)、爆心距 R(m)、爆破条件、场地因素、地质条件等因素的关系。

各国的科学家根据本国的不同实地状况进行了一定的研究，从而确定式（8.9）中爆破条件、场地因素、地质条件等常数值。

（1）苏联学者通过大量的试验数据得到的经验公式为：

$$v = K\left(\frac{Q^m}{R}\right)^{\alpha} \tag{8.10}$$

式中 Q——炸药量，在齐爆时取总药量，分段起爆时取最大段位用药量，kg；

R——爆心距，m；

m——药量指数，$m=1/2$ 或 $1/3$；

K——现场的特征系数；

α ——现场的特征指数。

（2）我国科学家目前常用的经验公式是依据苏联科学家萨道夫斯基提出的经验公式，并结合我国的实际情况，得出在我国的实际条件下药量指数 m 的大小约为 1/3。

$$v = K\left(\frac{Q^{\frac{1}{3}}}{R}\right)^{\alpha} \tag{8.11}$$

即在我国的支护结构响应研究中，m 一般可取 $\frac{1}{3}$。

（3）欧洲学者 P. B. Attwell 在欧洲采石场进行了大量爆破振动试验，对监测数据进行研究分析得出振动速度公式如下：

$$v = K\left(\frac{Q}{R^2}\right)^{\alpha} \tag{8.12}$$

式中 K——现场特征系数；

α ——现场的特征指数。

8.2　有限元计算模型的建立

8.2.1　模型的建立

依托云南勐省隧道工程，根据已有的资料及实际情况，选取了现场 SF(x)5a 型的隧道初期支护进行建模和分析。由图 8.1 可知，初期支护结构的截面是三心圆。取钢拱架结构的中线为半径，3 个圆的半径分别为 6255 mm、9755 mm、18680 mm。根据设计图及现场资料初期支护的厚度选择为 35 cm。为了更好地进行计算，建立三维模型对隧道及其初期支护进行数值模拟的仿真。

当模型宽度取隧道开挖宽度的 3.5 倍时，模型边缘对数值模拟结果的影响可忽略不计。该隧道截面的开挖宽度为 6255 mm。因此，整个模型高度可以取 60 m,宽度取 80 m，整个模型的尺寸为 80 m×60 m×30 m。模型的主视图和轴测图如图 8.2 所示。

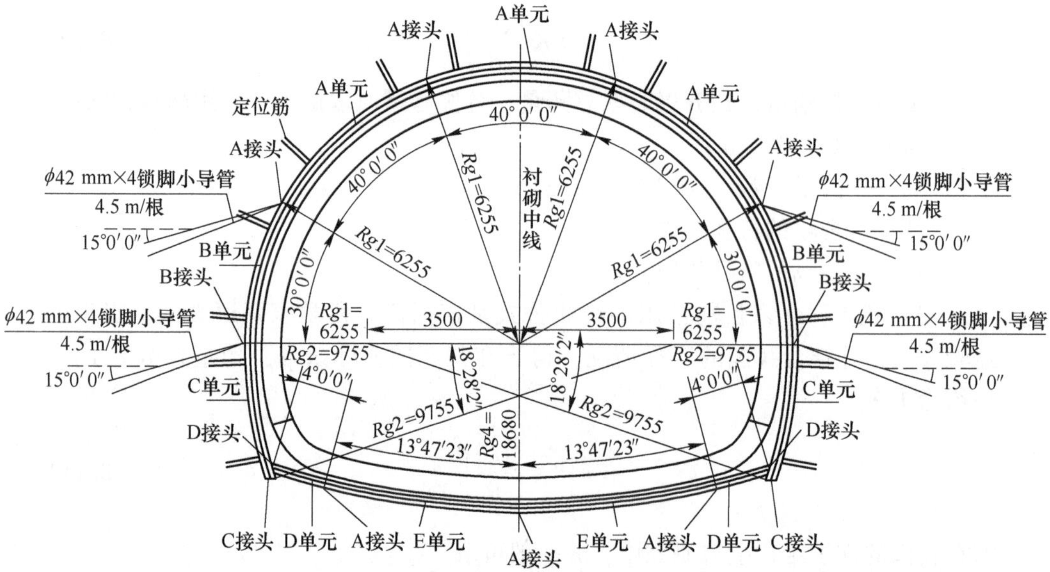

图 8.1　支护结构图

然而，受制于客观条件及模型建立特点，该模型有明显的对称性。因此，在实际计算过程中，选择一半的模型进行分析，在对称面上施加对称约束来反映整体模型的变化，最终的计算模型如图 8.3 所示。

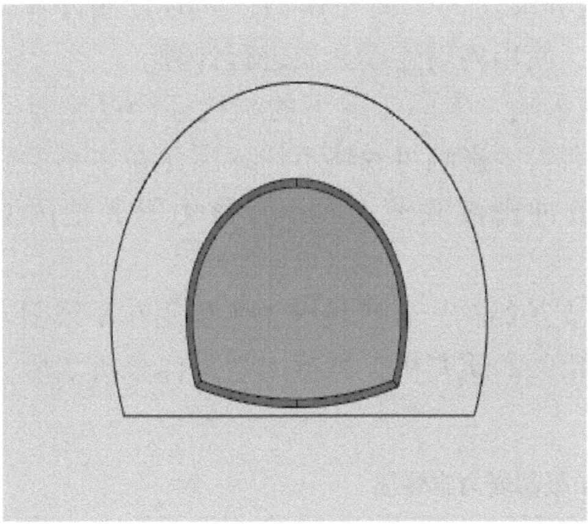

(a)

(b)

图 8.2 初期支护结构模型

（a）主视图；（b）辅视图

图 8.3 有限元计算模型

8.2.2 模型参数的选择及相关设定

在 NASTRAN 中，软件针对建模有多种类型的材料。在本书的研究中，选择围岩材料的应力应变属性为弹塑性：应力-总应变，屈服准则函数选择 von. Mises。在实际工程中，围岩具有大量裂隙，且裂隙之中存在水压力。然而在数值模拟计算中，计算重点是初期支护的动态响应，非主要影响因素可以按照理想体进行考虑。因此进行如下的设定：

（1）模型使用各向同性连续均匀介质。为了简化模型，同时方便计算，围岩的建模舍弃各种不均匀的影响因素，使用均匀连续介质进行计算。

（2）只考虑爆破产生的冲击波的影响。实际工况下的结构还会受到重力因素的影响，但是重力的影响相对其他因素的影响可忽略不计。因此在本书的研究中，仅对模型加载爆破时产生的等效冲击波载荷，而不计重力等其他因素的影响。

本书选用 SF(x)5a 型的隧道初期支护结构，在现场施工主要用在Ⅴ级围岩当中，该部分围岩通过在现场采样并在相关的研究机关进行力学采样分析之后，得到静力学参数见表 8.2。

表 8.2　Ⅴ级围岩力学性质

密度/kg · m^{-3}	弹性模量/MPa	黏聚力/MPa	摩擦角/(°)	抗拉强度/MPa	抗压强度/MPa	泊松比
1500	$5.55*10^4$	7.02	31.8	4.72	28	0.2

现有研究显示，当围岩受到爆破冲击的荷载作用时，其弹性模量和泊松比会由于动载荷的存在而产生变化。根据第 2 章中所描述的经验公式，此时围岩的动弹性模量为 5407 MPa，动泊松比为 0.16。根据施工要求，现场使用的钢拱架结构喷射混凝土的支护措施，混凝土采用的是 C25 混凝土。经过查阅资料，C25 混凝土的力学参数见表 8.3。

表 8.3　C25 混凝土性质

密度/kg · m^{-3}	动弹性模量/GPa	泊松比	抗拉强度/MPa	动剪切模量/GPa
2600	35	0.2	2.67	14.58

8.2.3　阻尼及边界条件的选择

阻尼是研究结构动态响应的一个重要因素。阻尼通常会随结构型式、材料、几何尺寸、构造、荷载等因素发生变化，阻尼值通常也较难确定。因此找出阻尼的主要影响因素和统计规律，建立起工程上可用的较为合理的阻尼矩阵，是目前国内外工程中一项重要的研究课题。

按照阻尼产生的原因，阻尼类型一般分为内阻尼和外阻尼。阻尼的来源包括两固体面之间的滑动摩擦，以及研究体系与其外部流体相互作用引起的能量损耗等；这些能量通常会转变为热能耗散。外阻尼中最重要的是黏滞阻尼。内阻尼又分为材料阻尼和结构阻尼[169]。

在 NASTRAN 的模态瞬态响应分析中，阻尼的大小通常以结构阻尼的形式进行表示，不同工况下结构的结构阻尼有所不同。其中，结构承受爆破冲击的载荷时，阻尼值一般取 0.03~0.05。此处，结构阻尼值取 0.05 进行计算。

边界条件是有限元分析计算中前处理的重要一步，他规定了模型在 X、Y、Z 3 个方向的移动趋势。通过前文描述，可知本书的研究在进行有限元计算时采用的是半个模型进行计算。在对称面上施加了对称约束。同时为保证整体结构不会发生移动，在底边施加了固定约束，在周围施加了无反射约束。

由于在进行时程分析时[170]，模型会因为自身大小的限制在模型边界产生反射波，从而引起较大的误差，为解决该问题，目前研究人员主要采用了两种方式进行解决。第一种方法为建立足够大的模型，只要模型足够大边界产生的波反射对计算结果的影响就可忽略不计；第二种方法为采用 1972 年由 Lysmer 和 Wass 提出的黏性边界，这种方法是将模型边界与周围环境看作是由弹簧连接，在模型边界设置阻尼器，从而吸收在边界产生的波反射的能量，降低误差。

本书拟采用第二种方法进行计算，主要原因如下：（1）若建立较大模型，对计算机的算力和性能有较高的要求；（2）本书文章主要研究对象是接近爆破掌子面的部分，该部分的响应剧烈程度最大，因此在计算动态响应时，只需要建立 5.6 倍拱长度的隧道模型，再以弹簧阻尼结构来模仿无限宽度范围的围岩即可[170]。

通常情况下，黏性阻尼在沿隧道结构轴向阻尼值的计算公式为：

$$p_c = \rho A \sqrt{\frac{\lambda + 2G}{\rho}} \tag{8.13}$$

式中 ρ——围岩的密度；

λ——体积弹性系数，$\lambda = \dfrac{UE}{(1+U)(1-v)}$；

G——剪切弹性系数，$G = \dfrac{UE}{2(1+U)}$。

经过计算，可以得到围岩结构的黏性边界阻尼值为 7811 N · s/mm。

8.2.4 载荷施加

炮孔布置如图 8.4 所示。

前文针对目前在工程数值模拟中常用的载荷的峰值大小及作用时间的计算方式、载荷的加载方式等进行了阐述。从上文中的计算模型中可以看出本书的模型适用第三种方法。且上述计算载荷峰值的方法大多用于常规钻爆法的计算，新型的爆破方法相对于传统钻爆法具有产生的冲击波更加集中的特点。因此，胡东荣[171]对两种爆破方式产生冲击波的峰值展开研究，采用聚能法爆破产生冲击波的压力峰值是未采用聚能法爆破峰值的 1.4 倍。根据工程经验，在爆破施工中，

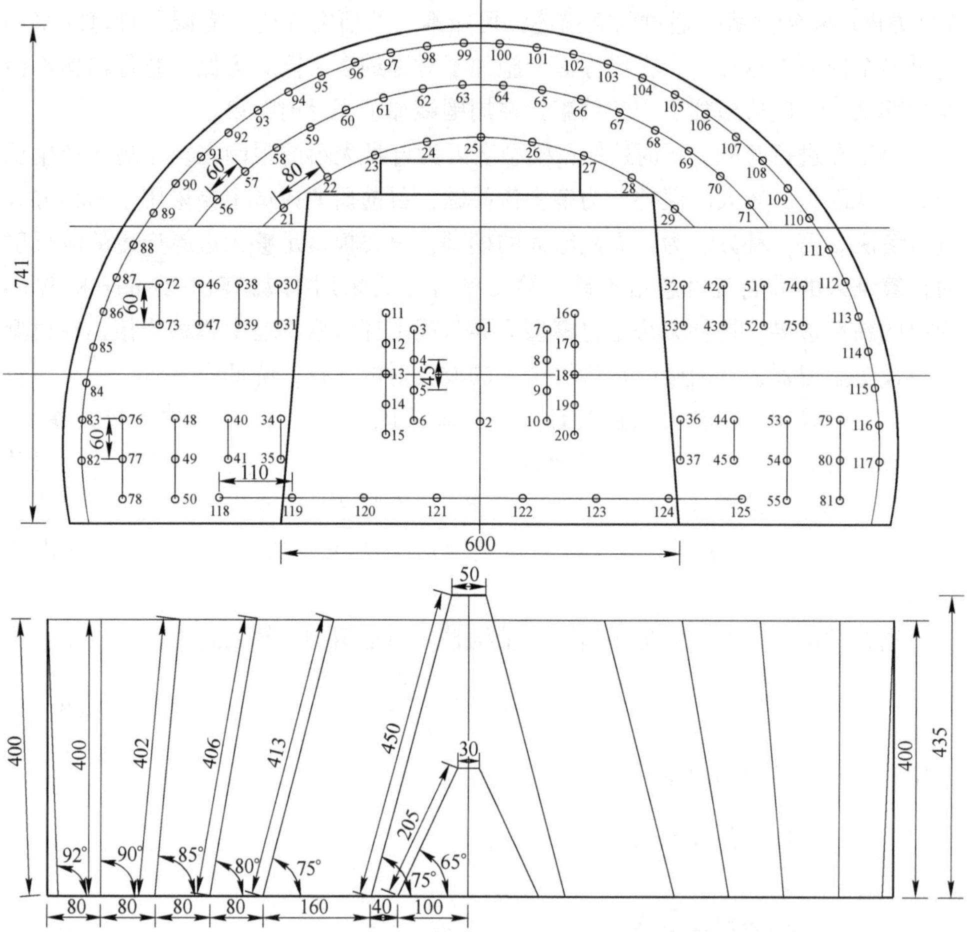

图 8.4　炮孔布置图

对结构的动态响应影响最大的是由掏槽孔的爆破引起的冲击波，其次为周边孔产生的冲击波。因此本书以掏槽孔和周边孔所引起的冲击波荷载的峰值作为载荷进行输入，冲击波的峰值和作用时间见表 8.4。载荷的作用曲线如图 8.5 所示。

表 8.4　载荷作用峰值及时间

项　目	装药量/kg	载荷峰值/MPa	上升时间/s	作用总时间/s
掏槽孔	34	2.534	0.0166	0.133
周边孔（单孔）	0.9	3.004	0.0122	0.047

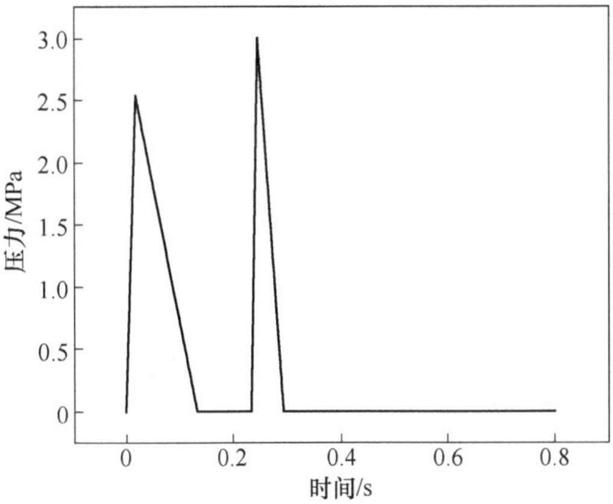

图 8.5 载荷加载波形

8.3 初期支护结构的固有频率

为了查明初期支护结构的自振频率，对后期的动态响应分析打下一定的基础，首先单独对初期支护结构进行模态分析，得到在不同阶次模态下初期支护结构的变形特征。采用 Lanczos 算法对固有频率进行计算，得到的初期支护结构前十阶的固有频率和振型见表 8.5。

表 8.5 结构固有模态及振型

<table>
<tr><th></th><th>阶次</th><th>频率/Hz</th><th>振型特征</th></tr>
<tr><td rowspan="10">初期支护结构固有频率</td><td>一阶</td><td>3.24</td><td>拱顶横向移动</td></tr>
<tr><td>二阶</td><td>8.37</td><td>拱顶纵向移动</td></tr>
<tr><td>三阶</td><td>8.71</td><td>拱顶纵向移动，拱腰横向移动</td></tr>
<tr><td>四阶</td><td>13.00</td><td>拱腰沿法线方向移动</td></tr>
<tr><td>五阶</td><td>15.22</td><td>拱腰边墙位置均沿法向移动</td></tr>
<tr><td>六阶</td><td>18.00</td><td>拱腰法向移动</td></tr>
<tr><td>七阶</td><td>20.09</td><td>拱顶纵向移动，拱腰法向移动</td></tr>
<tr><td>八阶</td><td>22.45</td><td>边墙横向移动，拱腰法向移动</td></tr>
<tr><td>九阶</td><td>24.25</td><td>边墙横向移动，拱腰法向移动</td></tr>
<tr><td>十阶</td><td>24.66</td><td>边墙横向移动，拱腰法向移动</td></tr>
</table>

针对初期支护结构的固有频率进行分析，发现结构的振动特点为振动位移主要发生在拱腰、拱顶和边墙的位置；结构的自身固有频率主要集中的低频率段，

低于冲击波的频率范围 50. 100 Hz[172]，两者不存在共振现象，因此相对较安全。

8.4 初期支护结构的动态响应

利用 NASTRAN 对初期支护结构在工作装药量产生的爆破冲击波下的动态响应进行分析。根据《公路隧道设计规程》（JTG 3370. 1—2018）及《爆破安全规程》（GB 6722—2014）的规定，选取支护结构的振动速度响应作为其稳定性的评判标准进行分析。并根据研究需要，选取结构的振动速度、位移、应力的响应时程图进行分析。

8.4.1 振动速度的数值模拟结果分析及对比

为计算响应历程，需要选取合适的计算步长和步数对响应结果进行分析。本书中选取的计算步长约为 0. 002 s。先前进行的大量研究[173-177]结果显示，结构在爆破后 400~600 ms 后振动会趋于稳定。因此，选取的计算步数为 400 步，即选取爆破后的 800 ms 作为研究时长，保证初期支护结构回到稳定状态。

通过前文对隧道初期支护结构进行的模态计算，发现初期支护结构主要发生位移变形的位置是拱顶、拱腰、边墙。文章选取邻近掌子面的初期支护结构进行分析，由于邻近掌子面部分距离爆源较近，属于较危险部分，因此分析掌子面附近的结构对于初期支护的稳定性分析具有重要意义。

初期支护结构的拱顶、拱腰、边墙在爆破冲击下的振动合速度响应曲线如图 8. 6 所示。

对 3 个位置的合速度响应随时间变化的曲线图进行分析。3 个位置振动速度的变化趋势基本相同。振动速度首先在短时间内迅速上升，随后迅速振荡下降，由于周边孔的存在，因此会出现第二次的振动速度峰值，这与实际状况中先掏槽孔爆破再周边孔爆破的顺序相符合。在拱顶位置，支护结构的振动速度第一次到达峰值的时间为爆破发生后 16 ms，最大值为 37. 12 mm/s，达到第二次峰值的时间为爆破后 252 ms，其振动速度峰值大小为 33. 18 mm/s；在拱腰位置，支护结构达到的振动速度达到最大值的时间为爆破后 16 ms，峰值大小为 48. 24 mm/s，第二次峰值在爆破后约 250 ms 达到，振动速度的峰值大小约为 45. 28 mm/s；边墙位置的振动速度在爆破后 16 ms 达到最大值，最大值峰值约为 40. 11 mm/s，第二次峰值的达到时间为爆破后 252 ms，大小为 38. 21 mm/s。从上面提取的数据可以发现，3 个位置的振动速度均是第一次达到的振动速度峰值较大，即掏槽孔对初期支护结构的动态响应影响最大。同时比较 3 个位置的振动速度峰值，大小顺序为拱腰>边墙>拱顶。因此，可以在施工时特别注意拱腰的振动情况，保证施工安全。

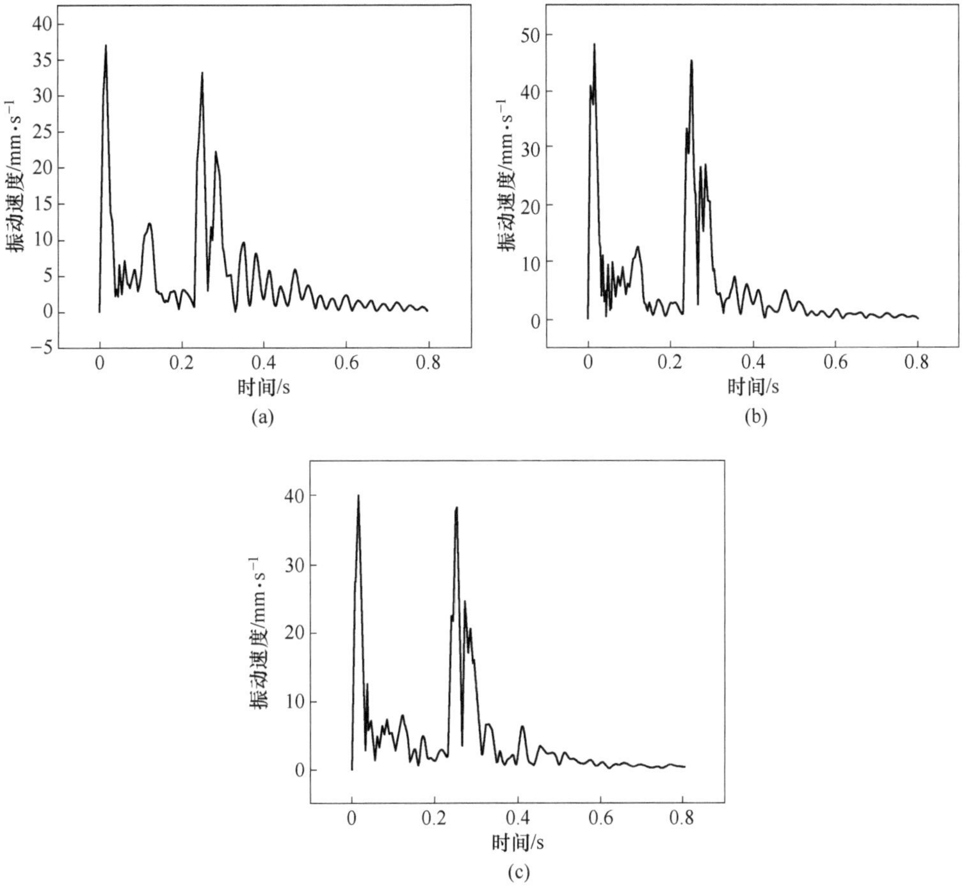

图 8.6 不同位置振动速度

(a) 拱顶合速度；(b) 拱腰合速度；(c) 边墙合速度

为了进一步研究振动速度的分布规律，本书提取振动速度在 X 方向和 Z 方向的分量进行研究。由于沿隧道轴向方向的振动速度变化相对于 X 分量和 Z 分量较小，因此该方向的速度分量可忽略不计，只研究平行于掌子面的速度分布。其速度随时间的变化曲线如图 8.7 所示。

由图 8.7 可以看出，初期支护结构的各主要位置在不同方向的振速随时间变化的特点与合速度类似，均在两次爆破的影响下产生了两个振动速度的峰值。在拱顶位置，X 方向的振动速度最大值为 0.59 mm/s，Z 方向的振动速度最大值为 26.27 mm/s；拱腰位置，X 方向的振动速度最大值为 20.25 mm/s，Z 方向的振动速度最大值为 31.72 mm/s；在边墙位置，X 方向的振动速度最大值为 21.14 mm/s，Z 方向的振动速度最大值为 3.35 mm/s。不同位置的振动速度在各个分布具有不

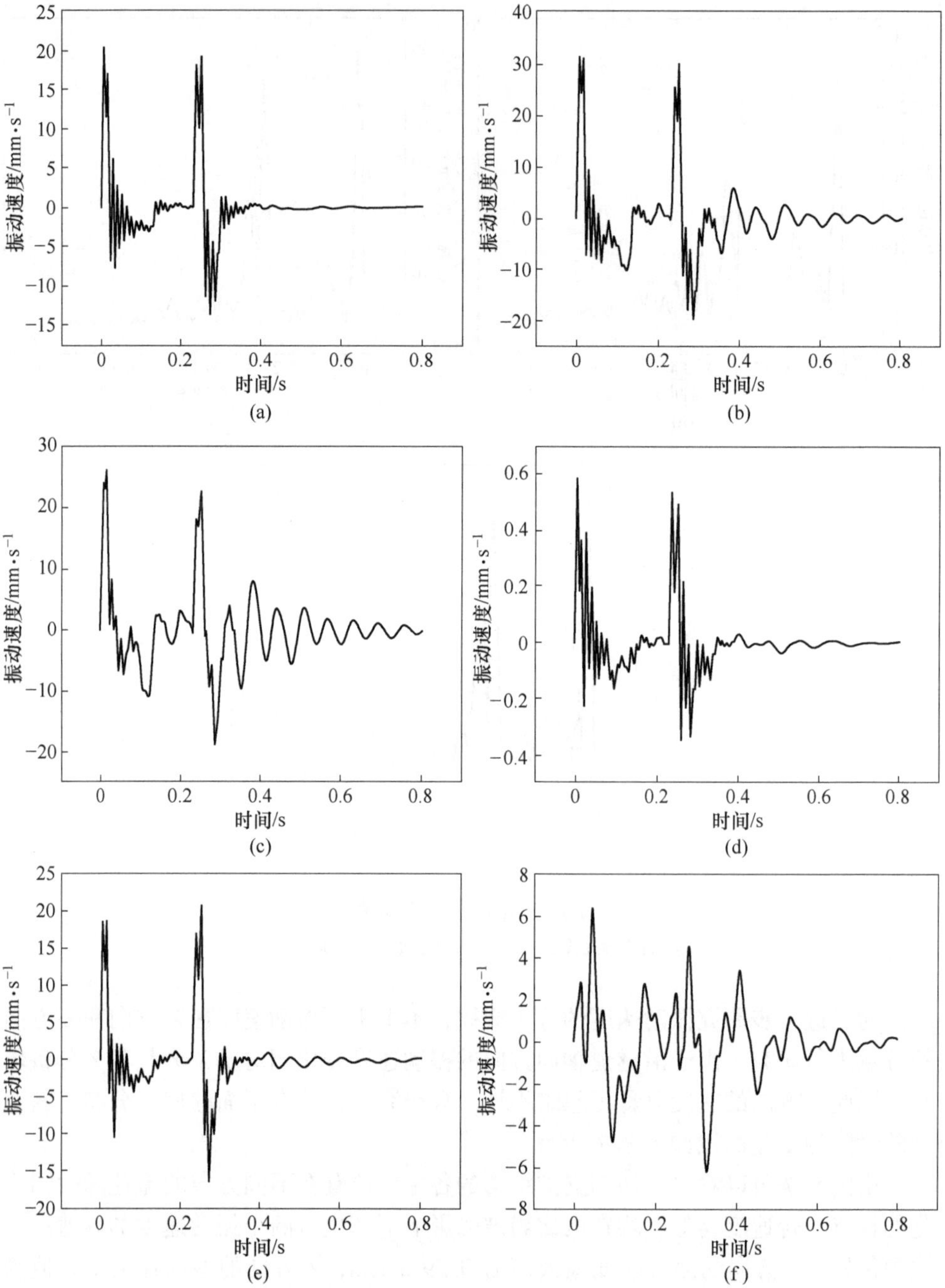

图 8.7 不同位置分速度时程图

(a) 拱腰 X 方向速度；(b) 拱腰 Z 方向速度；(c) 拱顶 Z 方向速度；
(d) 拱顶 X 方向速度；(e) 边墙 X 方向速度；(f) 边墙 Z 方向速度

同的特点。拱顶位置的振动主要集中在竖直方向上，而边墙位置的振动则主要集中在水平方向。即初期支护结构主要的振动速度是沿径向发生，并且在拱腰位置的振动速度最大，与合速度的整体观测结果一致。

8.4.2 位移响应的数值模拟结果分析

本节采用与8.4.1节相同的观测点进行分析，3个观测点的位移响应随时间的变化如图8.8所示。

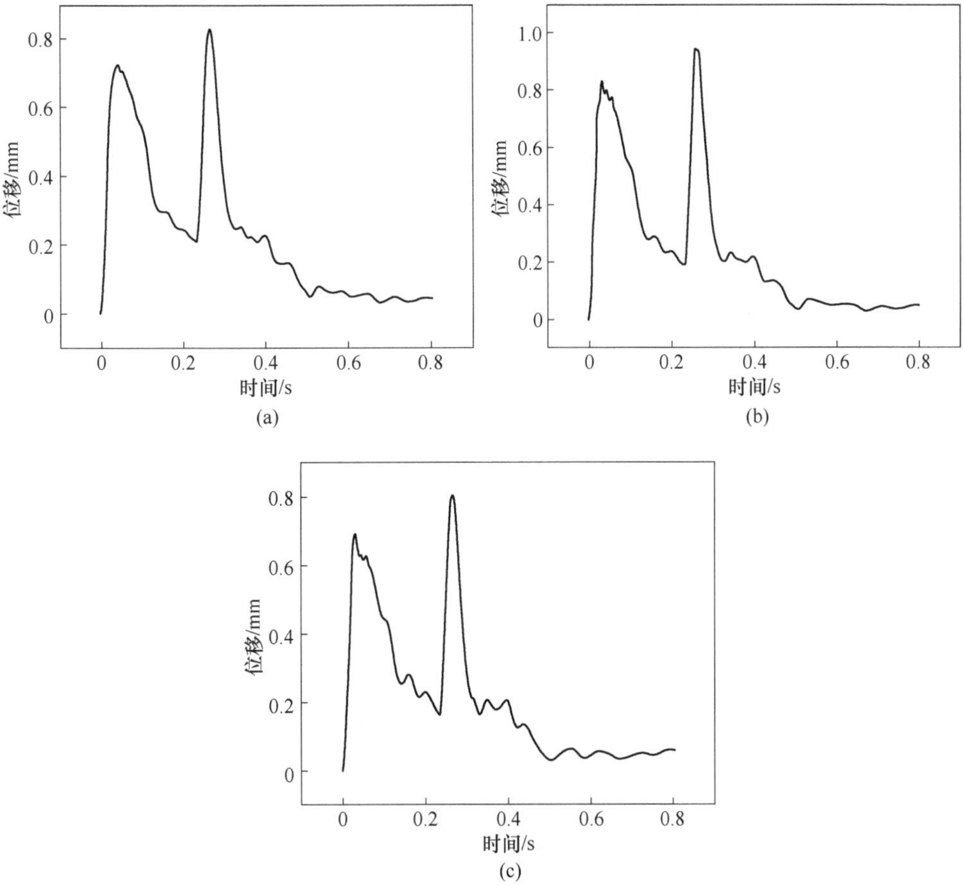

图8.8 不同位置位移时程图

(a) 拱顶位移；(b) 拱腰位移；(c) 边墙位移

图8.8分别为隧道初期支护结构掌子面部分的拱顶、拱腰和边墙位置的位移响应在观测时间内随时间变化的曲线。观察3条曲线，发现3个位置的位移响应均存在一定的累加作用，即在经历由掏槽孔爆破产生的位移响应后，初期支护结构未回到稳定位置，又受周边孔爆破产生的冲击波影响产生一定的位移，最终的

位移响应是受到两次爆破共同产生的位移响应累加值。由图 8. 8 可以发现，3 个位置的位移响应最大值均发生在爆破后 226 ms，拱顶位置的位移值最大为 0. 83 mm，拱腰位置的最大值为 0. 95 mm，边墙位置的位移响应最大值为 0. 8 mm。位移响应的峰值排序为拱腰>边墙>拱腰。这与振动速度分析得出的结论相符合，进一步佐证在实际施工的过程中，应注意对拱腰位置的监测和防护措施。

8. 4. 3 应力响应的数值模拟结果分析

应力反映了初期支护结构对于爆破冲击下的响应，其大小通常用于判断结构的失效形式，对结构的失效形式的判断具有重要意义。在工程实际中，由于混凝土和钢拱架材料均属于塑性材料，因此采用 von-Mises 应力作为材料失效的判断准则。

对初期支护的钢拱架结构及混凝土结构分别进行分析，钢拱架和混凝土部分的应力分布云图如图 8. 9 所示。

在图 8. 9 中，标明了钢拱架结构和混凝土部分中分别出现最大应力的部位。从图中可以明显看到，钢拱架结构中应力最大值出现在拱脚，而混凝土部分的应力最大值出现在拱腰，在提取两个部位的应力随时间变化的曲线，其结果如图 8. 10 所示。

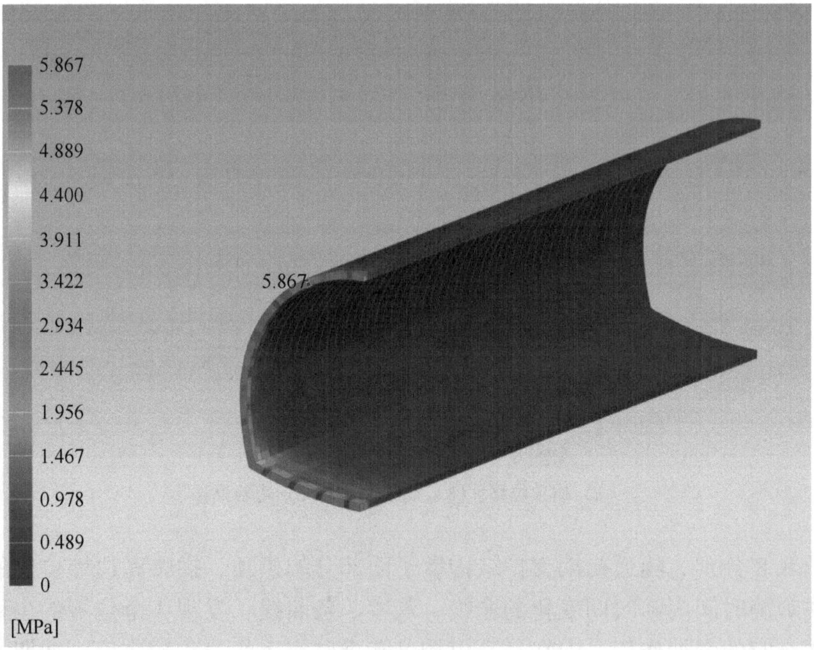

(a)

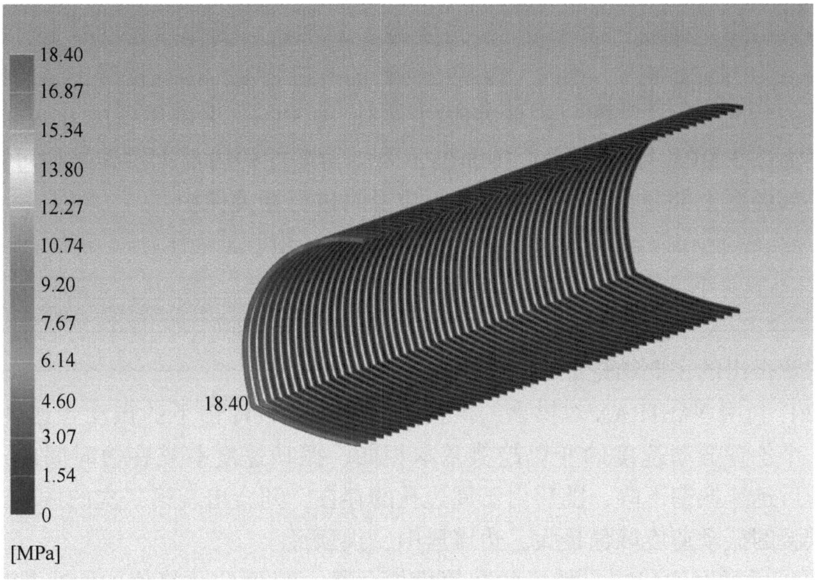

(b)

图 8.9　应力分布云图

（a）混凝土部分应力云图；（b）钢拱架部分应力

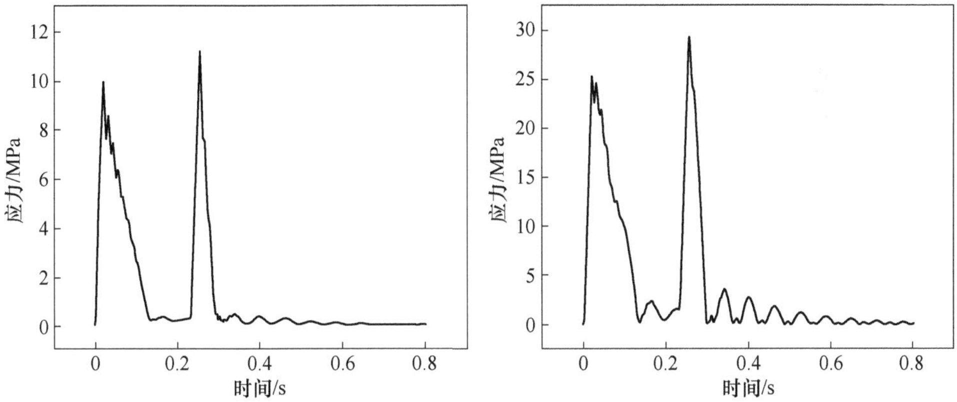

图 8.10　应力时程图

（a）混凝土最大应力；（b）钢拱架拱脚应力

由图 8.10 中分别提取应力的最大值可知，混凝土上的应力在爆破后 256 ms 时达到最大值，峰值大小为 12.21 MPa；同理，钢拱架结构上，应力的最大值发生在爆破后 256 ms，最大值为 31.10 MPa。根据米塞斯应力及第四强度理论，一般取材料自身屈服应力或抗拉强度除以 1.2 的安全系数作为评判标准。由 C25 的力学参数可知，混凝土材料的抗拉强度为 2.67 MPa，而作用在混凝土材料上的应力峰值为 12.21 MPa，远大于混凝土材料的抗拉强度，因此混凝土结构极易出现拉裂的状况。钢拱架部分的最大应力为 31.10 MPa，而所用到的 Q235 钢的屈服强度为 235 MPa，远大于 31.10 MPa，因此初期支护内部钢拱架结构可正常工作，外部混凝土部分会出现拉裂现象，应及时进行相关保护。

8.5 本章小结

本章得出的主要结论如下：

（1）利用 NASTRAN 对拱顶、拱腰、边墙在爆破冲击下的振动合速度分析，得到 3 个位置振动速度的变化趋势基本相同，振动速度首先在短时间内迅速上升，随后迅速振荡下降，随后由于周边孔的存在，则会出现第二次的振动速度峰值，拱腰的振动速度峰值最大，边墙居中，拱顶最小。

（2）通过对位移响应特征的数值模拟分析，得到位移峰值的大小排序为拱腰>边墙>拱顶。

（3）以 Von-Mises 应力作为材料失效的判断准则，通过应力响应模拟分析可知，目前爆破施工工艺下初期支护内部钢拱架结构可正常工作，外部混凝土部分会出现拉裂现象。

参 考 文 献

[1] 中华人民共和国交通运输部.2018 中国交通运输统计年鉴 [M]. 北京：人民交通出版社，2020.

[2] 戴俊.爆破工程 [M]. 北京：机械工业出版社，2015.

[3] 付玉华，李夕兵，董陇军.损伤条件下深部岩体巷道光面爆破参数研究 [J]. 岩土力学，2010，31 (5)：1420-1426.

[4] 赵善坤.深孔顶板预裂爆破与定向水压致裂防冲适用性对比分析 [J]. 采矿与安全工程学报，2021，38 (4)：706-719.

[5] 王汉军，黄风雷，张庆明.岩石定向断裂爆破的力学分析及参数研究 [J]. 煤资学报，2003，28 (4)：399-402.

[6] BARKER L M. A simplified method for measuring plane Strain fracture toughness [J]. Eng. Fract. Mech.，1977，9 (2)：361-369.

[7] SEELY L，CLARK J. High speed radiographic studies of controlled fragmentation [R]. Ballistic Research Report，1943.

[8] CLARK J，ROADS W. High speed radiographic studies of controlled fragmentation [R]. Ballistic Research Laboratory Report，1945 .

[9] SCHARDIN H，THOMER G. Investigation of the hollow charge problmes with help of the flash X-Ray method [R]. Ordnance Technical Intelligence Bulletin 20，1941.

[10] BIRKHOFF G，MACDOUGALL D P，PUGH E M，et al. Explosives with lined cavities [J]. Journal of Applied Physics，1948，19 (6)：563-582.

[11] KINELOVSKII S A，TRISHIN Y A. Physical aspects of the hollow-charge effect [J]. Combustion Explosion & Shock Waves，1980，16 (5)：504-515.

[12] BJARNHOLT G，HOLMBERG R，OUCHTERLONG F. A linear shafied charge system for contour blasting [C] // Konya C Proceeding of 9th Conference on Explosives and Blasting Technique. Society of Explosives Engineers，1983：350-358.

[13] HAYES G. Linear shaped charge (LSC) collapse mode [J]. Journal of Materials Science，1984，19 (9)：3049-3058.

[14] CURTIS J. Axisymmetrical instability model for shaped charge jets [J]. Journal of Applied physics，1987，21 (4)：210-215.

[15] MARKELOV E G. Effect of initial heating of shaped charge liners on shaped charge pentetration [J]. Journal of Applied Mechanics and Technical Physics，2000，41 (5)：788-791.

[16] 杨永琦.岩石联能装药爆破 [C] // 工程爆破文集.北京：冶金工业出版社，1993：175-180.

[17] 谢源，刘庆林，常晋元，等.聚能药包进行岩石二次破碎的试验研究 [J]. 有色金属，2001，2 (1)：21-23.

[18] 季荣生，何思为，孙强.聚能药包侵彻岩石及其动态过程的高速摄影试验研究 [J]. 有色金属，1999，4：32-36.

[19] 李明，张新华，刘永．岩体聚能爆炸切割器的试验研究［J］. 爆破，2005，22（2）：103-105.

[20] LUO Y，SHENG Z W，CUI X R. Application study on blastin with linear cumulative cutting charge in rock［J］. Chinese Journal of Energeti Materials，20，3（14）:236-241.

[21] 周为军，杨峰，卢硕，等．临涣煤矿 1067 综采面断层硬岩多向聚能爆破预裂技术研究［J］. 煤炭技术，2022，41（10）：159-162.

[22] ZHAO G，WEN D J，ZHENG Z，et al. Proparation of the annular cumulative charge and its application in fundation excavation blasting［J］. Blasting，2001，2（18）：8-12.

[23] FORNEY W L，DALLY J W，HOLLOWOUY D C. Model studies of well stimulation using propellant charges［C］//Int. J. of Rock Mech. and Min. Sci. & Geome. Abstr.，1983，20（2）：91-101.

[24] HIRSCH E. The natural spread and tumbleing of the shaped charge segements［J］. Propellants Explosives Pyrotechnics，1981，6（4）：104-111.

[25] TURCOTLE D L. Fractals and Chaos in Gelogy and Geophysics［M］. Cambridge：Press Cambridge，1992，12（2）：236-238.

[26] 杨阳，王建国，杨仁树，等．高应变率下饱水冻结红砂岩变形破坏分析［J］. 岩石力学与工程学报，2018，37（S2）：4016-4026.

[27] BARK P. Self-organized criticality［J］. Phys. Rew. A，1988，38（1）：364.

[28] 肖正学，郭学彬，张志昔．切槽爆破在爆炸冲击波和爆轿气体作用下的力学效应［J］. 岩石力学与工程学报，1998，17（6）：650-654.

[29] 宗琦．岩石炮孔预切槽爆破断裂成缝机理研究［J］. 岩土工程学报，1998，20（1）：30-33.

[30] CHEN S L，ZHENG Z L. Large deformatién of circular membrane under the concentrated force［J］. Applied Mathematics and Mechanics，2020，24（1）：28-31.

[31] YAN Z X，WU D L，WANG H Y，et al. Improvement of high pressure driving research method and study on particle motion［J］. Expolosion and Shock Waves，2002，22（2）：132-136.

[32] 王成端．预制 V 形裂纹尖端应力强度因子的研究［J］. 应用数学和力学，2001，9（5）：26-28.

[33] 李成芳，邦小波．螺旋形切槽孔爆破的机理分析及参数确定［J］. 施工与技术，2005，9（5）：32-35.

[34] 张志呈，王成端．切槽爆破中切槽角的研究［J］. 爆炸与冲击，1990，10（33）：233-238.

[35] 阳友奎，邱贤德，张志呈，切槽爆破中切槽的导向机理［J］. 重庆大学学报（自然科学版），2003，11（5）：56-59.

[36] 申涛，罗宁，向俊庠，等．切缝药包爆炸作用机理数值模拟［J］. 爆炸与冲击，2018，38（5）：1172-1180.

[37] 杨仁树，张召冉，杨立云，等．基于硬岩快掘技术的切缝药包聚能爆破试验研究［J］.

岩石力学与工程学报，2013，32（2）：317-323.
［38］罗勇，沈兆武．切缝药包岩石定向断裂爆破的研究［J］．振动与冲击，2006（4）：155-158，184-185.
［39］杨永琦，戴俊，张奇．切缝药包岩石定向断裂爆破的参数研究［C］//第七届全国工程爆破学术会议论文集，2001：338-342.
［40］戴俊，王代华，熊光红，等．切缝药包定向断裂爆破切缝管切缝宽度的确定［J］．有色金属，2004（4）：110-113.
［41］梁为民，刘永胜，杨小林，等．定向断裂爆破装药结构实验研究［J］．煤炭学报，2006（6）：765-769.
［42］刘江超，高文学，王林台，等．水封爆破装药结构优化数值分析及其应用［J］．振动与冲击，2020，39（9）：57-62，96.
［43］宗琦，田立，汪海波．水介质不耦合装药爆破岩石破坏范围的研究和应用［J］．爆破，2012，29（2）：42-46.
［44］蔡永乐，付宏伟．水压爆破应力波传播及破煤岩机理实验研究［J］．煤炭学报，2017，42（4）：902-907.
［45］杨仁树，车玉龙，冯栋凯，等．切缝药包预裂爆破减振技术试验研究［J］．振动与冲击，2014，33（12）：7-14.
［46］申涛，罗宁，戚福州，等．切缝药包岩石巷道光面爆破数值模拟与优化研究［J］．采矿与安全工程学报，2020，37（151）：674-680.
［47］谢华刚，阮怀宁，吴玲丽，等．复合型切缝药包机理分析及微差爆破试验［J］．煤炭学报，2010，35（S1）：68-71.
［48］杨仁树，许鹏．爆炸作用下介质损伤破坏的分形研究［J］．煤炭学报，2017，42（12）：3065-3071.
［49］魏晨慧，朱万成，白羽，等．不同地应力条件下切缝药包爆破的数值模拟［J］．爆炸与冲击，2016，36（2）：161-169.
［50］杨仁树，王雁冰，薛华俊，等．切缝药包爆破岩石爆生裂纹断面的 SEM 试验［J］．中国矿业大学学报，2013，42（3）：337-341.
［51］HUANG B，LIU C，FU J，et al. Hydraulic fracturing after water pressure control blasting for increased fracturing［J］. International Journal of Rock Mechanics and Mining Sciences，2011，48（6）：976-983.
［52］Mel'nikov N V，MARCHENKO L N，ZHARIKOV I F et al. The role of water in the blasting process［J］. Journal of Mining Science，1977，13（6）：562-569.
［53］王立川，张学民，马明正，等．隧道爆破水介质轴向不耦合装药振动规律三维数值模拟研究［J］．现代隧道技术，2018，55（2）：96-102，120.
［54］钟明寿，龙源，谢全民，等．炮孔不同耦合介质对碳酸盐岩爆炸地震信号影响分析［J］．岩石力学与工程学报，2011，30（4）：702-708.
［55］冯涵，张学民，王立川，等．隧道钻爆法水封装药结构爆破引起振动计算分析［J］．振动与冲击，2020，39（7）：93-100，124.

[56] 王铁君，潘卫华，姚文辉，等．新型水封爆破除尘技术试验研究［J］．隧道建设（中英文），2020，40（9）：1360-1367.

[57] 毕王乐，李杰，莫豹，等．水封爆破技术在复杂环境大规模基坑爆破中的应用［J］．矿业研究与开发，2017，37（7）：26-30.

[58] 宗琦，李永池，徐颖．炮孔水耦合装药爆破孔壁冲击压力研究［J］．水动力学研究与进展，2004，19（5）：610-615.

[59] 李书萱，王雁冰，王宝珠，等．水耦合装药不耦合系数对爆破效果的影响研究［J］．爆破，2021，38（3）：6-9，18.

[60] 赵华兵，龙源，胡新印，等．水耦合装药爆破荷载与岩石介质相互作用研究［J］．西部探矿工程，2012，24（3）：16-18.

[61] 宋克健，龙源，胡新印，等．装药结构对药孔爆破初始压力及能量利用率的影响［J］．爆破器材，2011，40（3）：1-3.

[62] 过江，崔文强，陈辉．不同耦合介质光面爆破裂纹发展数值分析［J］．黄金科学技术，2016，24（1）：68-75.

[63] 明锋，祝文化，李东庆．水耦合装药爆破在隧道掘进中的应用［J］．地下空间与工程学报，2012，8（5）：1008-1013.

[64] 吴志刚．水介质耦合钻孔爆破及其在隧道工程中的应用［D］．成都：西南交通大学，2009.

[65] 冯金舟．电气化铁路紧靠既有线隧道二线隧道爆破掘进安全快速施工技术［J］．铁道标准设计，2009（1）：83-86.

[66] 黄槐轩，程康．高速公路隧道掘进水封爆破技术试验研究［J］．土工基础，2014，28（3）：138-140.

[67] 刘俊杰．水压光面爆破在老格山隧道开挖中的应用［J］．隧道建设，2014，34（11）：1087-1091.

[68] 何广沂．隧道掘进水压爆破技术发展［J］．工程爆破，2021，27（5）：53-58.

[69] 连萌，校兰．隧道施工中凿岩机供水方案的改进优化［J］．广东水利水电，2013（11）：48-50.

[70] 谭信荣，陈寿根，张恒．基于洞内空气质量测试的长大隧道施工通风优化［J］．现代隧道技术，2012，49（6）：152-157.

[71] 何华．喷射混凝土技术在任胡岭隧道的应用与控制研究［J］．公路运输文摘，2002（6）：81-84.

[72] 王新民．“活塞”式隧道消烟除尘新方法［J］．铁道建筑技术，2007（2）：25-27.

[73] DRAGON A. On the plastic-brittle behaviour of rock and concrete［J］. Mechanics Research Communications，1976，3（5）：429-434.

[74] KRAJCINOVIC D. Dynamic analysis of clamped plastic circular plates［J］. International Journal of Mechanical Sciences，1972，14（4）：225-234.

[75] COSTIN L S. Microcrack model for the deformation and failure of brittle rock［J］. Journal of Geophysical Research Solid Earth，1983，88（B11）：9485-9492.

[76] GRADY D E, KIPP M E. Continuum modelling of explosive fracture in oil shale [J]. International Journal of Rock Mechanics and Mining Sciences & Geomechanics Abstracts, 1980, 17 (3): 147-157.

[77] TAYLOR L M, CHEN E P, KUSZMAUL J S. Microcrack induced damage accuml-ation in brittle rock under dynamic loading [J]. Computer Method in App. Mech. & Engng., 1986, 55: 301-320.

[78] KUSZMAUL J S. A new constitutive model for fragmentation of rock under dynamic loading [J]. Oil Shales and Tar Sands, 1987.

[79] THORNE B J, HOMMERT P J. Experimental and computational investigation of fundamental mechanisms of cratering [J]. Inorganic Organic Physical & Analytical Chemistry, 1990: 117-124.

[80] LIU L Q, KATSABANIS P D. Development of a continuum damage model for blasting analysis [J]. International Journal of Rock Mechanics and Mining Sciences, 1997, 34 (2): 217-231.

[81] 胡英国，卢文波，陈明，等．岩石爆破损伤模型的比选与改进 [J]. 岩土力学，2012，33 (11): 3278-3284.

[82] 刘之喜，罗吉安．基于畸变能理论的岩石损伤本构模型研究 [J]. 长江科学院院报，2020，37 (1): 137-141，155.

[83] 谢辉，陈英，向勇，等．裂隙岩石抗剪强度弱化临界水压力及统计损伤本构模型 [J]. 清华大学学报（自然科学版），2023，7: 1-11.

[84] 李宁，张平，段庆伟，等．裂隙岩体的细观动力损伤模型 [J]. 岩石力学与工程，2002 (11): 1579-1584.

[85] 姚金阶，朱以文，袁子厚，等．岩体爆破的损伤统计演化理论模型 [J]. 岩石力学与工程学报，2006，25 (6): 1106-1110.

[86] 单仁亮，薛友松，张倩. 岩石动态破坏的时效损伤本构模型 [J]. 岩石力学与工程学报，2003，11: 1771-1776.

[87] ORIARD L L. The scale of effects in evaluating vibration damage potential [C] //Proceedings of the 15th Annual Conference on Explosives and Blasting Research, International Society of Explosives Engineers, 1989: 161-176.

[88] Doucet C, Cameron A, Lizottee Y. The effects of rock mass characteristics on fragmentation in controlled blasting experiments in small development headings [R]. International Society of Explosives Engineers, 1996.

[89] RAMULU M, CHAKRABORTY A K, SITHARAM T G. Damage assessment of basaltic rockmass due to repeated blasting in a railway tunnelling project—A case study [J]. Tunnelling and Underground Space Technology, 2009, 24 (2): 208-221.

[90] ZHONG G S, LOU Y Z, FU Y H. Vibration effect and damage evolution characteristics of tunnel surrounding rock under cyclic blasting loading [J]. Journal of Beijing Institute of Technology, 2017, 26 (3): 324-333.

[91] 闫长斌．基于声速变化的岩体爆破累积损伤效应 [J]. 岩土力学，2010，31 (S1):

187-192.
[92] 杨国梁，杨仁树，车玉龙．周期性爆破振动下围岩的损伤累积效应［J］. 煤炭学报，2013，38（增1）：25-29.
[93] 宋肖龙，高文学，季金铭，等．爆破振动对隧道围岩累积损伤效应的影响［J］. 振动与冲击，2020，39（24）：54-62.
[94] 孟凡兵，林从谋，蔡丽光，等．小净距隧道爆破开挖中夹岩累积损伤计算方法及其应用［J］. 岩土力学，2011，32（5）：1491-1494.
[95] 凌天龙．长城站开挖围岩爆破损伤与累积效应研究［D］. 北京：中国矿业大学（北京），2019.
[96] 潘城，赵光明，孟祥瑞．爆炸荷载作用下围岩累积损伤效应的数值分析［J］. 爆破，2016，33（1）：30-33，44.
[97] 徐钟，邓辉，卢平，等．钻爆施工隧道围岩爆破损伤累积效应研究［J］. 水利水电技术，2018，49（2）：70-76.
[98] 罗忆，李新平，徐鹏程，等．考虑累积损伤效应的围岩变形特性研究［J］. 岩土力学，2014，35（11）：3041-3048.
[99] 司剑峰，钟冬望．水下爆炸荷载下类岩石材料的累积损伤试验研究［J］. 爆破，2020，37（3）：21-25，46.
[100] 曹峰，凌同华，李洁，等．循环爆破荷载作用下小净距隧道中夹岩的累积损伤特征分析［J］. 振动与冲击，2018，37（23）：141-148.
[101] 左宇军，李夕兵，马春德．动静组合载荷作用下岩石失稳破坏的突变理论模型与试验研究［J］. 岩石力学与工程学报，2005，24（5）：741-746.
[102] 宫凤强，李夕兵，刘希灵．三轴 SHPB 加载下砂岩力学特性及破坏模式试验研究［J］. 振动与冲击，2012，31（8）：29-32.
[103] 李夕兵，宫凤强，高科，等．一维动静组合加载下岩石冲击破坏试验研究［J］. 岩石力学与工程学报，2010，29（2）：251-260.
[104] SAGAR C K，PRIYADARSHINI A，GUPTA A K，et al. An alternate approach to SHPB tests to compute johnson-cook material model constants for 97 WHA at high strain rates and elevated temperatures using machining Tests［J］. Journal of Manufacturing Science and Engineering，2021，143（2）：021004.
[105] 王春．会泽铅锌矿白云质灰岩力学特性试验研究［D］. 昆明：昆明理工大学，2013.
[106] 黎昕．一维动静组合载荷下灰岩力学特性研究［D］. 昆明：昆明理工大学，2014.
[107] FRIEDMAN M，PERKINS R D，GREEN S J. Observation of brittle-deformation features at the maximum stress of westly granite and solenhofen limestone［J］. Int. J. Rock Mech. Min. Sci.，1970，7：297-306.
[108] 张站群，蔚立元，李光雷，等．化学腐蚀后灰岩动态拉伸力学特性试验研究［J］. 岩土工程学报，2020，42（6）：1151-1158.
[109] 王浩．大红山铜矿深埋变质灰岩动态响应特征研究［D］. 昆明：昆明理工大学，2021.
[110] 胡桂林，熊承仁，谢放，等．灰岩加载力学特性及渐进破坏试验研究［J］. 科学技术与

工程，2015，15（30）：45-49.
[111] 莫云川．考虑应力水平的中厚层灰岩溶蚀损伤力学特性研究［D］．贵州：贵州大学，2022.
[112] 孙虹键．饱水灰岩冻融循环作用后动态力学性能试验研究［D］．安徽：安徽理工大学，2021.
[113] 苏海鹏．高温后灰岩动态力学特性试验研究［D］．安徽：安徽理工大学，2018.
[114] 方兆惠，平琦，张号．一维动静组合加载下灰岩力学特性试验研究［J］．安徽理工大学学报（自然科学版），2018，38（6）：36-41.
[115] 范利丹，徐峰，余永强，等．一维静载与循环冲击共同作用下砂岩动态力学特性试验研究［J］．高压物理学报，2022，36（3）：48-59.
[116] 宫凤强．动静组合加载下岩石力学特性和动态强度准则的试验研究［D］．长沙：中南大学，2010.
[117] 唐礼忠，王春，程露萍，等．一维静载及循环冲击共同作用下矽卡岩力学特性试验研究［J］．中南大学学报（自然科学版），2015，46（10）：3898-3906.
[118] 母永烨．矿岩-充填体的冲击力学特性及损伤规律研究［D］．昆明：昆明理工大学，2021.
[119] 李夕兵，宫凤强．基于动静组合加载力学试验的深部开采岩石力学研究进展与展望［J］．煤炭学报，2021，46（3）：846-866.
[120] 许金余，吕晓聪，张军，等．循环冲击作用下围压对斜长角闪岩动态特性的影响研究．许金余［J］．振动与冲击，2010，29（8）；60-63，72，242.
[121] 林大能，陈寿如．循环冲击荷载作用下岩石损伤规律的试验研究［J］．岩石力学与工程学报，2005（22）：4094-4098.
[122] 朱晶晶．循环冲击载荷下岩石力学特性与损伤模型的试验研究［D］．长沙：中南大学，2012.
[123] 宫凤强，李夕兵，刘希灵．三维动静组合加载下岩石力学特性试验初探［J］．岩石力学与工程学报，2011，30（6）：1179-1190.
[124] SHU R H，YIN T B，LI X B，et al. Effect of thermal treatment on energy dissipation ofgranite under cyclic impact loading（1）［J］. Transactions of Nonferrous Metals Society of China，2019，29（2）：385-396.
[125] 朱永刚，詹作泰，傅昱，等．初始损伤下砂岩的破坏与声发射特性研究［J］．矿业研究与开发，2021，41（4）：103-107.
[126] 戴兵，罗鑫尧，单启伟，等．循环冲击荷载下含孔洞岩石损伤特性与能量耗散分析［J］．中国安全科学学报，2020，30（7）：69-77.
[127] 潘海源，马芹永．循环冲击作用下砂岩动力学特性及能量耗散特征研究［J］．建井技术，2022，43（3）：39-46.
[128] LI D Y，G F H，H Z Y，et al. Experimental evaluation on rock failure mechanism with combined flaws in a connected geometry under coupled static-dynamic loads［J］. Soil Dynamics and Earthquake Engineering，2020，132：106088.

[129] XUE Y M, DAI B, CHEN Y, et al. Experimental study on the mechanical properties and damage evolution of hollow cylindrical granite specimens subjected to cyclic coupled static-dynamic loads [J]. Geofluids, 2020 (1): 8881936.

[130] FENG J,WANG E, CHEN X, et al. Energy dissipation rate: An indicator of coal deformation and failure under static and dynamic compressive loads [J]. International Journal of Mining Science and Technology, 2018, 28 (3): 397-406.

[131] HAO X J, DV W S, ZHAO Y X, et al. Dynamic tensile behaviour and crack propagation of coal under coupled static-dynamic loading [J]. International Journal of Mining Science and Technology, 2020, 30 (5): 659-668.

[132] 金解放．静载荷与循环冲击组合作用下岩石动态力学特性研究 [D]. 长沙：中南大学，2012.

[133] 葛修润，蒋宇，卢允德，等．周期荷载作用下岩石疲劳变形特性试验研究 [J]. 岩石力学与工程学报，2003 (10)：1581-1585.

[134] 王宇，翟成，唐伟，等．循环冲击载荷作用下页岩动力学响应及能量耗散特征 [J]. 爆炸与冲击，2023，43 (6)：74-87.

[135] 余永强，张文龙，范利丹，等．冲击荷载下煤系砂岩应变率效应及能量耗散特征 [J]. 煤炭学报，2021，46 (7)：2281-2293.

[136] YANG S Q, HUANG Y H, TANG J Z. Mechanical, acoustic and fracture behaviors of yellow sandstonespecimens under triaxial monotonic and cyclic loading [J]. International Journal of Rock Mechanicsand Mining Sciences, 2020, 130 (7): 104268.

[137] HUCKA V, DAS B. Brittleness determination of rocks by different methods [C] // Int. J. of Rock Mech. and Mining Sci. & Geomech Abstracts. Pergamon, 1974, 11 (10): 389-392.

[138] 周辉，孟凡震，张传庆，等．基于应力-应变曲线的岩石脆性特征定量评价方法 [J]. 岩石力学与工程学报，2014，33 (6)：1114-1122.

[139] 李广涛，李大春．隧道掘进水压爆破技术发展新阶段 [J]. 爆破，2022，39 (3)：82-87.

[140] 周文海，胡才智，包娟，等．含节理岩体爆破过程中应力波传播与裂纹扩展的数值研究 [J]. 力学学报，2022，54 (9)：2501-2512.

[141] 王卫华，刘洋，张理维，等．基于 RHT 模型双孔同时爆破均质岩体损伤的数值模拟 [J]. 黄金科学技术，2022，30 (3)：414-426.

[142] 刘敉共，王浩，林大能，等．轴向不耦合装药结构水介质不耦合系数及位置效应分析 [J]. 工程爆破，2023，29 (1)：93-101，129.

[143] 李洪超，刘殿书，赵磊，等．大理岩 RHT 模型参数确定研究 [J]. 北京理工大学学报，2017，37 (8)：801-806.

[144] 王建秀，邹宝平，胡力绳．隧道及地下工程光面爆破技术研究现状与展望 [J]. 地下空间与工程学报，2013，9 (4)：800-807.

[145] 耿立才，马福彬，张继春，等．光面爆破技术在隧道掘进中的应用研究 [J]. 公路，2022，67 (9)：458-463.

[146] 岳中文，郭洋，王煦，等．起爆时差对孔间裂纹扩展影响的动焦散实验研究［J］．岩石力学与工程学报，2015，34（11）：2293-2300.
[147] 王渝，陈帅志，赵勇，等．铁矿巷道周边定向断裂爆破机理及现场试验研究［J］．中国矿业，2021，30（8）：103-109.
[148] 田应祥，张义平，金桑桑，等．切缝药包在露天控制爆破中的应用研究［J］．中国矿业，2021，30（7）：171-175.
[149] 李祥龙，杨长辉，王建国，等．基于模型试验的预裂孔爆破参数优选［J］．高压物理学报，2022，36（2）：190-196.
[150] 杨仁树，左进京，杨国梁．切缝药包定向控制爆破的试验研究［J］．振动与冲击，2018，37（24）：24-29.
[151] 杨仁树，王雁冰．切缝药包不耦合装药爆破爆生裂纹动态断裂效应的试验研究［J］．岩石力学与工程学报，2013，32（7）：1337-1343.
[152] 李祥龙，张志平，王建国，等．双空孔间距对爆破槽腔断面大小的影响［J］．爆炸与冲击，2022，42（11）：133-144.
[153] LIU K，GUO D M，ZHANG J，et al. The dynamic caustics test on the growth law of fractures in tunnel surrounding under explosive load［J］. Journal of Mining Science，2022，57（5）：18-19.
[154] 李清，于强，朱各勇，等．不同药量的切缝药包双孔爆破裂纹扩展规律试验［J］．岩石力学与工程学报，2017，36（9）：2205-2212.
[155] YANG L Y，CHEN H，Bao S J，et al. Model experimental study on controlled blasting of slit charge in deep rock mass［J］. Soil Dynamics and Earthquake Engineering，2020，138（9）：221-234.
[156] 杨仁树，左进京，杨立云，等．爆炸应力波作用下动、静裂纹相互作用的实验研究［J］．爆炸与冲击，2017，37（6）：952-958.
[157] 岳中文，张士春，邱鹏，等．切缝药包微差爆破爆生裂纹扩展机理［J］．煤炭学报，2018，43（3）：638-645.
[158] 岳中文，田世颖，陈志远．炮孔间距对切缝药包爆生裂纹扩展规律的影响［J］．岩石力学与工程学报，2018，37（11）：2460-2467.
[159] 杨国梁，杨仁树，佟强．切缝药包掏槽爆破研究与应用［J］．煤炭学报，2012，37（3）：385-388.
[160] 杨仁树，高祥涛，陈程，等．切缝药包爆炸波传播机制实验研究［J］．煤炭学报，2014，39（8）：1434-1440.
[161] 杨仁树，左进京，李永亮，等．不同切缝管材质下切缝药包爆炸冲击波传播特性研究［J］．中国矿业大学学报，2019，48（2）：229-235.
[162] 杨仁树，肖成龙，陈程，等．基于分形理论不同装药量的爆破动焦散线实验研究［J］．振动与冲击，2020，39（14）：80-86，93.
[163] 史国利，肖成龙，郑昌达，等．切缝药包不耦合装药爆破损伤破坏的分形研究［J］．中国矿业，2020，29（3）：105-109.

[164] 叶志伟，陈明，李桐，等．小不耦合系数装药爆破孔壁压力峰值计算方法［J］．爆炸与冲击，2021，41（6）：119-129.

[165] 岳中文，张士春，邱鹏，等．装药结构对切缝药包爆破效果影响的研究［J］．振动与冲击，2018，37（10）：27-34.

[166] 蒲传金，郭学彬，张志呈，等．切缝药包爆破机理分析与试验研究［J］．爆破，2006（1）：33-35，41.

[167] 姜琳琳．切缝药包定向断裂爆破机理与应用研究［D］．北京：中国矿业大学（北京），2010.

[168] 李志容．循环爆破荷载下隧道围岩及锚喷支护结构的稳定性研究［D］．济南：山东建筑大学，2019.

[169] 李小云．地震载荷作用下浅埋隧道支护结构的响应特性研究［D］．西安：西安科技大学，2011.

[170] 冯锡勇．浅埋隧道施工爆破荷载对围岩及支护结构的动力响应研究［D］．重庆：重庆交通大学，2016.

[171] 胡东荣．大断面隧道聚能水压光面爆破机理与效果研究［D］．杭州：浙江科技学院，2019.

[172] 龚相超，黄龙，杜文杰，等．公路隧道薄壳临时支护结构的动态响应分析［J］．江汉大学学报（自然科学版），2016，44（6）：552-556.

[173] 杨洪武．基于支护结构响应的连拱隧道爆破控制研究［D］．西安：西安建筑科技大学，2015.

[174] 韩翔宇．新建隧道施工爆破对既有隧道振动响应规律研究［D］．成都：西南交通大学，2016.

[175] 邓春海．隧道水压光面爆破应用研究［D］．南宁：广西大学，2020.

[176] 张超．浅埋隧道爆破振动地表质点响应规律研究［J］．公路，2016，61（10）：246-250.

[177] 高新强，仇文革，高扬．山岭隧道高水压下初期支护结构三维数值模拟［J］．中国铁道科学，2005（2）：32-36.